1

入門・社会学
現代的課題との関わりで

Introduction 「入門・社会学」シリーズ

山本 努・吉武 由彩 ● 編著

学文社

はじめに

　社会学の対象や材料は現代社会のいたるところにある。私たちの日々の生活をふりかえってみても，実はそれが本書で扱われるような社会学の問題と重なっていたということもあるだろう。本書は社会学の入門テキストである。本書で学んだ内容について，ぜひ想像力を働かせて身のまわりの出来事にもあてはめて考えてもらえればと思っている。そのように考え，「現代的課題との関わりで」というサブタイトルをつけている。

　本書の刊行の意図についてより詳しく述べていきたい。社会学の入門書はこれまでも多数刊行されてきた。それらの中でも本書の特徴は，本書が『入門・社会学』シリーズ5巻＋補巻の全6巻の内の第1巻として刊行されていることにある。本シリーズは『入門・社会学』（第1巻），『入門・地域社会学』（第2巻），『入門・家族社会学』（第3巻），『入門・福祉社会学』（第4巻），『入門・環境社会学』（第5巻）による『入門・社会学』シリーズ5巻と，補巻『入門・基礎社会学』によって構成されている。そのため，本書『入門・社会学』は，それにつづく2巻〜5巻および補巻との連関を考えつつ構成されている。

　本書の構成は，1章および2章前半が社会学の基礎論，2章後半から7章が地域や家族といった領域別の社会学の議論，8章が社会調査，補章が生活構造となっている。2章後半から7章の中には，「2章　地域社会」「3章　家族」「5章　福祉」「7章　環境」という，本シリーズの2巻〜5巻のテーマが含まれている。そして，本書の「2章　地域社会」「3章　家族」「5章　福祉」「7章　環境」については，シリーズ2巻〜5巻の編者がそれぞれ担当している点に，とりわけ本書の特徴が現れているといえよう。

　こうした執筆者構成を取ることで，読者が本書『入門・社会学』から，シリーズ2巻〜5巻へ進むことができるように考えている。具体的には本書および本シリーズの連関は次ページの図-1の通りである。本書『入門・社会学』（第

1巻）は，社会学のイントロダクション（入り口）というだけではなく，2巻〜
5巻のイントロダクション（入り口）にもなっている。本書『入門・社会学』
（第1巻）を読んだあとに，以下のように各自が興味のある巻へ進むというこ
ともできる。ただし，社会学という学問の面白い（また，やっかいな）ところ
は，実は「社会学とは何か」という入門の問いが，最終（先端）の問いにもな
っていることである。したがって，本書「1章　社会学入門」はすこし難しい
と感じるかもしれない。もしもそうなら，ここは後まわしにして「2章1〜4
節　集団」から読み始めてもいいだろう。それも窮屈と感じるならば，任意の
章から読むといい。

　加えて，本シリーズには，補巻『入門・基礎社会学』がある。シリーズ1巻
〜5巻は，サブタイトル「現代的課題との関わりで」にもある通り，経験的な
社会学の議論が中心となっている。そうした経験的な議論だけでなく，補巻
『入門・基礎社会学』もあわせて読むことによって，社会学の古典的な理論や
概念など，基礎的かつやや抽象的な事項も学んでほしい。そうした意味で，文
字通り，『入門・基礎社会学』は1巻〜5巻の適切な「補巻」となっている。

- 『入門・社会学』「1章　社会学入門」→「2章　地域社会」→『入門・地域
  社会学』（第2巻）⇄『入門・基礎社会学』（補巻）
- 『入門・社会学』「1章　社会学入門」→「2章1〜4節　集団」→「3章
  家族」→『入門・家族社会学』（第3巻）⇄『入門・基礎社会学』（補巻）
- 『入門・社会学』「1章　社会学入門」→「2章1〜4節　集団」→「5章
  福祉」→『入門・福祉社会学』（第4巻）⇄『入門・基礎社会学』（補巻）
- 『入門・社会学』「1章　社会学入門」→「2章1〜4節　集団」→「7章
  環境」→『入門・環境社会学』（第5巻）⇄『入門・基礎社会学』（補巻）

図-1　本シリーズの連関

　さらに，本書においては，上記で述べてきた章に加えて，「4章　ジェンダ
ーとセクシュアリティ」，「6章　差別と民族」を含んでいる。これらの章は単
独でも十分に大きな論題であるのはいうまでもないが，家族ないし福祉の隣接
領域としてもとらえることができる。また，本書では，「8章　社会調査」，

「補章　生活構造」を含んでいる。社会調査は社会学の重要な方法であり，社会学の入門書には社会調査の入門も含めるべきだと考えたからである。8章付論では社会調査の事例も示しておいた。加えて，生活構造は重要な概念だがよい入門解説が少ない。そこで本書で解説を試みた。そのため，本書の読み方としては，1章から順番に読むというだけでなく，以下の図-2に示したような流れもあるように思う（ただし，先に書いたような事情で1章は後まわしでもいい）。学問はすべて基礎論と個別の対象分析と方法に分かれるが，それからすれば，本書は「基礎論」1章，2章1〜4節（2章前半），「個別の対象」2章後半〜7章，「方法」8章，補章という構成になっている。ただし，補章は「基礎論」（とくに「2章1〜4節　集団」）と「方法」をつなぐ位置にある。

- 『入門・社会学』「1章　社会学入門」→「2章1〜4節　集団」→2章後半〜7章の任意の章→8章「社会調査」・補章「生活構造」

図-2　本書の読み方の一例

本書は社会学の入門書として，社会学のさまざまな「入り口」を示すことを目的としている。とはいえ，社会学のすべてのテーマを含んだ網羅的な入門書となっているわけではない。たとえば社会学に関する全国学会である「日本社会学会」では，専攻分野として「農漁山村・地域社会」「家族」「性・世代」「社会福祉・社会保障・医療」「差別問題」「民族問題・ナショナリズム」「環境」「社会学研究法・調査法・測定法」などの本書が扱っているテーマのほかにも，「階級・階層・社会移動」「政治・国際関係」「経済」「文化・宗教・道徳」「教育」「知識・科学」「余暇・スポーツ」などのテーマがあり，合計32もの専攻分野が提示されている（日本社会学会　2023）。本書において上記すべてのテーマを含むことは難しいため，入門テキストとしてのテーマの包括性は断念している。

しかし，本書は記述内容の統一性という観点からいえば，以下の点を意識している。先にも述べた通り，本書は「基礎論」1章，2章1〜4節（2章前半），

「個別の対象」2章後半～7章となっている。そこで，個別のテーマを扱う3章～7章においては，(1)入門テキストに必要な概念や理論，先行研究の提示，(2)その領域に関する具体的な現状分析や事例などを提示（統計データなどの量的データ），(3)その領域に関する具体的な現状分析や事例などを提示（質的データ），の3つを可能な限り入れることにしている。それによって，上記3つに言及されたバランスのよい章を目指している。

　さらに，各章には「自習のための文献案内」や「練習問題」をつけている。「練習問題」は自習として取り組むこともできるほか，ゼミ等において学生同士で議論することもできる。内容の理解を深めるために，「練習問題」なども参考にしてほしい。本書や本シリーズを通して，社会学のおもしろさを少しでも感じていただけたならば望外の喜びである。

　このたびの『入門・社会学』シリーズ全5巻，補巻の刊行をご快諾くださった，学文社の田中千津子代表には心から感謝申し上げたい。

　最後に，本書のいくつかの章には既発表の論考を再構成したものもある。初出は，以下の通りである。

第1章……山本努「社会学入門―富永社会学批判を含んで，高田社会学を軸にして―」神戸学院大学現代社会学会『現代社会研究』第9号，2023年。

第2章……山本努「地域社会学入門―鈴木栄太郎の聚落社会の概念を基底において―」神戸学院大学現代社会学会『現代社会研究』第9号，2023年。

第5章5～9節……楊楊「中国農村における幸福な高齢者の生活構造―河北省呂施荘村高齢者への半構造化インタビュー調査結果の検討―」日本社会病理学会『現代の社会病理』第37号，2022年。

第7章……牧野厚史「環境は誰のものか」日本社会分析学会監修，稲月正・加来和典・牧野厚史・三隅一人編『シリーズ生活構造の社会学①　生活からみる社会のすがた』学文社，2022年。

第8章……山本努「社会調査―方法を理解する，作品を味わう―」山本努編『新版現代の社会学的解読―イントロダクション社会学―』学文社，2016年。

第8章付論2節……髙嵜浩平「地域空間の変動から生まれるまちづくり活動と『地域らしさ』―九州大学箱崎キャンパス跡地と大学博物館をめぐる活動から―」日本社会分析学会『社会分析』第49号，2022年。

第8章付論3節……山本努「自記式調査か，他記式調査か—高齢者『生きがい』調査からの研究ノート—」社会調査協会『社会と調査』No.22，2019年。

2023年7月7日

猛暑と豪雨から，地球のただならぬ異変を感じつつ

吉武　由彩・山本　努

■ **参考文献** ···

日本社会学会，2023,「一般社団法人日本社会学会　入会手続きのご案内」(2023年3月16日取得，https://jss-sociology.org/wp/wp-content/uploads/2019/12/guide2020.pdf)

目　　次

はじめに　1

第 1 章　社会学入門
　　──富永社会学批判を含んで，高田社会学を軸にして
　　　（山本　努）……………………………………………………… 13

　1　社会学入門のプラン　13

　2　社会学のイメージ　13

　3　社会とは　15

　4　社会学，世態学　16

　5　社会のイメージ　17

　6　社会のイメージのタイポロジー　19

　7　5 つの社会のイメージとその基盤　22

　8　抽象的意義の社会　23

　9　相互作用（または相互行為）と社会関係（仲）　25

　10　具体的意義の社会　27

　11　集団社会，社会関係（集団外社会）　28

　12　機能聯関　30

　13　繊維社会と微分的社会観　33

第 2 章　地域社会
　　──鈴木栄太郎の聚落社会の概念を基底において
　　　（山本　努）……………………………………………………… 43

　1　地域社会と集団を学ぶ　43

2　生活構造の把握と地域社会の所在　43

3　集団とは：ホマンズ，オルムステッド，高田，富永の学説　46

4　集団の緩い定義（ホマンズ）と厳しい定義（富永）　47

5　地域社会の概念　50

6　地域社会の必要性：地域社会的統一の概念に触れながら　52

7　聚落社会の概念：共同防衛の機能に触れながら　53

8　聚落社会の概念：生活協力の機能に触れながら　54

9　都市と農村：結節機関論　56

10　都市と農村：都市（村落）的生活様式論　57

11　地域社会の暮らし　59

第3章　家　　族
——家族社会学の基本概念と家族の変化（吉武　理大）……65

1　家族をめぐる意識　65

2　家族の定義　66

3　家族をめぐる基本概念　70

4　家族と世帯　73

5　家族の機能　75

6　近現代における家族　78

7　世帯や家族をめぐる変化　79

第4章　ジェンダーとセクシュアリティ
——ジェンダー・ステレオタイプと性の多元的構成
（井上　智史）……………………………………… 87

1　ジェンダーとは　87

2　ジェンダーに関する古典的研究　88

3　ジェンダー・ステレオタイプ　90

4　教育におけるジェンダー平等　91

5　ジェンダーに関する「隠れたカリキュラム」　95

6　セックス（生物学的性）は二元的なものか　98

7　性の多元的な構成要素　99

8　セクシュアリティの定義から考える　101

第5章　福　　祉
　　　──高齢者の生活と幸福感を中心に
　　　　　　（吉武　由彩・楊　　楊）……………………………………… 107

1　高齢化の国際的な動向　107

2　高齢者とは　108

3　高齢者の生活実態：家族関係の変化　110

4　高齢者の幸福感　112

5　中国における高齢化と福祉(1)：中国農村高齢者の幸福感を考える
　　意味　114

6　中国における高齢化と福祉(2)：都市と農村間の格差　116

7　中国における高齢化と福祉(3)：調査からみる中国農村高齢者の生
　　活と幸福感　117

8　中国における高齢化と福祉(4)：経済基盤と親子関係　118

9　中国における高齢化と福祉(5)：生育制度　119

10　高齢者の生活と幸福感　121

第6章　差別と民族
　　　──在日コリアンの事例を中心に差別の現状と民族の
　　　　持続性を学ぶ（木下　佳人）……………………………………… 127

1　差別とはどのようなものか：差別と規範　127

2　差別の正当化と支配集団／被支配集団　128

3 古典的レイシズムと現代的レイシズム　130

4 国内における民族差別：在日コリアンへの民族差別を例に　133

5 民族とはどのようなものか：人種，国民との比較　136

6 アメリカのエスニシティ研究：メルティング・ポットからサラダ
　　ボウルへ　138

7 在日コリアンのエスニシティの現況　142

8 望ましい民族関係に関する研究　145

第7章　環　　境
——快適環境づくりが引き起こす葛藤（牧野　厚史）…………151

1 社会学的方法　151

2 現代社会論と環境問題　154

3 環境社会学の登場　158

4 相互無理解という分断をこえて：環境社会学の挑戦⑴　159

5 人びとの結合の発見・回復：環境社会学の挑戦⑵　163

6 日本の環境社会学からの社会学への貢献　167

第8章　社会調査
——方法を理解する（山本　努）……………………………… 173

1 社会調査とは　173

2 社会調査の説明：個性記述と法則定立　173

3 社会調査のデータ：量的データと質的データ　175

4 社会調査の4つの方法　176

5 文献調査⑴：文献（paper）からの知見　178

6 文献調査⑵：意義と有効性　181

7 現地調査⑴：人びと（people）の観察，参与観察を例にとって　183

8 現地調査⑵：その類型軸，参与と統制　184

9　現地調査(3)：その類型　186

10　現地調査(4)：実験の意義，質問紙調査の位置　187

11　付論の調査事例紹介のために　188

付論　社会調査の事例
──ムラの調査，マチの調査，社会調査の方法
（東　良太・髙嵜　浩平・山本　努）………………………… 193

1　過疎地域を支えるための自治体における社会調査：島根県の事例　193

2　かつての大学町の再開発とまちづくり活動：福岡市東区箱崎地域の調査事例　198

3　自記式調査か，他記式調査か：高齢者「生きがい」調査から　204

補章　生活構造
──生活への懐疑から，問題の「突きつけ」とその対応・対抗へ，生活構造論の新たな展開のために（山本　努）
…………………………………………………………………… 209

1　生活構造とは何か　209

2　生活構造に文化体系を含まない理由　210

3　「生活者の主体的な選択可能性を含む」という含意の重要性と，鈴木にみる問題の事例　212

4　「豊かな社会」への懐疑の生活構造論　214

5　「生活問題・生活課題」の突きつけと対応・対抗の生活構造論へ：新しい生活構造論の枠組みに向けて　218

索　　引　225

第1章

社会学入門
——富永社会学批判を含んで，高田社会学を軸にして

山本　努

1 社会学入門のプラン

　本章は社会学入門のために書かれている。富永社会学への批判を含み，古い高田社会学の学説を軸に作られている。このことは，今日において多少の新味をもつように思う。高田保馬の社会学は今日，あまり顧みられることはないが，現代の社会学の土台においてもよい，非常にすぐれた内容をもつからである。

　高田を「欧米の社会学論の焼き直し」「舶来の素材をつぎはぎし，……放言のしほうだい」（宮永　2011：282）と酷評する者もいる。しかし，この言が正しいとは思えない。これについては，本章の議論（高田による，ウェーバーの解釈と批判と改訂）をみて判断してほしい。たしかに，高田には，オリジナルな研究と，他人の学説を紹介，批判したものがある。この後者の仕事については，「外国の学者の説を日本語で，しかもきっちりと整理された形で読めたことは，私とって非常に幸いであった」と森嶋通夫（1981：179-180）は述べる。まことに妥当な評価と思う。高田の学説紹介，批判は「独特の高級『紹介・批判もの』」であり，「批判的読書録であり，後進者にとってはアイデアの宝庫である」（森嶋　1981：180-181）と私も思うのである[1]。

2 社会学のイメージ

　さて，社会学は社会における人間の生活や行動を研究する学問である（山本

2016：11）。たとえば，家族は社会の重要な一部だが，社会や時代によって大きく異なる。一例を戦前昭和期日本の都市（大阪，神戸）の家族を描いた，谷崎潤一郎の名作『細雪』をもとに描いてみよう。ここに出てくる蒔岡家は，次のような家族である。

　1．本家は養子の辰雄と鶴子の夫妻に「十四歳を頭に六人の子供，女中一人と子守一人」（谷崎　1983，187-188）がいる。2．分家は同じく養子の貞之助（ていのすけ）と幸子の夫妻に七歳の娘の悦子が一人いる（谷崎　1983：43）。3．貞之助の家には，18歳になる女中のお春がいる（15歳で奉公にきた）。他の女中もいる（谷崎　1983：68，781）。神戸（蘆屋）に住んでいる。4．鶴子（長女）と幸子（次女）には雪子（三女）と妙子（四女）という二人の妹がいる。雪子と妙子は30歳前後で，「いつの間にか婚期を逸して」（谷崎　1983：14）独身である。5．雪子と妙子は，本家の辰雄とちがって，「監督権を持たない」こともあって，「そう恐くない」（谷崎　1983：21）貞之助の家にいることが多い。本来なら，本家に住むべきだが，分家の方が気が楽なのである。6．結婚は見合いが普通であり，縁談は「端の者がお膳を据えて，箸を取るばかりにしてあげなけりゃ駄目ですから」（谷崎　1983：699）などという世話好きの人がいる。

　以上，1から6のような家族や結婚は今日の日本にはほとんどないだろう。このような家族は，日本の伝統的家族で「家」とよばれるが[2]，家族ひとつとっても，社会や時代による違いは大きい。

　ちなみに，『細雪』とほぼ同じ時代（正確には少し前の大正10年頃）の同じ神戸でも，下層社会の生活はまったく異なる。神戸の「貧民窟」に住んだ，賀川豊彦によれば，「貧民窟の生活はあまりに単調である。……趣味もなければ変化もない。女もなければ，恋もない。あるものは伝染病と，梅毒と，賭博と，喧嘩と，淫売と，殺人と，スリと，チンピラだけである」（賀川　2008（中巻）：351）[3]。その「貧民窟」の乞食のおつたは，「乞食をするに都合が善いように近所で借りて」「毎日身体の前後に赤ん坊二人をくくりつけて乞食に出るのが本業」である。その子の一人は「亭主の薬代に困って貰った」貰い子であった（賀川　2008（上巻）：390-391）。当時，子どもを貰うと礼金（養育費）も貰え

たのである。ただし，子どもを育てられない事例も多かった（隅谷　2011：8；賀川豊彦献身 100 年記念事業神戸プロジェクト実行委員会　2009：15）。

　ここにあるのは，戦前日本社会のきわめて大きい格差である。しかも，本当の格差はもっと大きい。神戸（須磨）の「成金」の「大きな邸宅」には，「ホテルとも見ゆるかくかくと電燈の灯った洋館が立っている」のである（賀川 2008（下巻）：412-413）。

3　社会とは

　前節のように書けば，何となく社会がイメージできるだろう。しかし，実は「社会」という言葉は日本人には難しい言葉である。元来の日本語にない，英語（society）からの翻訳語だからである。しかも，この社会という語は，ほとんど使われていなかった中国語から採っている（林　1966；宮永　2011：56）。

　さて，この英語の society は幕末（慶応 2（1866）年）の英和辞典では仲間，一致，交わりなどと訳されている（林　1966；蔵内　1978：3-8）。この訳語は今日からみても味わい深い訳語である。

　社会がどこにあるかと問われれば，われわれは，やや答えに窮するだろう。これが社会でなくて，政治ならば，政党，政治家，大統領，経済ならば我が家の経済状態，物価や株価，お札などという具合に，容易に思いつくにもかかわらず，である。しかし，「仲間」がどこにいるかと問われると，いろいろ答えが浮かぶだろう。同窓の仲間，同郷の仲間，同業の仲間，同じ趣味の仲間，同じ宗教の仲間などという具合に，である（もちろん，仲間はいないという答えもありえる）。また，「交わり」がどこにあるかと問われると，こちらもいろいろ浮かんでくるだろう。親子の交わり，友人との交わり，同僚との交わり，親分と子分の交わり，商店（会社）と顧客の交わりなどという具合に，である（こちらも，もちろん，交わりはないという答えもありえる）。社会学が扱う「社会」のイメージはこのような「仲間」や「交わり」に近い。

　ところで，先に社会という語は翻訳語だから日本人には難しいと述べた。し

かし，実は，社会という言葉は，欧米人にも難しいのである。英国で刊行の百科辞典の Society の項目には，「社会の概念を曖昧さのないように明確に述べるのは難しい（The society concept is difficult to formulate in an unambiguous manner）」（Brittan　1989：794）と書いてある。

そこで，英英辞書では society をどのように説明しているのかみておこう。*Longman Dictionary of Contemporary English*（Peason Education Limited 2003：1834）には，次のようにある（カッコの中は，筆者の訳）。

(1) PEOPLE IN GENERAL（普通の人びと）
(2) A PARTICULAR GROUP（法や組織や慣習などを共有している，特定の大きな集団）
(3) CLUB（似た関心や目的を共有するメンバーによる組織）
(4) UPPER CLASS（裕福で権力のある人びとの社交の集団）
(5) BEING WITH PEOPLE（他の人びとと一緒にいる時のこと）。

この説明は，幕末の英和辞典の「一致，仲間，交わり」という訳語にかなり近い。1，2は一致，3は仲間，4，5は交わりにおおよそ対応している[4]。

4 社会学，世態学

このような「社会」の学である社会学（Sociology）は明治時代に日本に入ってきた。日本で Sociology の講義の始まりは，明治 11（1878）年アメリカ人のフェノロサ（Ernest F. Fenollosa　1853-1908）による。彼の講義は「世態学」と訳されていた。フェノロサはハーバード大学を卒業して，東京大学文学部講師として 26 歳の若さで日本にやってきた（下出　2005：143）。また，明治 14（1881）年に出た哲学事典である『哲学字彙（DICTIONARY OF PHILOSOPHY）』（井上哲次郎著）では，Society を社会，Sociology を世態学と訳している[5]。

その 1 年後（明治 15（1882）年）に H. スペンサーの『社会学之原理』（乗竹孝太郎訳）が出る。下出隼吉（2005：17-18）によれば，この翻訳以降，社会学という名称が定着した。日本で最初の社会学講座の担当者は外山正一である

（大道　1968：122）。外山はこのスペンサーの翻訳本に序をよせて，次のように書いている。「……政府の舵を取る者や，輿論を誘う人達は，社会学をば勉強し，能く慎みて軽率に，働かぬよう願わしや」（下出　2005：19）。

ただし，明治17（1884）年に井上哲次郎，有賀長雄著『哲学字彙（増補改訂版）』が出ているが，こちらは，「世態学　社会学」と2つの翻訳を併記している[6]。同じく，有賀は明治16（1883）年の著書『社会学』で「この書において講ずる学は，英名を『ソシヲロジー』と言い，ここに訳して社会学という。あるいはまた世態学とも言えり」（有賀　2007：54）と記している。とはいえ，世態学では，世帯学つまり，家政学のように聞こえてよろしくない。それで，「社会学というのは，なんだかおかしいと思った」が，「……馴れてみれば，……外山博士が大学で創められた社会学の方が良いのであります」と井上は談話を残している（林　1928；宮永　2011：58）。

このように今日，社会学という名称は定まったが，加藤秀俊（2018：13-14）は世態学の方がよいという。「わたしはフェノロサの『世態学』という講座名は『社会学』よりもよかったとおもう。『世態学』ということばは『世の中のありさま』を研究する学問，といったほどのことだろうから，ずっとわかりやすいではないか。『社会』というからめんどうくさく，むずかしいことにきこえるが，『社会学』とよばれているものはしょせん『世間』についての学問ということである」。これは，一応，納得できる見解である。とはいえ，「めんどうくさく，むずかしい」社会という言葉もきちんと勉強しておくべきである。

5　社会のイメージ

このように社会は「むずかしい」言葉だから，社会学者はいろいろな方法で理解を試みた。それには，大体，5つ方法（社会の見方）がある（Brittan　1989）。

①　構造としての社会（Society as structure：社会構造論）

Society as structureとは，社会を**社会構造**（social structure）として理解する立場である。社会構造とは社会を構成する制度の連関のことである。たとえ

ば，階層的地位（ex：所得，権力，学歴など）と「生まれ」（ex：生まれた家，民族，性別など帰属的地位）が結びついた社会と，結びつかない社会がある。これは２つの制度の連関（つまり，社会構造）が異なるのである。また，社会構造の重要性は「社会構造が我々の行動を方向づける（guide：支配する）ことにある」（Henslin 2000：81）。

② 繰り返しの型としての社会（Society as recurrence：制度論）

Society as recurrence とは，社会を**制度**（institutions）として理解する立場である。制度とは「社会が個人の行動に押しつけるプログラム」（Berger & Berger 1972＝1979：82）のことである。家族が食卓でどこに座るかから，時の権力者の交代まで，社会には「正しい」とされるやり方がある。これが制度である。現代社会では少なくとも，家族，宗教，法，政治，経済，教育，科学，医療，軍隊の９つの社会制度がある（Henslin 2000：85-86）。

③ 矛盾としての社会（Society as contradiction：マルクス主義）

Society as contradiction とは，主に**マルクス主義**の立場である。社会の土台（base：下部構造）には生産関係をめぐる敵対関係があり，今ある社会はそのかりそめの解決（tentative solution）であり，上部構造（superstructure）にすぎない。したがって，社会は矛盾や緊張の解決に向けて絶えず変化する。つまり，社会は静止的（static）なものではない。さらには，社会は，平和的，調和的に穏やかに進歩するものでもない。

④ 文化としての社会（Society as culture：観念論）

Society as culture とは，**観念論**の立場である。社会に共有される理念（ideas）や価値（values）を強調する。ウェーバーやパーソンズの立場だが，矛盾を土台とみるマルクス主義とはまったく異なる。社会はメンバーによって共有された理解（the shared understandings）が基盤にある。路面標示の「トマレ」が「トマト」になっていれば，社会が混乱するのは，その証拠である（このような事件が広島市で実際にあった。中國新聞デジタル https://www.chugoku-np.co.jp/articles/-/171066（2022 年 6 月 1 日）参照）。つまり，人間は言語的・象徴的世界（linguistic and symbolic universe）に住んでおり，社会の基盤はそこにある。

⑤　過程としての社会（Society as process：社会過程論）

Society as process とは，人びとの**相互作用の過程**として社会を理解する立場である。G. H. ミードや E. ゴッフマンの立場である。Society as structure（社会構造論）と対極の見方であって，人びとが積極的に構造を作ることが強調される。社会は，人びとの交渉（negotiation）や自己と他者の相互作用（self-other）や反省・再帰性（reflexivity）によって成り立つのである。言い換えれば，社会は人びとが受け入れたり（accept），確認して（confirm）成り立つのである。

6 社会のイメージのタイポロジー

前節では，5 つの社会の見方を示した。これらの大きな違いは，ひとつは，矛盾として社会を見るか，見ないかである。これは，**マルクス主義と，それ以外の立場という軸**である。社会学には，マルクス主義とそうでない立場がある。

もうひとつは，**社会を「過程として見る（社会過程論）」か，「構造として見る（社会構造論）」か，という軸**である。この軸を絵にすれば，図 1-1 のようである。図 1-1 の絵は，アメリカの社会学者の H. ブルーマーの立場を解説している。ブルーマーは社会を「過程として見る」シンボリック相互作用論の立場を代表する社会学者である。

この図 1-1 の下に描かれた**人間は社会状況を自分で解釈して，行動する。**つまり，ここに描かれた人間は受身的な存在ではない。それをブルーマーは自己との相互作用（self-interaction），とか，自己への呈示（self-indication）とよぶ。「シンボリック相互作用論の立場からすれば，社会組織とは，活動単位（人間）がその内部で行為を作り出すための枠組みである。「文化」「社会システム」「社会成層」「社会的役割」といった社会構造の要素は，行為の条件を設定はしても，それを決定はしない」（Blumer　1969＝1991：113）と考えるのである。いかにも「自由な」アメリカらしい社会学の構図である。

ただし，ブルーマーの構図は「自由な」アメリカだけの話ではない。たとえ

ば，日本の詩人，金子光晴の詩をみたい。「……なにしに生まれてきたと問われれば躊躇なく答えよう，反対しにと。……反対こそ，生きていることだ。反対こそ，じぶんをつかんでることだ」（資料1-1）。ここにあるのは，社会過程論の代表的社会学者，ゴッフマンの観察した人間に非常に近い。

　ゴッフマンは，もっとも自由が拘束される社会施設の被収容者の生活を研究した社会学者である。このような施設をゴッフマンは**全制的施設**（total institution）よぶが，この研究での重要な結論は，つぎのようである（Goffman 1961＝1984：315-317，以下の引用内の（　）内は訳者による）。

1，「施設の掌中から自己自身を何程かでも確保しておこうという試みは，精神病院や刑務所……ばかりでなく，……全制の程度の低い施設においてさえ認められる……。私は，この種の頑強な抵抗は……自己に本質的な構成要素をなしていると主張したい」。

2，「社会的役割や社会的相互行為を……よく観察してみたら，当該集団による（個人の）絡み取り embracement だけが……目に映ずる一切……ではない。われわれが常に見るのは，個人は自己自身と彼がそれと一体のはずと他者の想定しているものとの間に，一定の距離すなわちいくらかの自由な（行動の）余地を保つためにいろいろ工夫を凝らしているという事実である」。

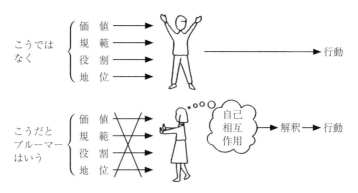

図1-1　ブルーマーは個人をどうみるか

出典）Wallace & Wolf（1980＝1986：302）

3.「帰属するものを何ももたずには，われわれは確固たる自己をもてない。
しかるに何らかの社会的単位への全面的な傾信と愛着は一種の自己喪失
selflessness でもある。……われわれの（社会的）地位が世界の堅固な構築
物に裏づけられているとすれば，われわれの個人的アイデンティティの意
識は往々にして，その世界の様々な亀裂を住処としているのである」。

　ここにゴッフマンが示す人間は，「僕は，少年の頃　学校に反対だった」（資
料1-1）と書く詩人にうりふたつである。「学校」が全制的施設の性格をもつの
はいうまでもない。

　これに対して，中国人社会学者の費孝通（1985：5）の言明はブルーマーや
ゴッフマンとまったく異なる。「西洋の子供は親をファースト・ネームで呼ぶ
こともできるのに，中国の子供にはそんなことは考えられもしない」。ここに
あるのは，**社会構造による想像力や行動への制約**である（「そんなことは考えられ
もしない」）。ここでは，「社会構造は我々の行動を支配（guide）している」
（Henslin　2000：81）。このようなわけで，社会構造論の立場（図1-1 の上の絵）
も充分リアリティがある。

　このリアリティの理解のために，**「構造として社会を見た」事例**をひとつ紹介
しよう。幕末に咸臨丸で亜米利加（アメリカ）に行った**勝海舟の回顧録**である。
「ここにおかしな話しがある。……おれが始めて亜米利加へ行って帰朝した時
に，御老中から『其の方は一種の眼光をそなえた人物であるから，定めて異国
に渡りてから，何か目をつけたことがあろう。つまびらかに言上せよ』とのこ

資料1-1　金子光晴の詩

一九一七年頃の詩

反対

僕は、少年の頃
学校に反対だった。
僕は、いままた
働くことに反対だ。

僕は第一、健康とか
正義とかが大嫌いなのだ。
健康で、正しいなど
人間を無情にするものはない。

むろん、やまと魂は反対だ。
義理人情もへどがでる。
いつの政府にも反対であり
文壇画廊にも目をむけている。

なにしに生れてきたと問われれば
躊躇なく答えよう、反対しにと。
僕は、東にいるときは
西にゆきたいとおもい、

きものは左前、帯は右左。
袴はうしろ向き、馬は尻をむいて乗る。
人のいやがるものこそ、僕の好物。
とりわけ嫌いは、気の揃うということだ。

僕は信じる。反対こそ人生で
唯一の立派なことだと、
反対こそ、生きていることだ。
反対こそ、じぶんをつかんでいることだ。

出典）金子（1967：9-10）

とであった。そこでおれは,『人間のすることは,古今東西同じもので,亜米利加とて別にかわったことよりはありません』と返答した。ところが,『さようではあるまい,何かかわったことがあるだろう』といって,再三再四問われるから,おれも,『さよう,少し目につきましたのは,亜米利加では,政府でも民間でも,およそ人の上に立つものは,みなその地位相応に怜悧でございます。この点ばかりは,まったくわが国と反対のように思いまする』といったら,御老中が目を丸くして,『この無礼もの控えおろう』と叱ったっけ。ハ……」(勝　1978：145-146)。

　これは,「おかしな話し」でもあるが,地位の高さと怜悧さ(能力,賢さ)が結びついている,アメリカの社会構造と,そうでない幕末日本の社会構造との対比を話している。社会構造というアイデアを知っていれば,勝の話は社会構造についての話でもあると理解できる。このように,社会構造という概念は,社会の比較に役に立つ。

Practice Problems 練習問題 ▶1

　図1-1の2つの絵をみて,それにあてはまる自分の行動や人びとの行動をあげてみよう。

7　5つの社会のイメージとその基盤

　さて,5つの社会のイメージは,「過程としての社会」Society as process(社会過程論)と「構造としての社会」Society as structure(社会構造論)を両極とする軸上のどこかに位置づけられる。Society as recurrence(制度論)はSociety as structure(社会構造論)に近く,Society as culture(観念論)はSociety as process(社会過程論)に近い。Society as contradiction(マルクス主義)はSociety as structure(社会構造論)に近い(図1-2)。これら5つの社会の見方は,相互に補い合い,協力して,社会の理解を豊かにする関係と理解すべきである。

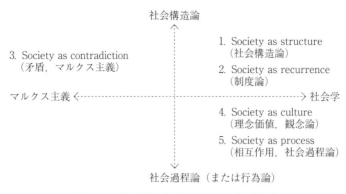

図1-2　社会学の社会のイメージの類型

注）カッコ内は，社会をみるのに重要な着眼点。
出典）筆者作成

　そして，これらの5つの社会の見方もそれを生み出した社会との対話の産物とみるべきである。これに関連して，V. パレート（1900＝1975：103-104）の以下の文言は味読すべきである。「社会主義者をつくり出したのはマルクスによって書かれた本ではない。マルクスの本を有名にしたのが，他ならぬ社会主義者たちなのである。18世紀末に懐疑主義を生み出したのはヴォルテールの本ではなかった。ヴォルテールの著作に名声を与えたのが，他でもない懐疑主義者なのである。……ヴォルテールと百科全書派の人びとは，フランスの上流階級にまんえんしていた感情を，ある選択された形式に基づいて表現することによって，この感情に新たな活力を与えたのである。マルクスについても同様の観察が必要である」。**社会の見方と社会の関係は相互浸透的なのである。**これは，社会学（社会の見方）も社会の一部であるから当然のことでもある。

8 抽象的意義の社会

　以上，5つの社会の見方を紹介したが，このままでは，社会をとらえるにはいささか茫漠としている。社会学は「世の中のありさま」（加藤　2018：13-14）を研究する学問である。したがって，世の中のありさまや，その中でのわれわ

れの暮らしを具体的に把握する概念や方法が必要である。とりわけ，われわれの暮らしを把握する概念は重要である。「世の中のありさま」は茫漠としてあまりに広いので，これをそのまま，総体的に把握するのは不可能だからである。具体的にとらえることができるのは，われわれの暮らしの限られた側面である。たとえば，家族の夫婦関係とか，地域住民の動きとか，職場の労働実態とかである。

そこで，高田（1971）にしたがって，**社会は「抽象的意義の社会」と「具体的意義の社会」と２つの水準がある**との立場にたとう（図1-3）。「抽象的意義の社会」は社会本質論（社会とは何ぞやの思弁）の領域である。高田の社会本質論は「望まれたる共存」という学説だが，「社会とは……それは人人の結びつき又は結びつける人人である。人人の集合または一まとまりが相互に交渉をもたぬならばそこには社会はない，交渉があってもそれが敵対であるときも社会はない。相互の交渉即ち関係が結びつきであるときに，そこに社会があるという」（高田　1971：3）。つまり，**「複数の人々」＋「結びつき（結合）」＝「社会」**と高田はみる。「複数の人々」が単に物理的にそこにいても，社会にはならない。「人人の集合……が相互に交渉をもたぬ」とは，そういう状況である。そして，この人びとが，結びついて，はじめて社会がある。

ここで**結びつき（結合：human associations）**とは，「相互の離れがたさ」（高田　1952：26）**のことである。**この「離れがたさ（結合）」には，dear とよびかけるような親愛の情や愛着の「離れがたさ」と，相手から何かが得られるという依存ないし利益の「離れがたさ」がある。前者を愛着の結合（直接結合），後者を利益の結合（間接結合）と高田（1952：26）はよんでいる。

1.　「抽象的意義の社会」（望まれたる共存＝結合）
2.　「具体的意義の社会」
　2-1. 集団の意識を伴うもの（狭義の社会）→例：会社，家族
　2-2. 集団の意識の伴わざるもの（社会関係）→例：友人相互，商人と顧客

図1-3　高田の社会（1992年見解）

出典）高田（1971：99-100）より。「望まれたる共存」は山本（2022：8-9）に解説した

⑨ 相互作用（または相互行為）と社会関係（仲）

前節に示したように，「相互の交渉即ち関係が結びつきであるときに，そこに社会がある」（高田　1971：3）。つまり，「複数の人々」が「結び」ついて（結合して）「社会」になる。しかし，「相互の交渉」（以下，相互作用または相互行為（interaction）という用語を使う）とはそもそも何だろうか。さらには，相互作用はイコール「関係」であろうか。これについて考える時，高田はたとえば，「親子が抱き合って喜んでいる」「親しみあっている」というのは相互作用の代表であるという。ここには相互作用の例示はあるが，定義がない（高田1952：7-8）。

では，相互作用とは何であろうか。相互作用は社会学の基本用語のはずだが，明確に定義した文献はほとんどない。その貴重な定義のひとつがG. C. ホマンズの定義である。ホマンズによれば，**相互作用**とは「ある人の活動が誰かの活動の後に引き続いて起こることである。あるいは，他者の活動によって刺激されること」（Homans　1951：36）と定義される[8]。たとえば，鋸の両端にいる2人の男が丸太を挽いているとする。一方の男が鋸を押したあと，他方の男が鋸を押す。ここにあるのは，もっとも単純な相互作用の事例である（Homans　1951：36）。

さてこのような相互作用は「それは時間の流れの中で生滅する」（高田1952：7）。つまり，一定の時間の中で相互作用があったり，なかったり（生滅）する。上の例なら，丸太が切り終わったら，相互作用は終了である。「親子が抱き合って喜んでいる」という相互作用ならば，親子が寝てしまったら，終了である。しかし，親子が寝てしまっても（親子の相互作用が中断しても），親子はある。では，寝ている間も，親子を存続せしめているのは，何なのか？　これをさらに大規模にいえば，国民全員が熟睡していても国家はある。国民が寝ていても国家を存続せしめているのは何なのか。ここに，社会関係という概念の必要な理由がある（高田　1952：7）。

相互作用がなくても（寝ていても），社会（家族や国家……）はあるという見込み

は，社会の根幹である。これを，ウェーバー（1922＝1972）や高田（1952：8；1926：240）は**社会関係**と考える。では，社会関係とはどのような概念だろうか。ウェーバーによれば社会関係（social relationship）とは「意味内容が相互に相手を目指し，それによって方向を与えられた多数（複数）の人々の行動のこと」である。ただし，これには重要な付加がある。「社会関係というのは，明らかに意味内容が相互に相手を目指しているような行為がかつて行われたことがあり，現に行われつつあり，やがて行われるであろう，その可能性に外ならない」（ウェーバー　1972：42-43）のである。ここにおける，可能性（probability：確率）という付加は，非常に重要である。つまり，**社会関係は可能性（ないし確率）としてある概念である**。これは相互行為と明確に異なる。

　たとえば，社会関係のひとつの友人関係は「私はあなたと友人である」と思い，「あなたも私と友人であると」と思うという相互の意味づけによる行為が行われる可能性（ないし確率）のことなのである。この可能性がゼロの時には，友人関係（社会関係）はない。言い換えれば，友人としての行為が今，（たとえば，睡眠中で，ご無沙汰で，絶交中で）行われていなくても，友人としての行為が起こる可能性があれば，そこには，友人関係（社会関係）はある。

　このウェーバーの社会関係の把握は卓見である。ただし，このウェーバーの社会関係概念には，「ただ可能というだけで人びとの態度気持が示されない」と，高田（1952：7）は不満を述べる。これも鋭い指摘である。そこで，**高田は社会関係とは，「仲」のことだという**。「仲がいい」とか，「仲が悪い」というのは，個々の相互行為のみを指すのではない。会わない時にも「仲」はあって，「仲がいい」（または，「仲が悪い」）のである。高田（1952：8）は，この社会関係，「仲」を「相互にある作用をしようとする相互的用意である，又相互的準備である」と規定している。あるいはもっと簡潔に「**社会関係は人々の間の用意である**」（高田　1926：240）という。具体的には，「楠正成と足利尊氏との関係は互いに機会さえあらば相手を討ち滅ぼそうとする相互の用意である，恋人同士の関係は事情の許す限り自己の熱愛を表示し又相手から同様なる愛情のしるしを待設くる用意である」（高田　1926：240）。

　ただし，この「用意」はきわめて広義のものであり，明瞭に意識されていない場合もある。「たとえば私がある事務に没頭しながら友人を忘れている間にも，又は眠っている間にも，若し此友人と会うならば気持ちよく彼を迎え愉快に物語を取り交わすだけの準備が意識の奥底にある」（高田　1926：240）。このような意味での「準備」を含むのである。この場合，「準備」（又は「用意」）は，いわば意識の背景（奥底）にある（高田　1926：240-241）。そして，「世上の多くの関係は大抵かう云う状態」にある（高田　1926：243-244）。

　本章では，社会関係をこのように，ウェーバーと高田にしたがって，理解しておく。社会関係（＝「仲」）がなければ社会はない。かくて社会関係は，非常に重要な概念である。

Practice Problems　練習問題 ▶ 2

　高田（1926：52）は「私は家族の成員四散したる時，相互作用なし，而もそこに社会は存続するとなした」。なぜ，このようにいえるのだろう。高田の『社会関係の研究』「第2章　社会の本質に関して（銅直學士に答う）」を読んで考えてみよう。ここで，銅直は高田の「望まれたる共存」（本章8節）にも鋭い批判を展開して，高田の応答も面白い。両者の主張をよく考えてみよう。

10 具体的意義の社会

　次に「具体的意義の社会」には，「集団の意識を伴うもの」と「集団の意識の伴わざるもの」がある（図1-3）。前者を「狭義の社会」，後者を社会関係とよぶこともある。「集団の意識を伴うもの」（狭義の社会）とは，「個人対個人の結合を含みはするが，それ以上に，一集団の意識を伴い，個人はこれと相結合する」ものである。具体的には，会社，学会，家族，同業者，階級などがそれである（高田　1971：99）。「集団の意識の伴わざるもの」（社会関係）とは，「個人的結合以上に何物もないのを常とする」ものである。具体的には，友人相互，商人と顧客などがそれである。

　このようにとらえると，**社会とは「狭義の社会」と社会関係の総体**ということになる。この内で自足的でまとまった範域を**全体社会**とよぶ。言い換えれば全

体社会とは，「結合の網の目の自足的封鎖的組織」（高田　1922：72）と定義される。自足的封鎖的組織とは，その範囲でその社会の人びとの生活のすべてが完結しており，必要なものがすべて調達できる社会ということである。もちろん，グローバル化している現代だから，完全に自足的封鎖的な社会はないのだが，一応のまとまった全体社会はある。日本社会やアメリカ社会や中国社会といったまとまりがそれである。ずっと昔だったら，ほぼ完全な全体社会があっただろう。『魏志倭人伝』の卑弥呼のいた邪馬台国や，『古事記』のヤマトタケルノ命（ミコト）が「征伐」に行った，熊襲（女装して，宴会の場に潜入して王を殺害した）や出雲（だまして親友になって，偽の剣をもたせて決闘して出雲の英雄を殺害した）はその事例である。

この全体社会は，「三重の結束結合としてあらわれる。全員社会ともいうべき国家，時として民族が之を統一する。而も同時に個人と個人との結合は網の目の如く連なりていはば微分的結合を形成する。その上に各の集団は社会の異なれる範囲をそれぞれ一まとめに結束する」（高田　1947：50）。したがって，全員社会（国家など），集団，微分的結合といった部分社会のすべてを含む社会が全体社会である。つまり，全体社会とは，「国家をこえ，これを含むところの」「社会のすべて」（society in its totality）を意味するのである（高田1971：164-165；高田　1952：44）。

社会学は「世の中のありさま」（加藤　2018：13-14）を研究する学問であると先（4節，8節）に述べた。この「世の中」とよばれるものが，全体社会である。「世の中」とは，国家とか家族とかの個々の部分社会（集団や社会関係）の総体をさすものだからである（高田　1952：43-44）。[9]

⓫ 集団社会，社会関係（集団外社会）

前節にみたように全体社会はいわゆる「世の中」であり，全員社会，集団，微分的結合の3つの結束結合として現れる（図1-4）。この内，全員社会とは「国家という如き，成員のすべてを含む社会」である。集団とは「若干の紐帯

によりて結束せられ個人相互の交渉とは異なり，一の全体乃至統一をなすもの
として考えられる社会」である。微分的結合とは「個人対個人の結合にとどま
るもの」である（高田　1947：50）。

1.　全員社会（国家など）　　2.　集団　　3.　微分的結合（個人と個人との結合）

図1-4　高田の全体社会

出典）高田（1947：50）より作成

　この内，**全員社会と集団**は，集団の形をもつ**集団社会**，**微分的結合**は，集団の形
をもたない**集団外社会**ともよばれる。集団社会は図1-3の「集団の意識をともな
うもの（狭義の社会）」と，集団外社会は「集団の意識の伴わざるもの（社会関
係）」とまったく同義である（図1-5）。

1.　集団社会／狭義の社会……集団の形をもつ社会（積分的社会） 　　　　　　　　　　　　　　＝集団の意識を伴うもの（図1-3） 2.　集団外社会／社会関係……集団の形をもたぬ社会（繊維社会と機能聯関／微分的社会） 　　　　　　　　　　　　　　＝集団の意識の伴わざるもの（図1-3）

図1-5　高田の社会（1952年見解）

出典）高田（1952：32，42）より作成

　この**社会関係（集団外社会）**には**繊維社会**と**機能聯関**が含まれる（図1-6）。社
会関係は集団でなく，「個人と個人との結合であるから，個人の一方の意志に
より改廃自由」（高田　1952：32）である。この改廃自由の要素が比較的強いの
が**繊維社会**である。ただし，「改廃自由に見えても義理，習慣，道徳などで規
制」されており，それによって，規則性と永続性をもつことが多い（高田
1952：42）。これに加えて，「利益で結ばれ，法律で拘束，監視されてもいる」
（高田　1952：42）要素が比較的強いのが機能聯関である。とくに，法律などの
フォーマルで強力な規制がみられるのが機能聯関である（図1-6）。

　しかも，**機能聯関**は「万人の万人に対する結合，いわば社会的繊維網の中に
あって，特に重要な部分」（高田　1952：32）である。「社会の機能とむすびつ

> 1. 繊維社会……友人，縁者，愛人，主従や道づれ，目を交わし合うはかなき交渉など，インフォーマルな規制。個人の改廃自由に見えるが，義理，習慣，道徳などによって，規則性と永続性をもつ。
> 2. 機能聯関……商人と顧客（競争的経済，国民経済），政治（市民社会的社会），教育など，インフォーマルな規制もあるが，法律含めてフォーマルで強力な規制（拘束，監視）を含むこともよくある。「万人に対する万人の結合」による，社会全体にわたる依存関係によって，社会のある機能をはたす。

図1-6　高田の集団外社会（社会関係）

出典）高田（1952：21，32，42）の文献より作成。図1-6は，山本（2022：10）の図序-10「高田の集団外社会」をもとに作成

いて客観的統一」のように現れるのである（高田　1952：42）。国民経済などが典型だが，「すべての個人が自主的に行動し，而も個人的に相適応するわけであるが，この適応が社会の全体に互って依存関係を作り，それによって社会の為のある機能が営まれる」のである（高田　1952：32）。つまり，「社会の全体に互っての依存関係」が，「社会の為のある機能」をはたしているのである。言い換えれば，「万人に対する万人の結合のうち，社会の機能と結びつけての**客観的統一（のように思えるもの）**」（高田　1952：42　カッコ内は山本補筆）が**機能聯関である。競争的経済**（高田　1952：43）や，**見えざる手による調和**（高田1952：33-34）などがその例である（図1-6）。

12 機能聯関

前節でみた機能聯関は，ざっくり表現すれば，その社会の全員（ないし非常に多くの人びと）が作り出している，ある特定の機能を担う，大きな社会の仕組み（ないし制度）である。富永健一（1986：9）によれば，市場は「国民社会的規模において形成された経済交換関係である」。したがって，市場は機能聯関の典型（のはず）である。しかし，富永はそのように考えない。富永（1986：9）によれば，市場は「持続的な社会関係を形成するとは限らないので準社会と見做す」べきとされる。**準社会**とは「社会の定義を十分にみたさない」（富永　1996：89），「不完全な社会」（富永　1995：16，19）のことである。

はたして，市場は「不完全な社会」であるという理解でいいのだろうか。

　ここで富永は，市場は「持続的な社会関係を形成するとは限らない」というが，富永の社会関係とはどのような概念だろうか。**富永の社会関係**は，以下のように定義されている。「相互行為が持続的―もちろん中断の時間は入ってよいが将来にわたって続くことが双方の行為者によって期待されている―である場合，自我と他者とのあいだには社会関係が形成されている」（富永　1986：111-112）。あるいは，「社会関係とは，人Ａと人Ｂのあいだに相互行為がくりかえし行なわれ，その結果，今日会って一度別れても，明日か来週か来月か，ともかく将来ともなお同様な様式で相互行為が持続するのが当然という期待が当事者のあいだに共有されている状態のことである。相互行為は一回限りで，短時間に終了してしまうが，社会関係はそうでなく，長期にわたって持続する」（富永　1995：16）。

　つまり，富永の見解では，相互行為が「持続的で」「くりかえし行なわれ，その結果」社会関係が生まれるとされる。この相互行為が「持続的で」「くりかえし行なわれる」ことを相互行為の累積とよべば，富永の社会関係は，相互行為の累積の上にある。これは，具体的には，長いつきあい（相互行為）で，緊密な友人関係（社会関係）ができるような事例を想起すればよい。これが富永の社会関係の第1の特色（相互行為の累積）である。

　しかし，ウェーバーや高田の古典的な社会関係は，相互行為の可能性（ウェーバー），相互行為の相互準備（高田）が重要であって，富永の見解のように相互行為の累積は社会関係の本質に関与しない。大黒屋光太夫（江戸期鎖国時代の日本からロシアへの漂着民）とエカチェリーナ（ロシア皇帝）の間に相互行為の累積は皆無だが，社会関係はあって，大黒屋光太夫は女帝エカチェリーナに「礼服に身を包んで」「拝謁」している（井上　1974：241-251；桂川　1990：97）。これは，初対面の（したがって，相互行為の累積のない）スーパーのレジの店員とお客さん，つまり，市場での売買関係と同じであり，どちらも，社会関係である。かくて，市場は不完全な社会ではない。もうひとつ例をあげれば，「横断歩道を渡る歩行者」と「横断歩道の前で停車している車の運転手」には，

「相互行為の累積」はないが，交通法規の体系という機能聯関に含まれる社会関係はある。これらは，集団外社会（社会関係）の機能聯関というタイプの正真正銘の社会のひとつと考えるべきである（図1-5，図1-6）。

　ただし実は，富永も相互行為の累積は社会関係の本質に関与しないと気づいていた。「相互行為をともなうことなしに，あるいは相互行為に先行して存在しえる社会関係として，血縁関係および地縁関係をあげることができる」（富永　1986：152）と書いているからである。しかし，何故か，この気づきは，富永の社会関係の定義に反映されていない。ただし，今みたように，**相互行為をともなわない（相互行為に先行して存在しえる）社会関係**は，血縁関係，地縁関係にとどまらないのである。

　ついで富永の社会関係の第2の特色は，「相互行為は一回限りで，短時間に終了してしまうが，社会関係はそうでなく，長期にわたって持続する」（富永1995：16）という社会関係の持続性の認識である。これについては，まず，ウェーバー（1922＝1972：44）の「社会的関係には，非常に一時的なものもあるし，永続的なものもある」という古典的規定を確認しておきたい。つまり，社会関係の持続性については，ウェーバーも高田も社会関係の定義に含めない。言い換えれば，**社会関係は非常にはかない（非常に一時的な）ものも含む**。恋愛関係は社会関係だが，（永遠の場合もあるが）非常にはかない場合もある。市場や売買関係はさらにはかない関係ともいえるが，高田，ウェーバーに鈴木栄太郎を加えておくが，そこに社会関係のあることを認めている（図1-7）。すなわち，鈴木の言が端的だが，「合理の関係の極としての売買は，その時その時の対等の立場で完了してしまう関係」であり，「売買は，未知の人の間の社会結合の形式として発展してきたもの」なのである（鈴木　1969：410，286）。これらウェーバー，高田，鈴木の把握と，富永の把握は根源的に異なる。ウェーバー，高田，鈴木では，市場や売買は社会だが，富永では「不完全な社会」であるからである。つまり，富永の社会関係は，ウェーバーや高田の古典的な社会関係と相当異なる概念になっている。しかし，富永が排除した持続性のない（はかない）社会関係はやはり社会学の認識には重要な範疇である。これを高

> 1. 富永（売買行為）→不完全な社会である／「相互行為があっても，それが社会関係の形成にまでいたらないことが多い典型的な例」（準社会）の範疇。
> 2. 鈴木（売買）→社会である／「合理の関係の極としての売買は，その時その時の対等の立場で完了してしまう関係」。「売買は未知の人の間の社会結合の形式として発展してきたもの」。
> 3. 高田（商人と顧客）→社会である／「具体的意義の社会」で「集団の意識の伴わざるもの」（社会関係）の範疇，「繊維社会」でもあり，「機能聯関」でもある。
> 4. ウェーバー（市場交換（marktaustausch/economic exchange））→社会である／「双方の行為の相互関係（相互の方向付け）が少しでもあることが社会関係という概念の基準になる」。社会関係の範疇。

**図1-7　「売買行為」：富永，「売買」：鈴木，
「商人と顧客」：高田，「市場交換」：ウェーバーの理解**

出典）富永（1995：16），鈴木（1969：410，286），高田（1971：99），ウェーバー（1972：42-45）より

田の用語では，微分的社会観というが，最後（12節）にそれを取り上げたい。

13 繊維社会と微分的社会観

　社会関係（集団外社会）には機能聯関とならんで繊維社会がある。**繊維社会は，友人，縁者，愛人，主従や道づれ，目を交わし合うはかなき交渉などが事例だが（図1-6），機能聯関にいたらない社会関係（集団外社会）である。**したがって，繊維社会は，社会のほんの一部の人びとの微かな結合である場合もある。しかし，その広がりは意外に遠くまで及ぶかもしれない。共通の友人，知人などを介して，人びとの連鎖ができるからである。また，繊維社会は無数の組み合わせで人びとを結びつけるが，その故に，意外に役立つものである[10]。

　とはいえ，繊維社会と機能聯関をくらべれば，繊維社会の重要性はやや副次的と考えるべきである。「社会の全体に互っての依存関係」が，「社会の為のある機能」をはたしている機能聯関にくらべて，ささやかな，部分的な世界であるからである。たとえば，車を運転する時，相手の車と目と目や身振り手振りで相互作用（やり取り）することはしばしばある。最近，自動車運搬車両（トラック）が自動車販売会社にバックで入るために，片道の一車線の国道を塞いで，後続の私の車をしばらくの間，待たせたことがある。私を待たせたトラッ

クの運転手は，無事，バックで自動車販売会社の敷地に入った時，私に向かって，頭を下げ，手を振った（私も応答した）。これは「目を交わし合うはかなき交渉」であり，繊維社会の一コマである。このような繊維社会のやり取りがなければ，交通秩序の維持は随分，困難なものになるだろう。法律で定められた全国一律の交通ルールは，機能聯関であり，交通秩序という社会生活の基盤にある。しかし，それを円滑に作動させるには，繊維社会は重要な役割をもっている。

　このように集団から社会関係，社会関係の内では，機能聯関から繊維社会まですべてを重要と社会学では考える。言い換えれば，「国家，自治体，家族，教会，社会などの如く，身体の重要器官にあたるもののみならず，友人や道づれ，目を交わし合うはかなき交渉にいたるまで」すべてを社会として注目すべきという「微分的なる社会観」を現代の社会学は採るのである（高田　1952：21）。先（8節，図1-3）にみた，友人相互，商人と顧客なども社会学の「微分的なる社会観」の実例である。

　では何故，「微分的なる社会観」を現代の社会学は採るのだろうか。それは先（11節）にも指摘したのだが，それこそが社会だからである。上記の友人や道づれや商人と顧客……などの結合は「個人と個人との結合であるから，個人の一方の意志により改廃自由」（高田　1952：32）なはずである。しかし，それらは改廃自由にみえても義理，習慣，道徳などで規制されている。また，利益の共通で結ばれ，さらには法律で拘束，監視されてもいる場合もある（高田　1952：42）。つまりここにも厳然と社会はあって，「不完全な社会」（準社会）ではない。したがって，集団外社会（社会関係）は集団社会（狭義の社会）と同等の重みをもつのである（図1-5）。

　この結論は，「社会学を狭義の社会についての学」（富永　1986：4）とした富永社会学の基本構想と大きく異なる。富永は図1-8のように「狭義の社会」と「準社会」を区別して，「狭義の社会」が社会学の主な領域とした[11]。しかし，高田の社会（図1-5，図1-3）は，大きく異なり，富永の図1-8の「狭義の社会」（＝図1-5の高田の集団社会）も「準社会」（＝図1-5，図1-6の集団外社会）とも

1.　狭義の社会（=「狭義の社会とは，複数の人びとのあいだに持続的な相互行為の集積が
　　あることによって社会関係のシステムが形成されており，彼らによって内と外とを区別
　　する共属感情が共有されている状態」（富永　1986：3）≒図1-5，集団社会）
2.　準社会（=狭義の社会の定義を不完全にしか満たさない社会／「不完全社会」≒図1-5，
　　図1-6の集団外社会）

図1-8　富永の社会

出典）富永（1995：18-19），富永（1996：87）より作成

に同等の重みをもつ「社会」である。この高田の社会の把握が社会学の土台に妥当である。

　最後にこの妥当性の根拠を例示しよう。資料1-2は「親子と遊園地（公園）の職員」の写真である。高田の社会把握なら，親子（父親と子，写真は母親が撮っている）は集団社会であり，「遊園地の職員と親子」は集団外社会である。こちらは妥当な把握である。富永なら，親子は「狭義の社会」で，「遊園地の職員と親子」は準社会（不完全社会）となる。こちらはやはり歪んでいる。「遊園地の職員と親子」の間には，「相互行為の累積」も「社会関係の持続性」（12節，参照）もないが，社会関係はあると考えるべきだからである。この親子とこの遊園地職員の社会関係は，たまたま遊園地に遊びに来た，この時一回きりのものである。それでも，ここにはウェーバー，高田の定義ならば，社会関係はある。

　さらにこの資料1-2はアリゾナ（米国）の遊園地での日本人家族と米国人（遊園地職員）の写真であり，国際社会の写真でもある。つまり，その意味でも富永の準社会（不完全社会）の写真ということになる。国際社会は本章ではあまり議論していないが，この写真からすれば，売買と同じく，準社会と把握するのはやはり同じく歪んでいる[12]。ここにも社会（「仲間」，society 幕末の英和辞典の翻訳，蔵内（1978：3-8））がある（いる）からである。

Practice Problems　練習問題 ▶ 3

　あなたが関わっている，集団，社会関係（機能聯関，繊維社会）をそれぞれ，いくつかあげてみよう。

資料1-2　親子と遊園地の職員（アリゾナ（米国）の小都市（Yuma））

出典）2022年3月　写真の中の子どもの母親が撮影

✒️ 注 ⋯⋯⋯

1）本章のサブタイトルにある富永社会学批判は，山本努（2022：2-21）で展開した。ただし，本章に含む富永社会学批判はそこに書けなかった重要な論点にふれている。それは，「相互行為の累積が社会関係の本質に関与する」という富永の社会関係定義に関わる論点である（本章11節）。これは，山本（2022：13）でふれた，「社会関係の定義に持続性を持ち込む」という論点とならんで，富永の社会関係概念の2つの難点と思われるのである。これらの点については，山本（2023　近刊）も参照を願いたい。

2）家についての簡便な説明は福田恵（2022），原珠里（2022）参照。

3）ただし，ここの記述は賀川が住んだ「貧民窟」でも最下層の人びとである。彼の住んだ「貧民窟」の人口は1910年当時，7,500人で「仲仕に，土方に，手伝」，すなわち不熟練労働者が一番多い社会であった。その他，主な45種程度の仕事は，隅谷三喜男（2011：29-30）に紹介されている。これは，1900年前後の貧民窟とは異なる。1900年前後は，人力車夫，日雇い，紙屑拾い，芸人，乞食などが中心であった（隅谷　2011：29-33）。

4）他の辞書（*The American Heritage Dictionary of the English Language: Fourth Edition,* Houghton Mifflin Company, 2000: 1650）でも society の説明を確認した

が，Longman の英英辞典と大体同じ説明であった。

5）『哲学字彙』は国立国語研究所の下記サイトからダウンロード（2023 年 7 月 3 日取得，https://dglb01.ninjal.ac.jp/ninjaldl/bunken.php?title=tetugakui）

6）『哲学字彙（増補改訂版）』は，国立国会図書館デジタルコレクションの下記サイトから全文閲覧できる。（2023 年 7 月 3 日取得，https://dl.ndl.go.jp/info:ndljp/pid/994560/1）

　　なお，井上哲次郎はフェノロサの論文を文学部 4 年生の時に「世態開進論」という題目で翻訳している。また，有賀長雄はフェノロサの弟子であった（下出 2005：143-147）。井上哲次郎は内村鑑三の「不敬事件」で内村を論難した人物でもある（鈴木　1984：62）。

7）「全制的施設とは，多数の類似の境遇にある個々人が，一緒の，相当期間にわたって包括社会から遮断されて，閉鎖的で形式的に管理された日常生活を送る居住と仕事の場所」のことである。施錠された扉，高い塀，有刺鉄線などで普通，仕切られている。欧米には，盲人・老人などの収容所，精神病院・結核療養所，刑務所・強制収容所，兵営・寄宿学校，僧院・修道院の 5 種類の全制的施設がある（Goffman　1961＝1984：v, 4-5）。なお，ゴッフマンの社会の見方（演劇的見方）は，芥川龍之介の小説『手巾』に先取りされている（芥川　1990）。このことを鋭く指摘したのは岩本茂樹（2022：54）である。ゴッフマンの著作にいきなりトライするのが少し厳しいなら，まず，岩本（2022），芥川『手巾』を読んでみるのもいいだろう。

8）ここはホマンズの定義の骨格を取り出して，かなり意訳している。Homans（1951：36）から正確な英文を示しておく。When we refer to the fact that some unit of activity of one man follows, or, if we like the word better, is stimulated by some unit of activity of another, aside from any question of what these units may be, then we are referring to *interaction*.

　　なお，もうひとつ安田三郎（1981：2）の相互行為（相互作用，社会的相互行為）の以下の定義がある。「社会的行為を……他者に影響を及ぼし，かつ／あるいは他者から影響を与えられつつ行う行為であるとするならば，2 人（またはそれ以上）の行為者の間で，互いに相手を客体とする行為は，〈社会的相互行為〉（social interaction）と名づけてよいだろう」。ただし，この定義に含まれる「客体」は，安田（1980：15）の目標客体，手段客体，条件客体を意味する概念である。このように安田の定義は，有益だが，やや煩雑である。したがって，本章では，ホマンズの定義を使いたい。

9）高田の全体社会の概念はいくつかの定義があるが，山本（2022：9；18-21）に紹介がある。

10）玄田有史（2005：193）によれば，「弱い紐帯と訳された weak ties の存在が，日本での幸福な転職のためにも重要な役割を果たす」という。この知見は M. S. Granovetter（1995＝1998）から示唆を得ている。グラノヴェターは米国の研究

で強い紐帯（いつも会う人）より，弱い紐帯（まれにしか会わない人）が，有益な転職情報をもたらすことを示した。いつも会っている人々からはすでに知っている情報しか得られないが，たまに会う友人は新しい情報をもたらすからである（玄田　2005：193）。強い紐帯も繊維社会ではあるけれど，弱い紐帯はまさに繊維社会らしい繊維社会である。

11）もっとも最近に出た，社会学の入門書でも，このような富永の社会学の構想を推奨する書籍もある。たとえば，日本社会分析学会（2022：18）などがそれである。ここでは，本章の図1-8に示した，富永の「狭義の社会」の概念を引用して，「社会学とは，そうした意味での社会を研究する経験科学である」としている。ここからも，富永の影響力の一端は確認できるが，本書はこの立場をとるものではない。

12）「社会学を狭義の社会についての学」（富永　1986：4）とした富永社会学の基本構想は，実は，富永自身が無理を感じている。富永の準社会は社会階層，民族，国際社会などだが（富永　1995：29），これらは社会学の有望な研究領域である。したがって，準社会つまり「不完全社会もまた，社会生活における有意味な人間の集まりであると認められ，社会学の重要な研究対象をなしてきた。だから，それらを社会でないとして排除するのは，明らかに妥当でない」（富永　1995：19）と富永自身が書かざるを得ないのである。これを認めてしまえば，富永の社会構想は，ほとんど高田の社会構想に等しくなる。このあたりのもう少し詳しい理路は，山本（2023，2022：6-7）を参照願いたい。

参考文献

芥川龍之介，1990，『大導寺信輔の半生・手巾・湖南の扇　他十二篇』岩波書店

有賀長雄，2007，『日本最初の社会学史』いなほ書房

Berger, P. L. and B. Berger, 1972, *Sociology: A Biographical Approach*, Basic Books.（＝1979，安江孝司・鎌田彰仁・樋口祐子訳『バーガー社会学』学研）

Blumer, H., 1969, *Symbolic Interactionism*: Perspective and Method, Prentice-hall.（＝1991，後藤将之訳『シンボリック相互作用論―パースペクティブと方法―』勁草書房）

Brittan, A., 1989, Society. In A. Kuper and J. Kuper (ed.) *The Social Science Encyclopedia*, Routledge: 794-795.

大道安次郎，1968，『日本社会学の形成―九人の開拓者たち―』ミネルヴァ書房

費孝通（Fei Hsiao Tung），1983，*Chinese Village Close-Up*, New World Press.（＝1985，小島晋治・浅見靖仁・上田信・大里浩秋・大沼正博・白川知多・武内房司・並木頼寿訳『中国農村の細密画―ある村の記録　1936～82―』研文出版）

福田恵，2022，「農村社会を支える『家』と『村』」山本努編『よくわかる地域社会学』ミネルヴァ書房：94-97

玄田有史，2005，『仕事のなかの曖昧な不安―揺れる若年の現在―』中央公論新社

Goffman, E., 1961, *Asylums: Essays on the Social Situation of Mental Patients and Other Inmates*, Doubleday & Company.（＝1984，石黒毅訳『アサイラム―施設被収容者の日常生活（ゴッフマンの社会学　3）』誠信書房）

Granovetter, Mark S., 1995, *Getting a Job: A Study of Contacts and Careers*, University of Chicago Press.（＝1998，渡辺深訳『転職―ネットワークとキャリアの研究―』ミネルヴァ書房）

原珠里，2022，「『いえ』の中の女性の位置」山本努編『よくわかる地域社会学』ミネルヴァ書房：144-147

林恵海，1928，「東京帝國大學社会學研究室創立二十五周年記念會記事」『社會學雑誌』48：86-93

―――，1966，「邦訳『社会』考」『東京女子大学付属比較文化研究所紀要』21：65-111

Henslin, J. M., 2000, *Essentials of Sociology: A Down-to-Earth Approach*, Allyn And Bacon.

Homans, G. C., 1951, *The Human Group*, Routledge & Kegan Paul.

井上哲次郎，1881，『哲学字彙』東京大學三學部

井上哲次郎・有賀長雄，1884，『哲学字彙（増補改訂版）』東洋館

井上靖，1974，『おろしや国酔夢譚』文藝春秋

岩本茂樹，2022，『「コミュ障」のための社会学―生きづらさの正体を探る―』中央公論新社

賀川豊彦，2008，『死線を越えて（上巻，中巻，下巻）』今吹出版社

賀川豊彦献身100年記念事業神戸プロジェクト実行委員会，2009，『劇画　死線を越えて―賀川豊彦がめざした愛と共同の社会―』家の光協会

金子光晴，1967，『金子光晴詩集（茨木のり子編）』彌生書房

加藤秀俊，2018，『社会学―わたしと世間―』中央公論新社

勝海舟，1978，『氷川清話（日本の名著 32　勝海舟）』中央公論社

桂川甫周，1990，『北槎聞略―大黒屋光太夫ロシア漂流記―』岩波書店

蔵内数太，1978，『蔵内数太著作集（第 1 巻)』関西学院大学生活共同組合出版会

宮永孝，2011，『社会学伝来考―明治・大正・昭和の日本社会学史―』角川学芸出版

森嶋通夫，1981，「誠実の証としての学問」高田保馬博士追想録刊行会編『高田保馬博士の生涯と学説』創元社：172-192

日本社会分析学会監修，2022，『生活からみる社会のすがた―シリーズ生活構造の社会学 ①―』学文社

Pareto, V., 1900 [1968: translated by H. L. Zetterberg], "Un' applicazione di teorie sociologiche: *The Rise and Fall of the Elites*", The Bedminster Press.（＝1975，川崎嘉元訳『エリートの周流―社会学の理論と応用―』垣内出版）

Pickett, J. P. (ed.) 2000 *The American Heritage Dictionary of the English*

40

Language: Fourth Edition, Houghton Mifflin Company.

下出隼吉，2005，『明治社会学史資料』いなほ書房

隅谷三喜男，2011，『賀川豊彦』岩波書店

鈴木栄太郎，1969，『都市社会学原理（著作集Ⅵ）』未来社

鈴木範久，1984，『内村鑑三』岩波書店

高田保馬，1922，『社会と国家』岩波書店

――，1926，『社会関係の研究』岩波書店

――，1947，『世界社会論』中外出版

――，1952，『社会学』有斐閣

――，1971，『社会学概論』岩波書店

谷崎潤一郎，1983，『細雪』中央公論新社

富永健一，1986，『社会学原理』岩波書店

――，1995，『社会学講義』中央公論新社

――，1996，『近代化の理論』講談社

山本努，2016，『現代の社会学的解読（新版）―イントロダクション社会学―』学文社

――，2022，「地域社会学の必要性」山本努編『よくわかる地域社会学』ミネルヴァ書房：2-21

――，2023，「準社会は不完全な社会なのか？―社会の基本認識をめぐって，売買行為を事例として，富永健一，高田保馬，鈴木榮太郎，マックス　ウェーバーの学説の評価」神戸学院大学現代社会学会編（山本努，岡崎宏樹編集責任）『現代社会の探究―理論と実践』学文社：近刊

安田三郎，1980，「行為の構造」安田三郎・塩原勉・富永健一・吉田民人編『基礎社会学　第1巻　社会的行為』東洋経済新報社：2-28

――，1981，「相互行為・役割・コミュニケーション」安田三郎・塩原勉・富永健一・吉田民人編『基礎社会学　第2巻　社会過程』東洋経済新報社：2-28

Wallace, R. and A. Wolf, 1980, *Contemporary Sociological Theory*, Prentice-hall.（＝1986，濱屋正男・寺田篤弘・藤原孝・八幡康貞訳『現代社会学理論』新泉社）

Weber, M., 1922, *Soziologische Grundbegriffe*.（＝1972，清水幾太郎訳『社会学の根本概念』岩波書店）

――，1978，*Economy and Society 1*, University of California Press.

自習のための文献案内

① 加藤秀俊，2018，『社会学―わたしと世間―』中央公論新社

② 高田保馬，2003，『社会学概論（高田保馬・社会学セレクション3）』ミネルヴァ書房

③ ウェーバー，M.著，清水幾太郎訳，1972，『社会学の根本概念』岩波書店

④ ギデンズ，A.著，松尾精文ほか訳，2009，『社会学（第5版）』而立書房

⑤ コリンズ，R. 著，井上俊・磯部卓三訳，2013，『脱常識の社会学（第2版）―社会の読み方入門―』岩波書店

⑥ 見田宗介，2006，『社会学入門―人間と社会の未来―』岩波書店

⑦ 見田宗介，2018，『現代社会はどこに向かうか―高原の見晴らしを切り開くこと―』岩波書店

　社会学の入門書は多い。① は社会学をコンパクトなサイズで自由自在に語ってくれる好著。② は日本社会学のオリジナリティを示す社会学概論書の古典。気合いを入れて取り組みたい。③ は薄い書物だが，こちらも気合いを入れて取り組みたい。文字どおり，社会学の根本のアイデアを示す古典。④ は英国の碩学による，大好評のテキストブック。丁寧な解説で社会学を広く深く学べる。⑤ は米国の碩学による入門書。コンパクトだが，社会という謎の中核まで読者を連れていってくれる。⑥ ⑦ は見田宗介氏の著作だが，氏の書物で社会学に入った者はとても多い。まったくの初学者なら，① ⑤ ⑥ ⑦（順不同）から読んで，その後，② ③ ④（順不同）と，読み進むといいだろう。

第 2 章

地域社会
——鈴木栄太郎の聚落社会の概念を基底において

山本　努

1 地域社会と集団を学ぶ

　地域社会の社会学入門講義にまずどのような理論，概念を基底におくべきか
については，（種々の見解があろうが）まともに議論された形跡はない。筆者は
鈴木栄太郎の聚落社会という概念を基底におくのが妥当と考える。本章はその
ような地域社会の社会学入門講義の試みである。また，集団の概念は社会学の
いろはだが，ここでも，種々の見解がある。地域社会を考察するには，M. S.
オルムステッドや高田保馬（ないし，G. C. ホマンズ）の使い方がいいように思う。

　本章では，まず，集団について説明し（2〜4節），ついで，地域社会の説明
にいく（5〜11節）。社会関係については，前章で説明したので，補足的にの
み触れる（11節）。

2 生活構造の把握と地域社会の所在

　前章でみたように，社会は集団と社会関係からできていた（図2-1）。人びと
の暮らしはこの社会の中にあるのだから，この集団と社会関係に参与するのが個々
の人びとの生活構造ということになる。社会学で生活を把握した有力な学説は鈴
木広（1986：177）や三浦典子（1986：5）の生活構造の概念がある。ここでは，
生活構造を「生活主体としての個人が文化体系および社会構造に接触する，相
対的に持続的なパターン」（鈴木）とか，「生活構造とは，生活主体の社会構造
と文化構造への主体的な関与の総体であり，社会構造への関与はフォーマル・

| 1. 集団の意識をともなうもの（狭義の社会＝集団）→例：会社，家族 |
| 2. 集団の意識の伴わざるもの（社会関係）→例：友人相互，商人と顧客 |

図2-1　社会（＝「具体的意義の社会」）の構成

注）「具体的意義の社会」は高田（1922：100）の用語で「抽象的意義の社会」とセットの概念だが，
　　本章では，「具体的意義の社会」を社会と略記する）。
出典）高田（1971：99-100），高田（1952：32，42）より作成した，前章（図1-3）の図から転載

インフォーマルな社会関係のネットワークによって，文化構造への関与は生活
主体の設定する生活目標および様式選好として，具体的に把握できる」（三浦）
と定義している。つまり，鈴木や三浦は社会構造と文化体系への参与を生活と
みているのである。生活構造に文化体系への参与を含むのは，鈴木の独創であ
りその含意は重要である。鈴木の生活構造論とは，今日の「慢性的過剰生産状
態（必要不可欠の商品など，いったいどれほどあろうか）におかれている高度産
業社会」（鈴木　1977：15）[1]の文化体系への懐疑や非同調の可能性を生活から問
うものだからである。

　ただし，社会を集団と社会関係の総体とみるという本書（図2-1）の立場か
らすれば，生活構造は，鈴木や三浦とややちがった定義になる。つまり，**本書
の立場では，集団や社会関係への人々（個人）の参与の束，総体が生活構造である。**
この生活構造の定義は，文化体系への関与を生活の構成要素から外している。
そこが，鈴木や三浦の定義との違いである。この点は詳しくは，補章を参照願
いたい。

　もちろん，現実の生活では，文化体系への参与は重要な構成要素である。そ
もそも，生活は人びとの暮らしのトータルな活動だから，現実を反映するとす
れば，あれもこれも（つまり，生活の構成要素すべてを）入れなければならな
い。しかし，それは，一定の学的立場に立つ限り，できない相談である。であ
れば，一定のリアリティを担保しつつ，一定の学的立場で区切るしかない。

　上記の本書の生活概念のリアリティを理解するには，フィッシャーの文言は
非常にすぐれている。すなわち，「諸個人の相互結合は，社会の精髄である。
われわれの日常生活は人びとのことで頭が一杯であり，是認を求めたり，情を

かけたり，ゴシップを交換したり，恋に落ちたり，助言を求めたり，意見を述べたり，怒りを静めたり，礼儀作法を教えたり，援助を与えたり，印象づけをしたり，接触を保ったりしている——そうでなければ，われわれはなぜそのようなことをしないでいるのかと悩んだりする。こうしたいっさいによって，われわれはコミュニティを作り出している。そして人びとは，今日，近代社会の中でもこのようなことをしつづけているのである」（Fischer　1982＝2002：19）。同様の認識は日本の社会学ならば，清水幾太郎（1954）がよい。[2]

　このようにしてできたのが，鈴木，三浦，および，本章の定義なのである。これはどちらがいいとかいう性格のものではない。社会の構成要素に何を含むか，という社会の概念規定や問題意識によって，どちらも妥当な概念規定ということだろう。あとは，その生活構造の概念を経験的な場面（たとえば，社会調査の時など）において，どのように活用するかという問題である。要は，これらは道具なので，道具の所在は知っておき，必要に応じて，使い分けるのがよい。

　さてこのように本章の生活構造は生活主体（個人）の集団と社会関係への参与の総体である。これを社会の側からみれば，社会が集団と社会関係を通して生活客体（個人）を統制し，形成するということになる。つまり，**社会と個人は，個人⇄「集団・社会関係」⇄社会という相互浸透の関係にあり，個人と社会は集団と社会関係を媒介して対面する。この集団や社会関係の多くは地域社会にある。**まずは，自分の関わる集団や社会関係がどこにあるか想起してみるといい。おそらく，普通の人は，自分の関わる集団（たとえば，家族，職場，学校，遊びや余暇の集団，子供会や青年団や婦人会や老人会など）や，社会関係（たとえば，親子関係，夫婦関係，親族の関係，近所のつきあいの関係，友人関係，職場の同僚の関係，かかり付けのお医者さんとの関係など）はその多くが，一定の地理的範囲（たとえば，○○市とか，△△都市圏とか）に収まるはずである。これが，とりあえずの地域社会の定義（またはイメージ）である。

3 集団とは
：ホマンズ，オルムステッド，高田，富永の学説

　では集団の定義をみておきたい。有力な集団の定義はオルムステッド（図2-2），ホマンズ（図2-3），高田（図2-4），富永健一（図2-5）の4つがある。まず，これらの集団の定義で共通なのは，人びとが何等かの共通性の意識をもっていることである。集団のこの要素は，「共通性（commonality）を意識」（オ

> 　集団とは相互に接触し①，お互いのことを意識し，かつある意味をもった共通性（commonality）を意識している多数（複数）の個々人②と定義できよう。集団の本質的特徴は，その成員が共通した何かを有し，かつ共通に所有しているものが少しは重要であると信じられていることである。

図2-2　オルムステッドの集団の定義

出典）Olmsted（1959＝1963：13）

> 　集団とは，ある所与の時間，定義上局外者①と考えられる他の個人とよりも何人かのメンバーと多く相互作用する多数の個人②，すなわちメンバー③よりなると言うことにしよう。

図2-3　ホマンズの集団の定義

出典）Homans（1961＝1978：136）

> 　結合している人びとが自分たちを一の集団と見，一の集団という意識乃至観念①が成員を支配している。ひいては彼等の行動態度が此観念によって規定②せられざるを得なくなる。……これを今，社会集団又は単に集団という。……此一の集団をなすという観念といったが，それは一定の人びとが何等かの共通の徴（しるし）をもつという意識内容③をさす。この徴によって人びとが互いに同一のものと見ることである。

図2-4　高田の集団の定義

出典）高田（1952：31）

> 　社会集団とは，複数の行為者間に持続的な相互行為の累積①があることによって成員と非成員との境界がはっきり識別②されており，また内と外を区別する共属感情が共有③されているような，行為者の集まりをさします。

図2-5　富永の集団の定義

出典）富永（1996：69）

共通性／共通の徴を持つ集団の観念／局外者とメンバーの区別
＋
相互接触（人々の活動）／行動態度／メンバーと多く相互作用

図2-6　オルムステッド，高田，ホマンズの集団の定義

出典）筆者作成

ルムステッド），「メンバー」（ホマンズ），「共通の徴（しるし）をもつという意識」（高田），「共属感情」（富永）といい方は異なるが，4つすべての定義で言及されている。したがって，共通性を意識していることは集団の定義に重要と一応は考えられる。

　しかし，共通性の意識だけで集団は成り立たない。このことを面白く示しているのはオルムステッドである。動物園のトラの檻の前の人びとは，共通の関心（共通性の意識）があって，かつ，みんな近くにいるが，集団ではないというのである。しかし，檻からトラが逃げ出し，人びとが近くの食堂に逃げ込み，トラに襲われる恐怖を共有し，協力してドアにバリケードを作り，おびえる子どもを励ましたりすれば，そこには集団ができる。

　つまり，**集団が成り立つには共通性の意識に加えて，人びとの相互接触（活動）が必要なのである。**図2-2のオルムステッドの集団の定義の①「相互に接触し」は，このような意味で使われている。これに非常に近いのはホマンズと高田の定義である。図2-3のホマンズの定義では，局外者（非メンバー）とメンバーの相互作用より，メンバー同士の相互作用が多いことが集団とされる。図2-4の高田の定義では③共通の徴をもつという集団の観念によって，②人びとの行動態度が決まってくることを集団とみる。つまり，多少表現は異なるが，図2-6にあるように，ホマンズと高田とオルムステッドの集団の定義は大体，同義である。

4　集団の緩い定義（ホマンズ）と厳しい定義（富永）

　これに対してやや異なるのが，図2-5の富永の定義である。富永では，②

境界識別, ③ 共属感情とあるが, これは, オルムステッド, 高田, ホマンズ（図2-6）の「共通性／共通の徴を持つ集団の観念／局外者とメンバーの区別」と同義である。

ただし, 富永の ①「複数の行為者間に持続的な相互行為の累積」は, オルムステッド, ホマンズ, 高田の集団の定義とは異なる。上記の「トラが逃げ出して, 人々が食堂に逃げ込んだ」状態は「持続的な相互行為の累積」ではない。その日限りのアクシデントである（もしかしたら, あっという間にトラに食べられてしまうかもしれない）。したがって, 「トラが逃げ出して, 人々が食堂に逃げ込んだ」状態は, 富永の定義では集団には含まれないとみるべきである。

富永（1996：92）が言及する集団の実例は家族・親族, 組織（企業, 行政組織など）, 国家などである。ここから「持続的な相互行為の累積」という条件が付されたのだと思う。この「持続的な相互行為の累積」というのは, 富永の例示によれば, 「電車の乗客や映画の観衆や盛り場の歩行者」と「一定数の友人仲間」の違いである。前者は「相互行為の持続としての社会関係のシステム」（富永 1986：14）がないが, 後者にはある。富永（1996：92）の理解では, 前者は群衆, 後者は集団である。

なお, 「トラが逃げ出した状態」を仮に富永の定義でも集団に含むにしても, 定義の中核におかれる事例ではない。これに対して, オルムステッドはこの例を中核において集団の定義をしている。ここに富永とオルムステッドの集団のイメージの大きな違いがある。抽象的な概念はその背後に具体的, 典型的なイメージがある。両者はセットで理解する必要があるだろう。

さらにホマンズは, オルムステッド, 高田, 富永ともちがう集団の規定である。ホマンズは共通性の意識はさほど重要な基準とは考えない。ホマンズ（1961＝1978：137）にとって, 「唯一の本質的な基準は, メンバー相互における相互作用」なのである。この規定を説明する時, ホマンズが例示するのは, 工場の一部門で一日の勤務時間だけ一緒にいるような人たち（正規職員と非正規・パート・アルバイト・外国人労働者の人たちを含めた職場など想起すればいいだろう）や, 時々会って食事する何人かの友人の集まりである。ここには, 局

1．共通性の意識（We（＝われわれ）という意識）
2．共通性の内部での相互行為
3．共通性の内部で持続的な相互行為

図2-7　集団の定義の基準

出典）筆者作成

外者とメンバーの区別はあるが，その人びとの共通性の意識（we（＝われわれ）という意識）は微弱あるいは，不明確な場合がある。したがって，そこに「メンバー相互における相互作用」があるかどうかが重要なのである。「メンバー相互における相互作用」があれば，そこに集団があると考えてもいいだろう。

　したがって，オルムステッド，高田，ホマンズ，富永らの集団定義を参照すると，**集団の定義**には，図2-7の1，2，3の基準がある。

　図2-7の2はホマンズ，1プラス2は，オルムステッド，高田，1プラス3は，富永の集団定義となる。ここで2は3よりも広い概念なので，もっとも広い（条件の緩い）定義がホマンズ，ついで，オルムステッド，高田の定義は中間にあり，もっとも狭い（条件の厳しい）定義が富永となる。

　これを実例で示せば，次のようである。

①　動物園のトラの檻の前の人びと……集団ではない。

②　動物園のトラの檻からトラが逃げ出して，近くの食堂（refreshment stand）に逃げ込んだ人びと……オルムステッド，高田，ホマンズは集団である。

③　大講義室の大学の授業……ホマンズは集団（学生は教員の講義を聞いている。教員も学生の反応をみて講義している。とすれば，そこには相互作用がある。ただし，学生と教員の共通性（we）の意識は微弱。そのような事例）。

④　時々，一緒に食事をする数人の友人たち……ホマンズは集団。高田なら社会関係（図2-1）。

⑤　家族・親族，組織，国家……富永，オルムステッド，高田，ホマンズ全員集団。

Practice Problems 練習問題 ▶ 1

　図 2-7 の 3 つの基準（あるいは，オルムステッド，高田，ホマンズ，富永の定義）を使って，自分のまわりの集団を列挙してみよう。

5　地域社会の概念

　さて，次に地域社会（コミュニティ）の概念を説明したい。地域社会とは以下のような概念である。たとえば，○○市とか△△都市圏という一定の地理的範囲で，仕事や遊びや勉学などの多くの生活活動が営まれていて（つまり，いろいろな生活欲求が充足されていて），人びとがそこを自分たちの（所属する）地域だと思えば，そこには「地域社会」がある。つまり (1) 一定の土地の広がり（地理的範囲）があり，(2) そこで人びとの多くの生活活動が営まれており，(3) そこに人びとが帰属意識（＝そこが自分たちの地域であるという「われわれ感情（we-feeling)」）をもっていれば，そこには地域社会がある（山本　2024a：1 章）。

　あるいは，地域とは「其処に或る特定の統一性の（その強弱は別問題として統一性そのものの）存する面積的拡張」あるいは「或る統一性に基づいて封鎖された，外部とは一応切り離された空間」という奥井復太郎（1940：440）の定義も有益である。ここで「統一性」は特定の身分や生活に基づく封鎖性を意味する。たとえば，労働者の街なら，労働者という身分が，別荘の街なら別荘の生活が「特定の統一性」（あるいは封鎖性，独立性，絶縁性）を生み出すという具合である。いずれにしても，「一定の土地の広がりの中にある暮らしと，地域帰属意識」が地域社会を作るのは同じである。これはオルムステッドと高田の集団概念に近い把握である。つまり，図 2-7 の集団の定義の「内部での相互行為」（＝暮らし）と，「共通性の意識」（＝地域帰属意識）からなる集団として地域社会を定義するものである。

　しかし，現実には「内部での相互行為」（＝暮らし）も，「共通性の意識」（＝地域帰属意識）もほとんどない地域社会もある。たとえば，ほとんど全員がよそから来て，交流も少ない，新住民のみでできている新興住宅地などがそれで

ある。さらに極北には，災害などで作られる仮設住宅のコミュニティがある。神戸の震災の仮設コミュニティは次のようであった。重要な記載なのでやや長いが引用する。

「1995 年 9 月，神戸市西区の西神第 7 仮設を訪ねた時のことだ。千戸の住宅が並ぶこの仮設では，65 歳以上の世帯が 58％を占め，うち半分以上は独り暮らしだった。お年寄りが引きこもりがちなため，町は異様な静けさに包まれていた。この仮設は，地下鉄の西神中央駅からバスで 15 分かかる。首都圏から想像すれば「至便」の範囲だが，実際には途中で人影が疎らになるニュータウン造成地の外にあり，バスも 1 時間に 1，2 本だ。「孤島」と呼んでもおかしくない」（外岡　1998：639）。

ここにあるのは，「或る統一性に基づいて封鎖された，外部とは一応切り離された空間」ではある。しかし，ここでは「内部での相互行為」（＝つきあいや暮らし）も，「共通性の意識」（＝地域帰属意識）もほとんどない。ここに示されるのは地域社会の極北である。

ただし，これは，地域社会だけの話ではない。たとえば，家族という集団でも，家族の実質をもたない家族がある。「成員相互のコミュニケーションないしは相互作用が欠如しており，特に相互的な情緒的支持がなされていない」（Goode　1964 = 1976：168）空骸家族（empty shell family）がそれである。

かくて，地域社会にも空骸（抜け殻）となった地域社会もある。その典型が神戸の仮設住宅であった。そこでは，つぎのような悲惨なことが起こる。「阪神大震災から 3 年を前にした 98 年 1 月 8 日，兵庫県警は，県内の仮設で独り暮らしをする人で，誰にも看取られることなく亡くなった『孤独死』の数が 190 人に達したことを明らかにした」（外岡　1998：641-642）。

Practice Problems　練習問題 ▶ 2

自分の所属する地域社会はどこにあるだろう。あるのであれば，そこには，どのような暮らしや意識があるだろう。考えてみよう。

⑥ 地域社会の必要性：地域社会的統一の概念に触れながら

　前節でみた阪神大震災からの報告は，コミュニティの極北の厳しい現実を示した。しかし，逆に，コミュニティの必要性を示したのも，震災からの報告である。震災の時，「多くの人々の命を救い，急場で最も力になったのは，近隣の人々による助け合いであり，人々を支える大小無数のネットワークであった」のである。つまり，「小学校区単位のコミュニティこそが，急性期における最大の救助資源であり，人の命を助ける拠点だろう。広域の大規模災害においては，職業人による消防・警察・行政などの機関はそれ自体が被災し，活動を大幅に制限される。破壊され，寸断された行政ネットワークが修復されるまで，頼りになるのは近隣の人々の相互扶助しかない」（外岡　1998：704-705）のである。

　このようなコミュニティの必要性を示した古典的な概念は，鈴木栄太郎の聚落社会の概念である。**聚落社会の定義は「共同防衛の機能と生活協力の機能を有するために，あらゆる社会文化の母体となってきたところの地域社会的統一であって，村落と都市の２種類が含まれている」**（鈴木　1969：79-80）とされる。

　では，地域社会的統一とは何か。それは，以下のようである。「社会関係の地上への投影が，一定の地域の上に累積して，一つの独立体の形態をあらわすように考えられる場合には，そこに一つの社会的統一が予想される」（鈴木1969：44）。これが鈴木のいう地域社会的統一である。

　地域社会的統一には，濃淡の差はあるが，近隣，村落，都市，行政的団体，都市依存圏（通勤，通学圏など都市に依存する人びとの居住圏），都市利用圏（都市の商店や機関を利用する人びとの居住圏），通婚圏，伝承共同圏などある（鈴木1969：44）。具体的には，○○都市圏（＝たとえば阪神都市圏），○○村とその通婚圏や都市利用圏，○○弁（＝特定の方言）の使われる範域，関西，関東，九州といった特定の範域，特定の食習慣の範域（＝たとえば芋焼酎／お好み焼き……を愛好するエリア），ローカルな○○新聞（△△放送局）の購読圏（視聴圏），ローカルな○○プロ野球チームのホームエリアなどを想起すればいいだろう。

Pract/ce Problem 練習問題 ▶ 3
　あなたの思いつく地域社会的統一の具体例をあげてみよう。

7 聚落社会の概念：共同防衛の機能に触れながら

　さて，この地域社会的統一の内，聚落の空間の上にあるものを聚落社会という。聚落とは，鈴木（1969：43-94）の『都市社会学原理』（以下『原理』と略）第2章「聚落社会の概念及び都市の概念」に定義が見当たらない。であれば，聚落という言葉は国語辞典の意味で理解しておけばよい。たとえば，『現代国語例解辞典（第二版）』（小学館　1997：1171）には，聚落とは集落と同じであり，「人家の群がり集まっている所」とある。したがって，聚落社会とは，「人家の群がり集まっている所」に認められる地域社会的統一である[3]。

　この聚落社会は前節にみたように都市と農村がある。そして，人は常にその中で暮らしてきた。その故に，人間文化の発展においてもっとも基本的な地域社会的統一とみなされるのである。それで前節の聚落社会の定義に「あらゆる社会文化の母体となってきたところの地域社会的統一」という文言が含まれていた。

　これに加えて，先の定義によれば，聚落社会は「共同防衛の機能と生活協力の機能を有する」という。では，**共同防衛**とは何か。まず聚落社会（都市と農村）は，基本的には密居聚落の上に形成されている。この密居は「おそらく共同防衛の必要のためで，……密居は生命財産を共同で守備する構えで」であり，「密居の内と外とは，敵と味方の世界」であり，「密居する仲間は，生死を共にする仲間」であり，「はなはだ長い間の社会不安の時代に，人はそんな聚落内の生活を続けてきた」のである（鈴木　1969：45-46）。

　映画「七人の侍」のような群盗の来襲は，室町時代末期くらいまでは，現実のものであった（鈴木　1969：55）。かつては，「村を訪れる者すら多くの場合は敵」であり，中世の終わり頃まで山中に盗賊は多く，「山民にとって頼みになるのは同じ村のなかに住む仲間であり，血をわけた人々であった」のである

54

（宮本・山本・楫西・山代　1959：21-27[4]）。

　さらに都市の場合も共同防衛は本質的である。城壁のある都市は日本にはないが，「城壁都市の分布はほとんど全世界的である」（鈴木　1969：53）。M. ウェーバーによれば，「過去における都市は，古代の都市も中世の都市も，ヨーロッパにおいてもヨーロッパの外においても，特殊の形態の要塞あるいは衛戍地であった」といわれる。「都市はかならず巨大な城壁で囲まれていた」（Weber　1921＝1979：615-616）のである。

　さらに防衛は外敵に対するのみが任務ではない。たとえば，「古代都市は外敵に対する安全な堡塁であったが，現代の大都市も災害に対する安全な堡塁」とされる（鈴木　1969：57）。たしかに，都市には災害や疫病からの防衛を担う，警察，消防，病院，行政などの各種機関がある。それが「安全な堡塁」とまでいうべきか議論の余地はあるとはいえ，大きな都市になるほどに，より高度な共同防衛の専門的機関があるのは確かである。

Practice Problems 練習問題 ▶ 4

　映画「七人の侍」をみてない人はみておこう。また，これをリメイクした，アメリカの西部劇映画「荒野の七人」もみておこう。その上で，聚落社会の共同防衛の機能について考えてみよう。

8 聚落社会の概念：生活協力の機能に触れながら

　さて，先の聚落社会の定義（6節）によれば，もうひとつの重要な機能は**生活協力の機能**であった。生活協力の機能は共同防衛の機能の土台でもある。共同防衛の機能は危急の時に働くのであり，日常の生活協力は危急の時の共同防衛を作動させるために必要である（鈴木　1969：64）。

　この生活協力は都市にも農村にもある。この都市と農村の生活協力の説明は，鈴木の『原理』2章では，少し理解に苦しむ部分がある。まず，生活協力は都市に多いのであろうか，それとも農村に多いのであろうか。これについて，鈴木は「この第二の機能（生活協力の機能：筆者補筆）は，何れの聚落社会

にも同様の程度に存しているのではなく，都市よりも村落に多く」あるという
（鈴木　1969：65）。しかし，他方で，「村落をなし農耕に従事していた人々は，
みな自給自足し得たのであるから，生活のために協力しなければならぬ事はそ
れほどしばしばではなかったであろう。けれども，都市ができて，自給自足力
のない人々の聚落社会ができた時から，生活の協力は一日も欠くことのできな
い必要事項となった」と逆のことをいうのである（鈴木　1969：66）。

　さらには，**都市と農村で生活の協力の型がまったくちがう**ともいう。すなわ
ち，農村では必要な物資が不足の時は，既知の人から，愛情の関係でもって，
借りるか貰う。都市では，未知の人びとから合理の関係でもって，買うか借り
るのである（鈴木　1969：66-67）。であれば，都市と農村の生活協力の型は異
なる。したがって，どちらに生活協力が多いか（少ないか）というような問題
自体が成り立たないように思う。

　このように，鈴木栄太郎のここでの説明は，やや明晰さを欠くように思う。
ただし，非常に重要なのは，**形式は異なるが，都市も農村も生活協力の機能をも
つ地域社会的統一である**ということである。つまり，人びとの暮らしを守り，
形作っていくのが聚落社会であり，都市であれ，農村であれ，聚落社会は人び
とに必要である。聚落社会は共同防衛，生活協力，社会文化の母体というの
は，そのような意味である。

　その共同防衛，生活協力のひとつの事例が，6節冒頭の神戸の震災での「近
隣の人々による助け合い」（外岡　1998：704-705）であった。そして，「神戸は
……古くからの濃密な人間関係が処々方々に健在だった……。……それが残っ
ている所ほど，（震災からの：筆者補筆）立ち直りが早かった」（筑紫　2002：
196）という。

　たとえば，神戸の東灘には，「だんじり」という祭りがある。その祭りを軸
にした人間関係があり，それが相互扶助の機能をもち，祭りの復活が町の再起
の目標にもなったのである（筑紫　2002：196；金平　2021：220-234）。このよう
な共同防衛，生活協力の機能は，聚落社会（＝都市と農村と近隣）にはあるが
（鈴木　1969：91），他の地域社会的統一には見いだし得ない。

　神戸市東灘の「だんじり」を，「東灘だんじり会（https://www.uhara-danjiri.jp/）」のホームページなどでみておこう。また，自分の地域の祭りは，どのようなものがあるかも調べてみよう。

9 都市と農村：結節機関論

　聚落社会には都市と農村がある。では，都市と農村の違いは何であろうか。この問題は単純のようで，単純でない。都市（的生活）とは何か，農村（的生活）とは何かということについては，有力な学説がいくつもあって，「十分説得的な定式化がなされているとはいえない」（倉沢　1987：293）のである。

　そこで本節では，都市と農村の違いを描き出した鈴木栄太郎の学説を紹介したい。鈴木は日本の都市をみて，非常にオリジナリティ豊かな都市社会学説を作った人物である。欧米の学者の説は非常に重要である。しかし，それは欧米の都市，農村をみて作った学説である。したがって，日本の初学者がまず学ぶべき学説ではない。

　そこで，都市と農村の区別を考えるために，鈴木は次のような**都市の機能**を指摘している。「国民社会における都市の空間的配列とその間の社会的文化的交流の関係は，そのまま国民社会における都市の機能を表現している。国民社会の中心的存在としての首都を中央に，大中小の多数の都市が全国土のうちに万遍なくばらまかれている。社会的文化的交流は，末梢の極小の都市から順次上級都市に向い，最後に国の中央の首都に及んでいる。そんな流れがあると共に，首都より中小の都市を経て末梢の田舎町に及ぶ流れもある」（鈴木　1969：69-70）。

　この社会的文化的交流とは，中央から末梢に至るまでの命令，統治，暴力，文化，保護，金，人，情報，商品などの流れである。この流れには分岐点ごとに結節のための機関がある。大きな分岐点には大きな結節の機関が，小さな分岐点には小さな結節の機関が配置されている。というか，大きな結節的機関を

もつから大きな分岐であり，小さな結節的機関をもつから小さな分岐なのである。この大中小の結節的機関をもった分岐点が大中小の都市なのである。かくて，「**都市とは，国民社会における社会的交流の結節機関をそのうちに蔵している事により，村落と異なっているところの聚落社会である**」（鈴木　1969：79）と定義される。

　この**結節機関**には，1. 商品流布（卸小売商，組合販売部），2. 国民治安（軍隊，警察），3. 国民統治（官公庁），4. 技術文化流布（技術者，工場，職人），5. 国民信仰（神社，寺院，教会），6. 交通（駅，旅館，飛行場），7. 通信（郵便局，電報電話局），8. 教育（学校，各種教育機関），9. 娯楽（映画館，パチンコ屋）の9つがある。1から5は封建時代からあった結節機関であり，6から9は近代都市に加わった結節機関である。もちろん，この後者（6から9）の結節機関が封建時代に皆無だったわけではない。しかし，これらは近代都市で存在が大きくなったのである（鈴木　1969：141-142）。

　さて，このような鈴木の結節機関論の面白さは，実は欧米の学説との比較で，一層，理解できる。これについては山本（2024a：1章；2024b：1章）などを参照してほしい。鈴木の都市の定義が，日本の都市社会学の独創であり，いかによく考え抜かれた学説であるかがわかるはずである。

Pract/ce Problems　練習問題 ▶ 6

　　鈴木栄太郎（1969：43-94）の『都市社会学原理』「第2章　聚落社会の概念及び都市の概念」を精読して，鈴木栄太郎の都市社会学の基礎範疇を理解して，批判してみよう。

10 都市と農村：都市（村落）的生活様式論

　とはいえ，どのようにすぐれた学説も批判はある。したがって，鈴木の結節機関による都市の定義にも批判がある。鈴木の結節機関による都市の定義は量的な規定であり，それだけでは，見えないものがある。つまり，結節機関の多さ，少なさは，都市度の高さ，低さを示す。しかしそれだけでは，都市と農村

の質的違いはわからない。

　すなわち，倉沢進（1987：303）によれば「社会的交流という普遍的な相互作用の形態と量にのみ基づいて説明しようとするならば，村落の様式と都市の様式の，基本的・質的な差異が見失われてしまうのではなかろうか」というのである。つまり倉沢の発想では，都市と農村は生活様式が質的に異なる2つの世界である。したがって，結節機関の量という単一の都市度の尺度のみで区別するのは，無理がある。鈴木の定義では，農村は都市度の低いものであるという消極的な規定にとどまってしまうのである。

　そこで倉沢が提起するのが，**都市（村落）的生活様式論**という把握である。倉沢によれば，都市と農村の生活様式は，次の2つでちがう。まず，都市における個人的自給性の低さ，農村における個人的自給性の高さである。水道にお金を払って水を手に入れるのが都市の暮らしなら，自家で井戸を掘って水を手に入れるが農村の暮らしである。日本でもかなり後の時代まで水道のない地域があったのは資料2-1に示すとおりである。

資料2-1　水道が通るよろこびの写真

1968（昭和43）年　三重県・志摩半島の先端にある志摩町（現志摩市）に念願の水道が通ることになり，役場で町長（左）と喜び合う町民。簡易水道もなく，衛生環境の悪い井戸水頼み。小学校では思うように水洗トイレが使えず，伊勢志摩国立公園の一部ながらホテルもなかった。水期には毎日約1キロ離れた井戸から手押し車で水を運ぶ地区もあった

出典）『朝日新聞』2023年7月1日夕刊

　ついで，都市の暮らしは，専門家・専門機関（企業，商業，行政サービス）による共同処理が原則である。これに対して，農村では，非専門家である住民相互の共同処理が原則である。水道局や水道の業者にお金を払って水を手に入れるのが都市のやり方なら，共同の水源や水路を住民が共同で維持するのが農村のやり方である。

　もちろん，現代の農村では水道も使われている。これは，農村の生活の都市化した姿である。したがって，資料 2-1 は農村が都市化した瞬間を写した写真でもある。とはいえ，今でも「水」の共同は米作りを行う農村にはなくてはならないもので，その仕組みは生きている（福本　2022a）。さらには，電気ならば，都市なら電力会社に依存するが，農村なら小水力発電や木質バイオマス発電ということで，地域住民が発電を担う事例もある（福本　2022b；藤村　2022）。

　つまり，**自家処理と相互扶助システムによって成り立つのが，村落的生活様式であり，多くの生活領域で専門機関が成立して，専門的処理が行われるのが，都市的生活様式である**（倉沢　1987：304）。

11 地域社会の暮らし

　最後に資料 2-2 の歌舞伎町の記事をみたい。ワンコが逃げ出してしまったのを「あわてて追いかけているうちに，出勤途中のホストやキャバクラ，風俗の子たちが次々と追跡に加わってくれて……ようやくワンコは戻りました。その間，行き交う車やバイクに一度もクラクションを鳴らされず，怒鳴られもしなかった。『よかったね』とみんなすぐ去っていきました」。ここにあるのは，オルムステッド，高田，ホマンズの集団である（図 2-6）。オルムステッド（3 節）の例示では，トラが逃げ出したのだが，ここでは，ワンコが逃げただけの違いである。さらには，歌舞伎町には，町内の一体感や，水商売に生きる人間の連帯感もある（資料 2-2）。ここにあるのは，地域の社会集団や社会関係に参与する生活構造の一事例である。歌舞伎町はいうまでもなく，東京（大都市）の歓楽街だが，ここにも，専門機関に依存した都市的生活様式のみで，人びとは生

資料2-2　歌舞伎町，記事

「ワケあり」ゆえ、やさしい

岩井　志麻子さん
（いわい　しまこ）
作家

1964年生まれ。代表作に「ぼっけえ、きょうてえ」、「自由恋愛」など。テレビでタレント活動も。

「夜の街」の中でも名指しで批判される新宿・歌舞伎町に住んで、もう20年ほどになります。私にはとても居心地が良く、「第2の故郷」のように感じています。

「夜の街」には確かに「ワケあり」な人が多いですね。離婚後に、故郷の岡山から35歳で上京した私もそれなりに苦労しましたが、私など比較にならない「ワケあり」がたくさんいます。岡山では「変な人」と目立つ私も、ここでは地味なくらいです。

敵や競合相手には怖い歌舞伎町の住人ですが、不思議なやさしさも感じます。

少し前、うちのワンコが散歩中に逃げてしまった事件がありました。あわてて追いかけているうちに、出勤途中のホストやキャバクラ、風俗の子たちが次々と追跡に加わってくれて、大騒ぎの末、ようやくワンコは戻りました。行き交う車やバイクに、一度もクラクションを鳴らされず、怒鳴られもしなかった。「よかったね」とみんなすぐ去っていきました。

そのとき私が感じたのは、町内の顔なじみの一体感とも、水商売に生きる人間の連帯意識とも違います。それは「他人に過大な期待をかけてはいけない」ことを、過去の人生で学んだ人たちからにじみ出る、一種のやさしさの形でした。最初から人に期待しすぎなければ裏切られもしないと経験的に知る人は、逆に、深入りしない関係の限りはやさしくなれるし、協力もしてくれるんです。

コロナ禍で敵視され、歌舞伎町の浄化が進むのでしょうか。確かにボッタクリの被害者も数多くいるでしょう。でも、この町のいかがわしさにひかれて来る人々もいるはず。丸ごと清潔にしようとしたら、客も来ないし、住めなくなる人も出るでしょう。それはまるで、ダメ男を好きな女に「おまえの男を更生させてやる」と、他人が余計な世話をやくようなもの。うちの夫は浮気はするし、うそはつくし、小遣いはせびるけど、私がダメ男好きだから、今のまま愛嬌だけあればいいんです。ある日、彼が更生して、スーツで昼の会社に勤め始めたら、私は別れて、新しいダメ男を探します。

私は「この街でやっと居場所を見つけられた」という人たちを何人も知っています。彼らが苦悩したとき、どんな言葉で救われるのか。それは人によるでしょうが、私だったら「行いを悔い改めなさい」「昼の正業につきなさい。あなたはダメ男をやめなさい」と諭されるより、「あなたはそのままでいい。何も悪くはないし、変わらなくていいんです」と肯定されたい。あらゆる人を受け入れ、包み込む歌舞伎町は、ここで生きる人々を通じてしか生きることのできない人々を「そのままでいいよ」と認めてくれる「夜の街」であってほしいと思います。

（聞き手・中島鉄郎）

出典）『朝日新聞』2020年7月21日朝刊

きていない。

　「他人に過大な期待をかけてはいけない」のも歌舞伎町の暮らし方である（資料2-2）。これは，都市の社会関係の一側面である。先に倉沢は都市的生活様式と村落的生活様式の対比を示して，鈴木を批判した。しかし，鈴木にも，**都市と農村の生活様式（社会関係）の違い**についての記述はある。すなわち，都

市化とは，

　1．聚落社会に結節機関が加われる過程

　2．面識している人々に未知の人との社会関係が加わる過程

　3．人と人との社会関係に合理性と自主性の増していく過程

の 3 つの変動を含むというのである（鈴木　1969：513）。この内，3 つ目の自主性の増加を都市化ととらえれば，あくまで，他者（他人）の行為は他者の自主性によるのであるから，「他人に過大な期待をかけてはいけない」ことになる。

　さらには都市では，「一定の限度以上はみずからも許さず他にも求めない。かくの如き節度を堅く守る人が都会人である。農村的態度はしからず」（鈴木 1968：385）なのである。このように考えれば，「他人に過大な期待をかけてはいけない」という歌舞伎町の暮らし方はまことに都市的な暮らし方（生活構造）を示しているように思える。このように，社会学は身近な地域での暮らしに解読の手掛かりを与えるのである。

✒ 注 ....

　1）これは，ミルズの言い方を使えば，度を超えた生産と莫大な浪費（conspicuous production and much waste）によって，産業・コマーシャル装置に魅入られた人びと（Its Habitants are possessed…by its industrial and commercial apparatus）からなる過剰開発社会・国家（Overdeveloped society/nation）（Mills　1963：150, 240））と理解すればいいだろう。あるいは，再度，鈴木の言葉を使えば，「高度大衆消費段階（ロストウ）は依存効果（ガルブレイス），または虚無の拡大再生産としてしかありえない」（鈴木　1986：547）と規定された高度大衆消費段階たる現代社会である。ガルブレイスの依存効果は非常に重要な概念だが，ここでは説明の余裕がない。ガルブレイス（1976＝1980）の『豊かな社会』「第 12 章 依存効果」を是非，読んで欲しい。

　2）すなわち，「非凡の人間は別として，……人間の喜びも悲しみもほとんど例外なく身近の社会集団との関係において生ずる。人間は家族生活の暗さを嘆き，友人の厚誼に喜び，隣人の非礼に怒り，同僚の慰めを求めて生きるもの」と清水（1954：19）はいう。社会学が生活をとらえる時，このように「社会生活」として生活をみるのである。本章 7 節の共同防衛，8 節の生活協力，10 節の都市（村落）的生活様式論，11 節の歌舞伎町の暮らし方などの事例も同類である。

　3）聚落社会の説明は社会学入門の本書ではここまででいいだろう。ただし実は，

62

鈴木（1970：273-281）には聚落の説明がある。こちらは山本（2024b：1章）で触れている。必要に応じて参照するといいだろう。

4）この点は宮本（1968：26）でも以下のように述べられる。「住居が密集したのについてはいろいろの理由が考えられる。外敵や害獣から身を守るためには，人はなるべく一所に集まって住むのがよかったはずである。害獣や外敵の被害は，今日われわれが想像もつかないほど多かったのではないかと思われる。それはいろいろの資料によってうかがわれる。たとえば条里の村の中，大和・河内・和泉・摂津など，いわゆる畿内の平野の村には，村の周囲に壕をめぐらしたものが少なからずある。今は壕のなくなったものでも，もとはあったというものが多い。佐賀平野などにも壕をめぐらした村は少なくない。国家が強大な武力と権力をもっていない時代にはまず自分の力で自分たちの生命や財産を守る工夫をしなければならなかった」のである。このような壕は，前期弥生式時代の遺跡にすでにみられたという。起源は非常に古いのである（宮本　1968：132）。ただし，中世の村をみると，すべての村が壕をもっていた訳ではない。しかし，そうした村は，家の周囲に築土塀をめぐらし長屋門をもっている（宮本　1968：134）。また，山中には地形や信仰を利用して自衛した村もあった。奈良県十津川などがそれである（宮本　1968：142）。

5）それで鈴木（1969：300）は，都市的な性格として，1．合理的，2．打算的，3．節度の尊重，4．同情や援助の消極的なること，5．自己防衛的，6．権利に積極的で義務に消極的，7．自己隠蔽的，8．批判的，9．警戒的，10．無干渉的，11．自己中心的，12．非建設的，の12の特性をあげている。この内，「3．節度の尊重」「4．同情や援助の消極的なる」「10．無干渉的」を参照してほしい。歌舞伎町の「他人に過大な期待をかけてはいけない」という暮らし方と通じるものがあろう。

参考文献 ....

筑紫哲也，2002，『ニュースキャスター』集英社

Fischer, C. S., 1982, *To Dwell among Friends: Personal Network in Town and City,* The University of Chicago Press.（＝2002，松本康・前田尚子訳『友人のあいだで暮らす―北カリフォルニアのパーソナルネットワーク―』未来社）

藤村美穂，2022，「農的世界から生み出されるエネルギー(2)―木質バイオマス―」山本努編『よくわかる地域社会学』ミネルヴァ書房：56-57

福本純子，2022a，「水からみた農的世界」山本努編『よくわかる地域社会学』ミネルヴァ書房：48-49

――，2022b，「農的世界から生み出されるエネルギー(1)―小水力発電―」山本努編『よくわかる地域社会学』ミネルヴァ書房：54-55

Galbraith J. K., 1976, *The Affluent Society,* Houghton Mifflin Co.（＝1980，鈴木哲太郎訳『ゆたかな社会（第三版）（ガルブレイス著作集2）』TBSブリタニカ

Goode, W. J., 1964, *The Family,* Prentice-Hall.（＝1976，松原治郎・山村健訳『家族』至誠堂）

Homans, G. C., 1961, *Social Behavior: Its Elementary Forms,* Harcourt Brace Jovanovich Inc.（＝1978，橋本茂訳『社会行動―その基本形態―』誠信書房）

金平茂紀，2021，『筑紫哲也「ニュース 23」とその時代』講談社

倉沢進，1987，「都市的生活様式論序説」鈴木広・倉沢進・秋本律郎編『都市化の社会学理論―シカゴ学派からの展開―』ミネルヴァ書房：293-308

Mills, C. W., 1963, *Power, Politics and People,* Oxford University Press.

三浦典子，1986，「概説　日本の社会学　生活構造」三浦典子・森岡清志・佐々木衛編『リーディングス　日本の社会学　5　生活構造』東京大学出版：3-13

――，1991，『流動型社会の研究』恒星社厚生閣

宮本常一，1968，『村のなりたち（日本民衆史 4）』未来社

宮本常一・山本周五郎・楫西高速・山代巴，1959，『日本残酷物語 1』平凡社

奥井復太郎，1940，『現代大都市論』有斐閣

Olmsted, M. S., 1959, *The Small Group,* Random House.（＝1963，馬場明男・早川浩一・鷹取昭訳『小集団の社会学』誠信書房）

清水幾太郎，1954，『社会的人間論』角川文庫（1992，『清水幾太郎著作集 3』講談社）

外岡秀俊，1998，『地震と社会―「阪神大震災」記（下）―』みすず書房

鈴木栄太郎，1968，『日本農村社会学原理（下）（著作集Ⅱ）』未来社

――，1969，『都市社会学原理（著作集Ⅵ）』未来社

――，1970，『農村社会の研究（著作集Ⅳ）』未来社

鈴木広，1976，「生活構造」本間康平・田野崎昭夫・光吉利之・塩原勉編『社会学概論―社会・文化・人間の総合理論―』有斐閣：215-230

――，1977，「社会学と現代」中村正夫・鈴木広編『人間存在の社会学的構造』アカデミア出版会：5-24

――，1986，『都市化の研究』恒星社厚生閣

高田保馬，1952，『社会学』有斐閣

――，1971，『社会学概論』岩波書店

富永健一，1986，『社会学原理』岩波書店

――，1996，『近代化の理論』講談社

Weber, M., 1921, *Die Stadt,* C. B, Mohr.（＝1979，倉沢進訳「都市」尾高邦雄編集責任『ウエーバー（世界の名著 61）』中央公論社：600-704）

山本努，2022，「地域社会学の必要性」山本努編『よくわかる地域社会学』ミネルヴァ書房：2-21

――，2024a，「地域社会学入門／都市研究から」山本努編『地域社会学入門（改訂版）―現代的課題との関わりで―』学文社（近刊）

――，2024b，「地域社会学入門」山本努編『入門・地域社会学―現代的課題との

関わりで―』学文社（近刊）

自習のための文献案内

① 山本努編，2024，『地域社会学入門（改訂版）―現代的課題との関わりで―』
学文社（近刊）

② 山本努編，2022，『よくわかる地域社会学』ミネルヴァ書房

③ 高野和良編，2022，『新・現代農山村の社会分析』学文社

④ 外岡秀俊，1997，1998，『地震と社会―「阪神大震災」記（上・下）―』みす
ず書房

⑤ 倉沢進，1987，「都市的生活様式論序説」鈴木広・倉沢進・秋本律郎編『都市
化の社会学理論―シカゴ学派からの展開―』ミネルヴァ書房：293-308

⑥ 山本努編，2024，『入門・地域社会学―現代的課題との関わりで―（入門・社
会学シリーズ　第2巻)』学文社（近刊）

地域社会学の入門書ほとんどないが，① が近刊予定であり，② が2022年に出て
いる。本章→ ① の順番で読むと，社会学の初歩から地域社会学の入門に進める。
ひとつの推奨できる読み方である。② は過疎農山村，家・村論，シカゴ学派都市
研究を柱にした地域社会学の入門書。本章を読んで，② に進むというのもいいだ
ろう。③ は最新の過疎農山村社会学の論集である。長期の社会調査に基づいた，
最新の研究テーマを学べる。④ は阪神大震災の古典的記録になるように思う。災
害と地域社会の問題を提示した点で，地域社会学の課題を考えるにもすぐれた書籍
になっている。⑤ は都市的生活様式論を提示した専門論文でもあるが，同時に，
国内外の主な都市社会学理論のコンパクトな案内にもなっていて，初学者にも，有
益である。⑥ は本シリーズ第2巻である。こちらも近刊であるが，本章から ⑥ に
進むのもよい。

第3章

家　族
——家族社会学の基本概念と家族の変化

吉武　理大

1 家族をめぐる意識

　人びとにとって「家族」とはどのような存在だろうか。統計数理研究所による「国民性調査」の「あなたにとって一番大切と思うものはなんですか」という項目への回答をみると[1]，「家族」を「一番大切」と回答している人の割合の推移がわかる（統計数理研究所　2016a）。1958年からの推移をみると，1950年代は「生命・健康・自分」「愛情・精神」「金・財産」という回答が「家族」という回答よりも多いが，その後は「生命・健康・自分」「金・財産」はやや減少傾向にある（図3-1）。それに対し，「家族」という回答は時代とともに増加している（坂元　1995：16）。しかし，「家族」という回答が増加する前の1950〜70年代の人びとにとって，必ずしも実質的に「家族」が大切なものでなかったかというと，そうではないだろう。かつては「家族」はあたりまえの存在であり，「家族」を維持するための「生命・健康・自分」や「金・財産」というものがむしろ意識されていたが，近年はそれらに代わって「家族」がより意識されるようになってきたという可能性も考えられる。

　その一方で，家族をめぐる意識には別様の側面もみられる。誰が「家族の一員であるか」を考える時，「配偶者」は「家族の一員」だろうか。**全国家族調査（NFRJ）**の「あなたからみて，配偶者の方は，今現在，『あなたの家族の一員』だと思いますか」という項目をみると，「いいえ」や「どちらともいえない・わからない」という回答も少数ながらみられる（これらの回答を合わせると，1999年のNFRJ98では約3.7%，2009年のNFRJ08では約5.0%となる[2]）。「配

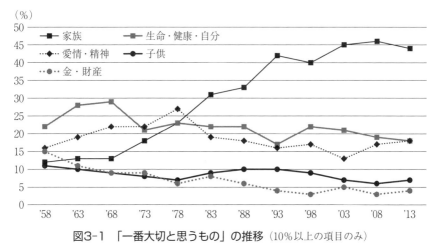

図3-1 「一番大切と思うもの」の推移（10％以上の項目のみ）

出典）統計数理研究所「国民性調査（昭和33～平成25年）」より筆者作成

偶者」を「家族の一員」と回答しないような状況としては，配偶者との関係性がよくない場合や，離婚してはいないものの別居している場合などが考えられるだろう。前述のように，家族を「大切なもの」と考える人も多く，家族は人びとにとって大きな意味をもちうる一方で，家族に関する調査では，必ずしも配偶者のことを「家族の一員」と回答しない人も存在することが明らかになっている。

Practice Problems 練習問題 ▶1

あなたにとって「家族」とは何だろうか。考えてみよう。

2 家族の定義

家族をめぐる意識についてみてきたが，そもそも家族はどのように定義することができるのだろうか。家族を身近な存在として「大切なもの」と考えている人びともいる一方で，家族とは何かと改めて問われると，答えがすぐには出てこないという人も多いのではないだろうか。アメリカの社会学者である P.

L. バーガーと B. バーガーは，家族が何であるかについて，人びとは「非常に身近に」知っているにもかかわらず，「事実これほどよく知っていながら，ほとんどだれもが（社会科学者も例外ではない），家族とは何かを定義するのにひと苦労するだろう」（P. L. Berger & B. Berger　1972＝1979：95-96）と述べている。このバーガーの指摘は，「家族」とは何かという難しい問いについて，それを取り巻く状況を非常によくあらわした言葉である。「家族」とは何かを定義するのは難しく，また，家族の定義もただひとつに決まるというわけではないだろう。

　それでは，社会学において「家族」はどのように定義されてきたのだろうか。日本の家族社会学にも大きな影響を与えた，人類学者の G. P. マードックの家族の定義を参照して考えてみよう。マードックによると，「家族は，居住の共同，経済的な協働，それから生殖によって特徴づけられる社会集団である。それは両性からなる大人と，一人またはそれ以上の子どもとを含んでいる。そして大人のうち少なくとも二人は，社会的に承認された性関係を維持しており，また子どもは，この性的共住を行なっている大人の実子，もしくは養子である」（Murdock　1949＝2001：23）と定義づけられている。マードックの定義によると，「一人またはそれ以上の子ども」を含むとされているが，当時のアメリカの世帯は夫婦と子どもからなる世帯がもっとも多かった。しかし，近年ではそのような世帯は減少し，単身世帯や夫婦のみの世帯が相対的に大きな割合を占めており，ひとり親世帯も一定数存在している。現代では必ずしも両親と子どもがいる家族ばかりではないことからも，「両性からなる大人と，一人またはそれ以上の子ども」を含むというマードックの家族の定義については，当時の社会における状況を反映したものであると考えることができる。

　それでは，マードックの定義にはあてはまっていないが，現代では家族と考えられる例はあるだろうか。彼の定義のひとつの要素である「居住の共同」にあてはまらない例として，離婚後の家族について考えてみよう。両親が離婚していたとしても，離れて暮らすようになった親と子どもとの間に交流があり，良好な関係を保っているという場合もある。関係性もよく，互いに親子である

と認識している場合には，「居住の共同」にあてはまらないとしても，家族といえるだろう。次に，ひとり暮らしをしている大学生と実家の両親の例についてはどうだろうか。この例においても，実家に頻繁に帰ったり，よくコミュニケーションをとっていたりする場合には，日頃は離れて生活していたとしても，互いに家族であると認識している可能性が高いだろう。また，両親から仕送りを受けている場合には，「経済的な協働」についても一部あてはまっている。

加えて，近年の家族社会学のトピックとして，中国における「留守児童（Left-Behind Children）」のような，親の両方または片方が長期の出稼ぎに出ている場合に，親と離れて生活する子どもたちの例はどうだろうか。この場合，親と同居していなかったとしても，子どもの生活が親の出稼ぎによって得た収入に依存していれば，「経済的な協働」に一部あてはまるといえる。また，離れて暮らしているとしても，頻繁に連絡を取ったり，定期的に会ったりしている場合には，意識の面でも家族であると強く認識している可能性は十分に高いだろう。

反対に，マードックの定義にはあてはまっているが，家族であるとはいえない例にはどのようなものがあるだろうか。**ウィリアム J. グード**は，「家族成員は同居しているが，成員相互のコミュニケーションないしは相互作用が欠如しており，とくに相互的な情緒的支持がなされていない」家族のことを**空骸家族（empty shell family）**と名づけたが（Goode　1964＝1967：168），このような家族の例は，マードックの家族の定義にあてはまったとしても，「家族」とはいえないだろう。ここで，このような情緒的側面にも着目し，家族をうまくとらえた日本の研究として，**森岡清美**の家族の定義を取り上げて考えてみよう。森岡によると，「家族とは，夫婦・親子・きょうだいなど少数の近親者を主要な成員とし，成員相互の深い感情的かかわりあいで結ばれた，幸福（well-being）追求の集団である」（森岡・望月　1997：4）とされている。この定義をもとに考えると，前述のように配偶者を「家族の一員である」と回答しない人びとや配偶者との関係性が悪い場合にも，「成員相互の深い感情的かかわりあ

いで結ばれた」という要件にはあてはまらない可能性があり，森岡の定義に従うと，「家族」とはいえないだろう。家族の定義は社会や時代によっても異なる場合があるが，この森岡による定義は，家族の「感情的かかわりあい」や「幸福追求」という側面に着目しており，家族の特徴をよくとらえた定義であるといえるだろう。

　さらに，近年の一部の研究においては，人びとの主観的な意識に着目して家族をとらえる研究もある。たとえば，上野千鶴子の**ファミリー・アイデンティティ**の研究では，人びとの主観的な意識に着目し，家族の境界の定義がとらえられている（上野　1994：5-6）。以下のＡさんの事例では，夫は「家族より会社を選んだ夫」としてとらえられており，単身赴任以前からＡさんにとっての家族には夫が含まれていなかった。しかし，夫にとっての家族には，妻は含まれており，妻と夫との間で家族の境界についての認識が一致していない事例である。

資料3-1　Ａさん（39歳・女性・会社員）の事例

　高校時代からの友だちである夫との間に子供が二人。彼女は航空会社に勤務して20年のベテラン事務員。女も仕事を持つべきだと思っていたから，子育ての苦しい時期も会社人間の夫はあてにせず，乗り切ってきた。去年の夏，夫が九州転勤。単身赴任に何のためらいもなかった。彼女と子供たちの生活は以前とさして変わらない。変わったことと言えば，お互い出し合っている家計費のうち，夫の出す分が以前より少なくなったことくらい。ずっと共働きだったので，夫は自分のことはできる人。洗濯や掃除は適当にやっているようだ。食事の方はほとんど外食らしい。

出典）上野（1994：12）より抜粋

　また，他の事例では（上野　1994：19-20），60代の女性は夫と同居しているものの，食事を一緒には食べず，夫とは「お墓には絶対に一緒に入らない。お墓のことは娘によく頼んでおこうと思っている」という。この事例のように，娘のことは家族だと思っているが，配偶者であっても夫のことは，主観的な意識の面では，自分にとっての家族の範囲に含まれていないということもある。

　山田昌弘による「家族の個人化」については詳しくは6節で紹介している

が，その議論の中でも，人びとの間で「自分が家族であると選択した範囲が家族である」（山田 2004：347）との意識が強まっているとされる。そうした中で，どのような親族のカテゴリーが「家族の一員」とみなされやすいのかという検討もなされており（藤見・西野 2004：387-412），家族成員同士や親族同士であっても，誰を家族と認識しているのかは，人によってその意識が異なる可能性がある。ただし，家族の定義を考える際に，個人の主観的な意識を重視する見方については，家族研究においてはそれが心理的な問題へと還元されてしまい，心理主義で終わってしまうことへの批判もある（牧野 2007：6）。個人の主観的な意識も重要ではあるが，定義を定めるということを考える際には，何が家族の要件になっているととらえられるかを考える必要もあるだろう。

3 家族をめぐる基本概念

　前述の**マードック**は，家族構成の３つのタイプとして（Murdock 1949＝2001：23-24），まず，「一組の夫婦とその子どもたち」からなる[3]「**核家族（nuclear family）**」をもっとも基本的なタイプであるとした。さらに，マードックは，そのような核家族のもつ機能として，性的・経済的・生殖的・教育的機能に着目している（Murdock 1949＝2001：25）。そして，このような家族の複合体として，ひとりの配偶者を共同にもつことで夫婦関係が拡大している（たとえば一夫多妻制のような）家族を「**複婚家族（polygamous family）**」とし，親子関係の拡大を通して結ばれた，２つまたはそれ以上の核家族からなる（たとえば三世代のような）家族を「**拡大家族（extended family）**」とした。

　ここでの拡大家族は，三世代の家族などのように，主に親子関係を拡大して結ばれた家族が想定されているが，そのような家族は親子関係を通じた関係性に限られるわけではないとも考えられる。たとえば，ベティ・フリーダン（フリーダンについての詳しい説明は４章参照）は，彼女自身が離婚したあとに，自分と子どもたちだけでなく，友人たちも含んだ「新しい『拡大家族』を作ってきた」という例をあげ，「私たちは互いに必要や恐怖や弱さを認め合い，そし

て家族のような愛情で支え合うようになる」（Friedan 1981＝1984：336）と述べている。このように，拡大家族における祖父母からのサポートのような機能をもつ「家族」は，必ずしも親子関係による三世代の家族だけとは限らず，血縁関係はなくとも共同生活によって支え合う「家族」として成り立っているということもあるだろう。ただし，「家族のような」関係性であるという場合に，実際に友人やその家族を「自分の家族である」と意識しているのか，他者に自らの「家族」の成員について説明する時にも友人も含めて説明するのかという点は，ケースによっても異なる可能性があるだろう。

　ここで，家族を指す主要な用語について確認しておこう。まず，子世代の視点からみた時に，その子どもにとっての親やきょうだいなど，子どもが生まれ育った家族（いわゆる出身の家族）を**定位家族**といい，英語では family of origin や family of orientation とよばれる（森岡・望月 1997：10）。それに対し，**生殖家族**とは，親世代の視点からみた時に，夫と妻が結婚によって新しくつくった家族のことであり，英語では family of procreation とよばれる（森岡・望月 1997：10）。たとえば，以下の図3-2の中央にある直系家族の図においては，図の中のAからみた場合には，Aの父親と母親（それに加えて，いる場合にはAのきょうだい）がAにとっての**定位家族**であり，Aが結婚した相手とその子どもからなる家族がAにとっての**生殖家族**である。

  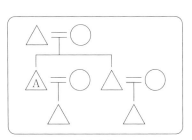

夫婦家族　　　　　　　　直系家族　　　　　　　　　　　複合家族

図3-2　森岡による家族の三分類

出典）森岡（森岡・望月 1997：17）をもとに筆者作成

72

　定位家族と生殖家族の意味を確認し，直系家族と複合家族の図を用いて，Ａさんにとっての定位家族と生殖家族の枠を書き込み，説明してみよう。

　加えて，日本の家族社会学において重要な家族の分類となっている，森岡清美による家族の分類を取り上げよう。森岡は，マードックの核家族の概念をもとに，**夫婦家族**，**直系家族**，**複合家族**に分類している（森岡　1993a：343-344）。まず，森岡は，夫婦と未婚の子からなる核家族が単独で存在している形態を**夫婦家族**とよび，夫婦，その既婚の子と配偶者，そのさらに子どもからなる，二つの核家族が世代的に結合した形態を**直系家族**とよんだ（森岡・望月　1997：16）。さらに，複数の既婚の子が属する定位家族を中心として，夫婦，複数の既婚の子およびその配偶者たち，その子どもたちからなる，世代的および世代内的に結合した形態を**複合家族**とよんだ（森岡・望月　1997：16）。つまり，**複合家族**とは，祖父母とその既婚の子の夫婦と孫という三世代の家族であることに加え，既婚の子が複数存在することで，既婚の子の夫婦からなる核家族も複数存在し，世代内部で横にもつながっている家族のことである。ただし，森岡はこれらの分類について，実際の家族はこのような代表的な形態でまとめきれるものではないとしている。たとえば，**夫婦家族**には夫婦と子という形態だけでなく，夫婦のみ，父子のみ母子のみという家族もあり，**直系家族**にも祖父母の片方がいない家族，まだ孫がいない家族などの形態もある（森岡・望月1997：16）。

　その社会において，何が主な家族形成規則のパターンであるかという視点でみると，日本における家族は，**直系家族制**から**夫婦家族制**へと変化してきたと指摘される一方で，地域に着目すると，そこには「多様性」もある（清水1997：58-70）。たとえば，高齢の親の子世代との同居／別居の割合にも地域による違いが顕著にみられている（清水　1996：71-76，1997：58-70）。具体的には，以下のようなことが明らかになっている。東北や北陸では75歳以上の後期高齢者における子との別居率が低く（同居率が高く），**直系家族制**が優位であ

ると考えられるのに対し，西近畿以南の地域，とくに南九州では「核家族で住みたい」とする別居志向が高い傾向にあり，**夫婦家族制**がみられるという（清水　1996：71-75）。さらに，地域による差異だけでなく，高齢者の年齢や配偶関係によっても差異がみられ，前期高齢者とくらべ，後期高齢者になると同居規範が強まることや，後期高齢者が死別により配偶者を失うと別居規範が弱まることも明らかになっている（清水　1997：63-70）。このように，地域によって親世代との同居の傾向が異なるというだけでなく，高齢の親の年齢および配偶関係によっても同居の規範は異なる可能性があるといえるだろう。

4 家族と世帯

　似たような言葉に，「**家族**」と「**世帯**」という言葉があるが，その2つの言葉の違いは何だろうか。徳野（2015：28）は「『世帯』はメンバー人数も言えるし，存在している場所も簡単に言える。しかし，『家族』は人数すら明確に判らない」と述べている。以下のひとつの事例から考えてみよう。「田舎の実家にいるご夫婦に『ご家族は，何人ですか？』と尋ねたら，多くの場合『私と妻の2人です』と答える。『お子さんは，いなかったのですか？』と尋ねると『3人いたが，マチへ出て行った。結婚して孫も7人いる。よく孫を連れて野菜や米を取りに来る』と答える。さらに『そのお子さんやお孫さんは，家族ではないのですか？』と尋ねると，答えはしばらく無言で『……』となる」（徳野　2015：28）という。この事例では，高齢の親は，すでに結婚して家を出ている子世代や孫世代とは「別居している」ことから，「家族」は「私と妻の2人」だと語っている。しかし，交流もある子どもや孫は「家族ではないのか」というと，「家族」であるから困ってしまう。このように，「家族」について尋ねられた時，同居しており生計をともにしている時に用いる「世帯」という用語と，自分にとって「家族」とは誰かということとの違いが曖昧になって認識されていることがわかる。

　森岡によると，「**世帯**」という用語は，1910年代に調査と救貧のための行政

用語として登場し，1920年代に生活保障機能の弱体化を背景に，行政による保護の単位として世帯の概念が定着していったという（森岡・望月　1997：6）。「世帯」は，一般的に居住と生計をともにする集団としてとらえられ，前述の家族とは重なる部分も多いが，異なる部分もある。たとえば，大学生がひとり暮らしをしている場合のように，「家族ではあるが，同居していない」という人もいる。その他にも，寮や施設，病院などで生活している人についても，家族と住居をともにしていない例にあてはまるだろう。反対に，「家族ではないが一緒に住んでいる」という場合もある。森岡は，「世帯（household）」とは「住居と大部分の家計を共同する集団であって，家族関係を含むことが多い」が，世帯員は「必ずしも家族員ではない」とし，家族ではないが世帯員である例として，同居人や使用人をあげている（森岡　1972：8）。この指摘から考えると，住み込みの従業員や家事使用人など，家族ではない人を含む世帯も存在するだろう。[4]このように，世帯と家族とは重なる部分もあるが，重なり合わない部分も存在する。

　さらに，森岡は「家族」と「同居」との関連について，「家族は定義により世帯を同じくしない成員をも含む」とし，「家族員の大部分は同居するけれども，同居は家族の必要条件ではない」とも述べている（森岡　1993b：26）。このように，家族の外で生活する人に着目した研究としては，戸田貞三の分析を参照した，森岡（1981）による「非家族的生活者の推移」の検討が有名である。森岡は，家族が福祉の追求という機能をもちうることから，家族外で生活する人びとへの社会保障が重要であるという問題意識をもち，家族外で生活する人びとは，家族社会学においても無視することができない存在であるととらえた（森岡　1981：82）。のちに，森岡は，このような家族外で生活する人びとを「家族外生活者」とよび（森岡　1993b：114），改めてその数の把握を行っている[5]。

　森岡の指摘のように，家族の中には世帯が同一でない家族成員も存在する。そのため，居住をともにしているかという視点を含む世帯という枠組みでみるだけではなく，より広く家族をとらえる必要が生じることもあるだろう。たと

えば，親世代と子世代が別居している場合にも，どこに住んでいるのかということも重要であり，同居していないとしても，「近居」しているという場合もある。実際に，現代の農村における生活は，農村に住む人びとだけでは完結しておらず，同居はしていなくとも，近隣や近距離に住んでいる「他出子」との家族関係によって成り立っている側面があることが明らかになっている（徳野 2014：34-36）。さらに，近くに住んでいるかというだけではなく，家族との関係性も関連してくると考えられる。たとえば，離れて住んでいても家族関係がよい場合には，頻繁に家を訪問したりサポートをしたりすることもあれば，近くに住んでいる場合であっても，家族関係がよくない場合には，生活の中で頻繁に助け合うということが生じない可能性もあるだろう。家族関係という視点から考えると，近くに住んでいるかというだけでなく，離れて住む家族との関係性についても，実際には人びとの生活に影響を及ぼすだろうと考えられる。

5 家族の機能

　家族とはどのような機能をもっているのだろうか。アメリカの家族論において，K. デービスは，「いかなる社会も制度的な構造を有しており，それを通して諸機能が遂行されている」とし，家族は，「社会の成員をたえず更新してゆくという社会的必要に応じていくようにつくられた制度の複合」であると指摘している（Davis 1948＝1985：49）。そして，この「社会成員の更新」には，新しい個人の再生産という意味での生殖，幼児期・児童期における育児，新しい個人である子どもを社会的ポジションというシステムの中に位置づけることが含まれるとされる（Davis 1948＝1985：49-50；Davis 1948：394-395）。つまり，家族の主要な4つの社会的機能とは，生殖，育児，社会的ポジションに位置づけること，社会化であるとされている（Davis 1948：394-395）。

　デービスはこれらの機能を「家族が関与している中核的な機能」であるとし，世界中のどこをみても，これらの機能の遂行には，「家族組織が必要とされているようである」と指摘している（Davis 1948＝1985：51）。デービスは

社会の存続という観点から，生殖と育児，その社会化という家族の機能を重視していると考えられる。日本の社会学者では，山根常男（1993：8）も「家族のみが育児という人間と社会にとって基本的に重要な機能をもつ」と指摘しており，デービスと同様に，家族の機能として育児を重視していたことがうかがえる。

デービスや山根はこのように家族の機能に言及しているが，森岡によると，「家族機能の変化に最も早く着目した社会学者は，おそらくオグバーン」であるという（森岡　1993b：166）。1930年前後の研究においてすでに，**ウィリアム F. オグバーン**は，近代以前の家族は，(1)経済，(2)地位付与，(3)教育，(4)保護，(5)宗教，(6)娯楽，(7)愛情という7つの機能を果たしていたが，近代以降は(7)の愛情以外の家族機能が縮小し，(7)のパーソナリティ機能が相対的に卓越してきたことを明らかにしていたという（森岡　1993b：166-167）。詳しくは後述するが，**T. パーソンズ**は機能を「喪失」してきた「孤立した核家族」について1950年代に指摘しているが（Parsons & Bales　1956＝1981：26-27，34-35），それよりも前に，**オグバーン**は家族の機能の縮小という側面を考察していたといえる。

オグバーンと同様に，**T. パーソンズ**は家族の機能の喪失／縮小に着目したひとりであるが，アメリカにおける核家族の「孤立（isolation）」という視点にたち，「**孤立した核家族**」の機能に言及している。パーソンズによると，アメリカにおける夫婦と子どもからなる核家族は，普通，その夫婦の出身家庭である両親（**定位家族**）から独立した住居をもち，経済的にも独立して生活しているという（Parsons & Bales　1956＝1981：26）。このような「地理的に離れた土地での別居生活」と「別の生計維持」によって，定位家族との関係性が少なくなっていくとされる（Parsons & Bales　1956＝1981：27）。さらに，たとえば夫側の祖父母とのみ関係性が緊密（または希薄）というような非対称な関係性ではなく，「双系性（bilaterality）」という特徴をもち，「夫婦いずれかの側の生家との関係がもう一方の生家との関係に比べ，目立って緊密にはなるまいという考え方が強い」という（Parsons & Bales　1956＝1981：27）。このように「孤立した

核家族」は機能を「喪失」してきたとされるが，2つの基本的かつ欠かすこと
ができない機能として，「子どもが真に自分の生まれついた社会のメンバーと
なれるよう行なわれる基礎的な社会化」，「社会の人びとのうち成人のパーソナ
リティの安定化」があり，パーソナリティのための機能として理解されると考
えた（Parsons & Bales　1956＝1981：34-35）。

　そのようなパーソンズの議論に対する批判として，**E. リトワークの修正拡大
家族**（modified extended family）の議論がある。リトワークは，パーソンズの
「孤立した核家族」に対し，地理的な距離があっても親族との関係性は保たれ
うるとし，親族から核家族への援助があると考えた（Litwak　1960：386-387）。
ただし，このリトワークによる批判の妥当性については，パーソンズが何をも
って「孤立した核家族」ととらえたか，という解釈によっても変わるだろう。
もしパーソンズの「孤立した」という表現が文字通りの親族関係の「希薄さ」
にあると解釈すれば，リトワークのような批判も可能であろう。しかし，パー
ソンズによる指摘では，「地理的に離れた土地での別居生活」と「別の生計維
持」という意味での独立性であり，また，「双系性」への着目がなされている。
パーソンズによる「孤立した」核家族という表現自体は，一見，親族関係の
「希薄さ」という指摘かのようにとらえられがちであるが，前述のように，親
族が別居して存在するという意味で家族の独立性が高まったとの意味であれ
ば，親族関係から切り離されている，という意味合いではなかったとも考えら
れるだろう。

　さらに，何が家族を結びつけているかという視点について，**E. W. バージェ
ス**らは，著書において「制度から友愛へ」という言葉で表現した（Burgess &
Locke　1945）。かつては「法律・世論・親の権威といった外的・形式的・権威
主義的な諸力」が家族をひとつに結びつけていたのに対し，「いまや成員相互
間の愛情とか仲間意識のなかに家族の統一性が潜んでいる」（森岡・望月
1997：184）とした。このバージェスらの議論に対し，森岡自身はこれを「情
緒的結合の重要性」として理解し，「その傾向がいっそう強まりこそすれ，弱
まることはないだろう」（森岡・望月　1997：184）と指摘しているが，家族の

定義や機能においても，情緒的な側面に着目されるようになったといえよう。

6 近現代における家族

　日本における家族の議論にも影響を与えた研究として，**フィリップ・アリエ
ス**の研究がある（Ariès　1960＝1980）。かつて子どもは「〈小さな大人〉」とし
てとらえられ，子どもは生まれた家族のもとを早期に離れ，見習修行によって
他人の家族の中で暮らしていた（Ariès　1960＝1980：346）。それが徐々に変化
し，教育は学校の中で行われ，子どもたちを「あまり手離さずに，できる限り
身近に置いておきたいという」欲求にも対応し，「家族生活は，親子の一層感
情的な交流と一体化」するようになり，家族は大きな変化を遂げたとされる
（Ariès　1960＝1980：347）。日本においても落合恵美子の議論のように（落合
2019：59-61，1989：16-20），アリエスの研究に影響を受けた近代家族の議論も
ある[6][7]。

　しかし，アリエスや落合の議論で指摘されるような近代家族における親子の
情緒的関わりという家族の変化については，否定的な見方も存在する。望月嵩
（1993）によると，「家族に見られる深い情緒的かかわりは，決して近代家族に
おいて初めて出現したものではなく，かなり古い時期から存在し，他の人間関
係と家族のそれとを区別する重要な要件として位置づけられる」とされ，「近
代になってそれが明確に認識されるようになるとともに，その意義の重要性も
理解されるようになったとみるのが妥当であろう」（望月　1993：20）と指摘さ
れている。近代になって家族の情緒的関わりがみられるようになってきたか否
かについては，議論が分かれるところであるが，森岡の家族の定義にみられる
ように，家族の情緒的な関わりが一定の重要性をもっているとはいえるだろ
う。

　最後に，現代の家族をめぐる議論のひとつとして，「家族の個人化」の議論
を紹介しておこう。目黒依子は，「家族の成員である個人の存在が顕在化」し，
「近・現代において家族がその成員に対する拘束性を失ってきたことによって

個人という単位が鮮明になった」（目黒　1991：9）ことを「**家族の個人化**」ととらえた。家族の個人化についての議論は，さまざまな研究者によってなされているが，山田昌弘は**家族の個人化**の議論において，家族のまわりの社会から家族が自由化したことで選択肢が増大し（たとえば，地域の夏祭りに参加するか家族だけで旅行するか），家族の内部における家族成員の行動が自由化したことで選択肢が増大したと指摘する（たとえば，夫は地域の夏祭りに参加するが，妻と子どもは自分たちでレジャーを行う[8]）（山田　2004：345-346）。加えて，「家族であること」を選択する自由や「家族であること」を解消する自由を含んだ個人化も生じているという（山田　2004：346）。このように，家族の枠内で行動の自由が増大しているだけでなく，個人が結婚しない選択肢や夫婦関係を解消する選択肢，親子関係を解消する選択肢など，家族関係における選択が個人の意志に委ねられる（山田　2004：346）という意味でも個人化が進んでいると指摘されている。

7 世帯や家族をめぐる変化

　近年，世帯や家族にはどのような変化が生じているのだろうか。まず，平均世帯人数の変化をみると，1960 年には一般世帯の平均人数は約 4.1 人であったが，2020 年には約 2.2 人と減少している（総務省統計局　2022）。さらに，世帯構造の変化をみると，近年，三世代世帯，夫婦と未婚の子のみの世帯が相対的に減少している一方で，単独世帯と夫婦のみの世帯が相対的に増加しており，ひとり親と未婚の子のみの世帯も少数ながら微増傾向にある（厚生労働省政策統括官（統計・情報政策担当）　2021：6）。加えて，高齢者の世帯についても，単独世帯や夫婦のみの世帯の割合が高まっている（5 章 3 節参照）。ただし，国際的にみると，日本における高齢の親と子の同居率は高い傾向にあるが（内閣府　2021：16[9]），日本の中でも地域差があり，三世代世帯の割合は東北地方で高く，南九州で低い傾向にあることが指摘される（加来・高野　1999：75）。

　日本における家族に関連した変化としては，結婚や出生をめぐる変化がある。まず，2020 年の**平均初婚年齢**は，男性 31.0 歳，女性 29.4 歳であり，1980年からの 40 年間の間に男性では約 3 歳，女性では約 4 歳上昇しており（国立社会保障・人口問題研究所　2022a），**晩婚化**が進展している。さらに，50 歳時点での**未婚率**は，1950 年には男性 1.5％，女性 1.4％であったが，2000 年には12.6％と 5.8％，2015 年には 24.8％と 14.9％，2020 年には 28.3％と 17.8％と，年々，未婚者の割合が上昇している（国立社会保障・人口問題研究所2022b）。

　このように，**未婚化**や**晩婚化**が進展しているものの，人びとは必ずしも「結婚する意思がない」というわけではない。未婚者の結婚の意思について，2021年の出生動向基本調査をみると，18 〜 34 歳の未婚者の男性では 81.4％，女性では 84.3％と，約 8 割の人びとが「いずれ結婚するつもり」と回答しており（国立社会保障・人口問題研究所　2022c：18），結婚の意思をもっている人が大多数であることがわかる。その一方で，「一生結婚するつもりはない」との回答は，2021 年調査によると男性では 17.3％，女性では 14.6％と一定数存在し（国立社会保障・人口問題研究所　2022c：18），とくに 2015 年調査から男女ともに約 5 〜 7％ポイント増加している。未婚化と晩婚化が進展しているだけでなく，結婚の意思がない人びとが今後も増加していくのか，長期的に検討していく必要があるだろう。

　さらに，そのような日本における家族をめぐる変化の中で，少子化という問題も無視できない。日本の**合計特殊出生率**は 2020 年に 1.33 と，国際的にみても低く（国立社会保障・人口問題研究所　2022d），日本においてとくに少子化が進んでいる状況にある。少子化の要因については，1970 〜 2000 年の合計特殊出生率の低下の要因を分析した研究において，低下の要因の 56.7％が結婚しなくなったこと（非婚化），13.5％が晩婚化，24.5％が結婚している人における出生率が低下したこと（既婚出生率の低下），5.3％が結婚している人の出生時期の遅れ（既婚出生期の遅れ）によって説明されている（廣嶋　2000：16）。これらのことから考えると，未婚化や晩婚化などの結婚をめぐる変化が出生率

の低下に影響を及ぼしていることがわかる。

　日本の世帯や結婚における変化をみてきたが，今後の家族にはどのような変化がみられるのだろうか。アメリカでは離婚の増加という状況だけでなく，婚姻関係の外で生まれる子どもである婚外子も増加しており，結婚や再婚に代わる選択肢としての同棲や，同性婚といった特徴もみられるようになってきていることが指摘される（Cherlin　2004：849）。さらに，アメリカでは，親の学歴や就労，親の結婚や離婚などの親世代における格差が生じており，それによって得られる資源も異なり，子世代における格差が拡大しているという（McLanahan　2004：608-622）。家族における変化にともなって生じている，家族の不利と子どもの格差や不平等という視点も重要である。日本では，婚外子や同棲は国際的にみると多いとはいえないが，離婚やステップファミリー（継親子関係を含む家族）をはじめとする，初婚継続の家族に限らない家族の形は現れており，今後どのような家族の変化が生じていくのか，明らかにしていくことが求められるだろう。

注

1) この調査は，調査員による個別面接聴取法で実施されており（統計数理研究所 2016b），質問項目は選択肢ではなく，「自由記述」で回答されている。
2) この結果は，東京大学社会科学研究所附属社会調査・データアーカイブ研究センター SSJ データアーカイブのリモート集計システムを利用し，「第2回全国家族調査（NFRJ03）」，「第3回全国家族調査（NFRJ08）」（日本家族社会学会全国家族調査委員会）の個票データを二次分析したものである。
3) ただし，マードックは，このような家族構成のタイプについて，「個々のケースでは，一人あるいはそれ以上の人が加わって，これらと一緒に住んでいてもかまわない」（Murdock　1949＝2001：24）としている。
4) このような家族と世帯のずれについてみてみると，「親族世帯」における「非親族」の割合は，1920年は5.96％，1960年は1.92％，1975年は0.33％，1990年は0.10％と減少している（森岡　1993b：119）。また，非親族を含む世帯は，1920年には3世帯に1世帯，1960年には10世帯に1世帯，1975年には100世帯に1世帯と変化し（森岡　1981：86），親族でない人が同居していたり，家事使用人が生活していたり，というような世帯は大きく減少してきた。
5)「家族外生活者」の推移は，性別や年齢，配偶関係によっても傾向は異なる。近年，家族外生活者は高齢層において増加傾向にあり（森岡　1993b：125），未婚

82

の 20 代女性においてもやや増加傾向がみられる（田中　2015：9-10）。

6）日本の「近代家族」の用語には，前述のアリエスや落合などによる近代家族の
概念の「社会史研究における用法」と，「家族社会学における用法」の 2 つがあ
る（望月　1993：25）。家族社会学の用法とは，「家父長家族」（「家族を代表する
家父長の権威主義的支配のもとで家族全体の維持・存続を最優先させる『家族主
義』の価値観によって統制される家族」）との対比によって形成された，「男女の
平等と個人の尊厳を基盤とした民主的な個人主義の価値観によって支えられる家
族」（望月　1993：25）としての近代家族である。

7）落合恵美子（1989）は近代家族の特徴について，⑴家内領域と公共領域の分
離，⑵家族成員相互の強い情緒的関係，⑶子ども中心主義，⑷男は公共領域・
女は家内領域という性別分業，⑸家族の集団性の強化，⑹社交の衰退，⑺非親
族の排除，⑻核家族（落合　1989：18）に整理している。

8）この議論は，家族の「私事化」（公的世界に対して私的世界が相対的に重視され
ること）や「個別化」（個人や集団の欲求充足を図る社会参加活動の単位が選択
的により小さいものへと移動すること）の議論（磯田・清水　1991：18）とも関
連しているという（山田　2004：345）。

9）内閣府の国際比較調査によると，アメリカ，ドイツ，スウェーデンのいずれの
国とくらべても，日本における高齢者の単身世帯の割合は，他の国の半数にも満
たず，夫婦 2 人の世帯の割合も日本はいずれの国よりも少ない（内閣府　2021：
12）。それに対し，日本における高齢者の子世代との同居や三世代世帯はいずれ
の国よりも多く，国際的にみると，日本の高齢者は子世代と同居している傾向に
ある（内閣府　2021：12）。

参考文献 ···

Ariès, P., 1960, *L'enfant et la vie familliale sous l'Ancien Régime*, Plon.（＝1980,
杉山光信・杉山恵美子訳『〈子供〉の誕生—アンシァン・レジーム期の子供と家
族生活—』みすず書房）

Burgess, E. W. and H. J. Locke, 1945, *The Family: From Institution to
Companionship*, American Book Company.

Berger, P. L. and B. Berger, 1972, *Sociology: A Biographical Approach*, Basic
Books.（＝1979, 安江孝司・鎌田彰仁・樋口祐子訳『バーガー社会学』学習研究
社）

Cherlin, A., 2004, "The Deinstitutionalization of American Marriage", *Journal of
Marriage and Family*, 66: 848-861.

Davis, K., 1948, *Human Society*, MacMillan

——, 1948, *Human Society*, MacMillan.（＝1985, 渡瀬浩監訳，西岡健夫訳『人間
社会論』晃洋書房）

Goode, W. J., 1964, *The Family*, Prentice-Hall.（＝1967, 松原治郎・山村健訳『家

族　現代社会学入門 3』至誠堂)

Friedan, B., 1981, *The Second Stage,* Summit Books.（＝1984，下村満子訳『セカンド・ステージ』集英社)

藤見純子・西村理子，2004，「親族と家族認知」渡辺秀樹・稲葉昭英・嶋崎尚子編『現代家族の構造と変容─全国家族調査［NFRJ98］による計量分析─』東京大学出版会：387-412

廣嶋清志，2000，「近年の合計特殊出生率低下の要因分解」『人口学研究』26：1-19

磯田朋子・清水新二，1991，「家族の私事化に関する実証的研究」『家族社会学研究』3：16-27

加来和典・高野和良，1999，「世帯の地域性について─『平成 4 年度国民生活基礎調査』の再集計による─」『下関市立大学論集』43(2)：53-78

国立社会保障・人口問題研究所，2022a，「人口統計資料集（2022）　表 6-12　全婚姻および初婚の平均婚姻年齢：1899 〜 2020 年」（2022 年 12 月 20 日取得，https://www.ipss.go.jp/syoushika/tohkei/Popular/P_Detail2022.asp?fname=T06-12.htm)

──，2022b，「人口統計資料集（2022）　表 6-23　性別，50 歳時の未婚割合，有配偶割合，死別割合および離別割合：1920 〜 2020 年」（2022 年 12 月 20 日取得，https://www.ipss.go.jp/syoushika/tohkei/Popular/P_Detail2022.asp?fname=T06-23.htm)

──，2022c，「第 16 回出生動向基本調査　結果の概要」（2022 年 12 月 20 日取得，https://www.ipss.go.jp/ps-doukou/j/doukou16/JNFS16gaiyo.pdf)

──，2022d，「人口統計資料集（2022）　表 4-5　主要先進国の合計特殊出生率：1950 〜 2020 年 」（2022 年 12 月 20 日 取 得，https://www.ipss.go.jp/syoushika/tohkei/Popular/P_Detail2022.asp?fname=T04-05.htm)

厚生労働省政策統括官（統計・情報政策担当），2021，「令和 3 年　グラフでみる世帯の状況─国民生活基礎調査（令和元年）の結果から─」（2022 年 12 月 20 日取得，https://www.mhlw.go.jp/toukei/list/dl/20-21-h29.pdf)

Litwak, E., 1960, "Geographic Mobility and Extended Family Cohesion", *American Sociological Review,* 25(3): 385-394

牧野カツコ，2007，「誰が，どう，家族を定義しようとするか」『家族社会学研究』18(2)：5-6

McLanahan, S., 2004, "Diverging Destinies: How children Are Faring Under the Second Demographic Transition", *Demography,* 41(4): 607-627.

目黒依子，1991，「家族の個人化─家族変動のパラダイム探求─」『家族社会学研究』3：8-15

望月嵩，1993，「家族概念の再検討」森岡清美監修，石原邦雄・佐竹洋人・堤マサエ・望月嵩編『家族社会学の展開』培風館：17-31

森岡清美，1972，「序章」『社会学講座　第 3 巻　家族社会学』東京大学出版会：

1-12

――, 1981, 「非家族的生活者の推移」『季刊社会保障研究』16(3):82-93

――, 1993a, 「家族研究者の歩み」森岡清美監修, 石原邦雄・佐竹洋人・堤マサエ・望月嵩編『家族社会学の展開』培風館:335-363

――, 1993b, 『現代家族変動論』ミネルヴァ書房

森岡清美・望月嵩, 1997, 『新しい家族社会学』培風館

Murdock, G. P., 1949, *Social Structure,* MacMillan. (=2001, 内藤莞爾監訳『新版社会構造―核家族の社会人類学―』新泉社)

内閣府, 2021, 「令和2年度 第9回高齢者の生活と意識に関する国際比較調査結果（概要版）」（2022年12月20日取得, https://www8.cao.go.jp/kourei/ishiki/r02/gaiyo/pdf_indexg.html）

落合恵美子, 1989, 『近代家族とフェミニズム』勁草書房

――, 2019, 『21世紀家族へ（第4版）―家族の戦後体制の見かた・超えかた―』有斐閣

Parsons, T. and R. F. Bales in collaboration with J. Olds, M. Zelditch, Jr. and P. E. Slater, 1956, *Family: Socialization and Interaction Process,* London: Routledge & Kegan Paul. (=1981, 橋爪貞雄・溝口謙三・高木正太郎・武藤孝典・山村賢明訳『家族―「核家族と子どもの社会化」合本―』黎明書房)

坂元慶行, 1995, 「『日本人の国民性調査』―40年間の意識動向―」『統計数理』43(1):5-26

清水浩昭, 1996, 「家族構造の地域性―人口変動との関連で―」ヨーゼフ・クライナー編『地域性からみた日本―多元的理解のために―』新曜社:65-91

――, 1997, 「世帯統計からみた家族構造―日本の全体状況と地域性―」熊谷文枝編『日本の家族と地域性（上）―東日本の家族を中心として―』ミネルヴァ書房:57-72

総務省統計局, 2022, 「国勢調査 時系列データ 世帯 第2表 世帯人員の人数別一般世帯数 全国（昭和35年, 45年～令和2年）」（2022年9月20日取得, https://www.e-stat.go.jp/stat-search/file-download?statInfId=000001086172&fileKind=0）

田中慶子, 2015, 「若年未婚『家族外生活者』にみる家族変動」『社会イノベーション研究』10(2):1-14

徳野貞雄, 2014, 「限界集落論から集落変容論へ―修正拡大集落の可能性―」徳野貞雄・柏尾珠紀『家族・集落・女性の底力―限界集落論を超えて―』農山漁村文化協会:14-55

――, 2015, 「人口減少時代の地域社会モデルの構築を目指し―『地方創生』への疑念―」徳野貞雄監修, 牧野厚史・松本貴文編『暮らしの視点からの地方再生―地域と生活の社会学―』九州大学出版会:173-224

統計数理研究所, 2016a, 「#2.7 一番大切なもの」（2022年9月20日取得,

https://www.ism.ac.jp/kokuminsei/table/data/html/ss2/2_7/2_7_all.htm)

──，2016b，「日本人の国民性調査とは　調査実施の概要」（2022 年 9 月 20 日取得，https://www.ism.ac.jp/kokuminsei/page9/index.html)

上野千鶴子，1994，『近代家族の成立と終焉』岩波書店

山田昌弘，2004，「家族の個人化」『社会学評論』54(4)：341-354

山根常男，1993，「家族の理論」森岡清美監修，石原邦雄・佐竹洋人・堤マサエ・望月嵩編『家族社会学の展開』培風館：3-16

自習のための文献案内

① 　山下亜紀子・吉武理大編，2024，『入門・家族社会学』学文社（近刊）
② 　森岡清美・望月嵩，1997，『新しい家族社会学』培風館
③ 　G. P. マードック著，内藤莞爾監訳，2001，『新版　社会構造─核家族の社会人類学─』新泉社
④ 　T・パーソンズ，R・F・ベールズ著，橋爪貞雄・溝口謙三・高木正太郎・武藤孝典・山村賢明訳，1981，『家族─「核家族と子どもの社会化」合本─』黎明書房
⑤ 　Cherlin, A., 2004, "The Deinstitutionalization of American Marriage", *Journal of Marriage and Family*, 66: 848-861.

　①はこの入門シリーズの家族社会学のテキストであり，現代の家族社会学におけるトピックについて，先行研究，事例や統計を通して学び，考えることができる。②は家族社会学の入門書であり，家族社会学の重要な概念や古典だけでなく，現代の家族に関するさまざまなテーマが扱われており，体系的に学びたい時に参考になる。③，④は本章でも扱ったマードック，パーソンズとベールズの訳書であり，有名なマードックによる核家族の概念だけでなく，それぞれの研究による指摘をもとに，家族の定義や機能，家族の変化を考える手がかりにしてほしい。⑤はチャーリンによる家族に関連した脱制度化の議論である。英語の論文ではあるが，現代におけるトピックであるため，これを読んで海外や日本の今後の家族をめぐる変化について考えてみてほしい。

井上　智史

第 **4** 章

ジェンダーとセクシュアリティ
──ジェンダー・ステレオタイプと性の多元的構成

1 ジェンダーとは

　わたしたちが暮らす社会には性別に関する多くの決まりや常識が存在している。「女らしさ」や「男らしさ」といった表現で示されるものはその典型といえる。

　社会の人びとを見渡してみて、「女性は男性にくらべて○○している人が多い」や「男性と女性の○○には違いがある」、「○○は女性／男性がするものである」といった文章の○○に当てはまるものを考えてみれば、多くの人びとがいくつもの例をあげることができるのではないだろうか。たとえば、「化粧は女性がするものである」といった具合である。他にも、服装、言葉遣いなど、さまざまなものがあげられるだろう。

　はたして、これらは男女の生まれつきの違いに基づいたものなのだろうか。「化粧は女性がするものだ」という考え方が社会に共有されているとしても、それは化粧をする男性が存在しないということを意味しない。また、何が男性らしい／女性らしい行動、振る舞いかという考え方は時代や社会、文化によってもさまざまに異なるものである。

　1880（明治 13）年 4 月 22 日の『朝日新聞』は、勝手気ままな浮気夫を取り上げた記事の書き出しを、「男の心と秋の空は変り易きものなりと古くより言伝へたれど」という一文で始めている。読者の中には「女心と秋の空」であればきいたことがあると違和感を覚えた人もいるのではないだろうか。これらはいずれも移ろいやすい心のありようを変わりやすい秋の空に喩えた表現である

が，社会的背景や文脈によって，同じ喩えで男性の心情を表現することもあれ
ば，女性の心情を表現することもあるというわけである[1]。

　ジェンダーという概念は，このような男女の間に観察された差異を男女の生
得的な相違としてではなく，社会的文化的に形成された相違としてとらえるも
のである。つまり，男女の違いが社会的文化的に構築される側面を生物学的な
性別を指し示す**セックス**と区別してとらえた概念がジェンダーなのである。

　一方で，観察可能な男女の差異を，生物学的性別に基づく何らかの男女の
「本質的相違」として把握する立場は本質主義とよばれる。ジェンダーという
概念は，「『性差は生物学的必然である』とする科学的ないし日常的な知識に対
して，『性差は社会的，文化的，歴史的に作られるものであり，したがって変
えられるものである』という観点から知的あるいは思想的な異議申し立てを行
うために使用されはじめた」（赤川　1999：3）ものである。

Practice Problems 練習問題 ▶1

　「女性は男性にくらべて○○している人が多い」，「男性と女性の○○には違いが
ある」，「○○は女性／男性がするものである」といった文章の○○に当てはまるも
のを考えてみよう。また，それはなぜか考えてみよう。

2 ジェンダーに関する古典的研究

　男女の行動の差異が社会的，文化的，歴史的に作られる側面について指摘し
た古典的な研究として，アメリカの文化人類学者，**マーガレット・ミード**によ
る著作があげられる。ミード（Mead　1935）はニューギニアの3つの部族にお
けるフィールドワークに基づき，それぞれの部族における性別による気質の違
いについて紹介している。

　ミード（Mead　1935：179-180）によれば，ひとつ目の山岳地方に住むアラ
ペシ族では，男性も女性もともに協調性があり，攻撃的でなく，細かな気遣い
ができるといったように，当時のアメリカ社会でいうところの「女らしい」気
質をもっていた。また，2つ目の川辺に住むムンドグモ族では，アラペシ族と

は対照的に，男性も女性も冷淡で攻撃的といったような，当時のアメリカ社会でいうところの「男らしい」気質をもっていた。さらに，3つ目の湖畔に住むチャムブリ族では，女性は現実的な気質で管理的役割を果たしている一方で，男性は感情的な気質であるといったように，当時のアメリカ社会の男女と正反対のパターンがみられた。

　ミードはこれらの結果から，「男らしさ」や「女らしさ」は人間の本性として固定された絶対的なものではなく，社会や文化によって作られたものであることを主張したのである。ミードの研究は後に調査手法の未熟さや文化決定論を過度に強調しているとして批判を受けることとなるが（Freeman　1983＝1995：357-371），ジェンダーという用語が社会科学の分野で用いられるようになる以前に，性差や**性別役割**（gender role）が文化によって異なることを指摘した点で画期的な研究であったといえる。

　また，ジェンダーに関する研究は，**フェミニズム**運動と関連しながら展開されてきたといえる。フェミニズムとは社会に存在する女性に対する差別や抑圧を告発し，平等や自由を求める女性解放思想のことをいい，このような思想に基づく社会運動をフェミニズム運動という。フェミニズム運動は時代によってことなる主題を問題として告発してきたため，第一波，第二波というように時代や主題によってよび分けられる。その内，19世紀後半からはじまった婦人参政権獲得運動を中心とするものは**第一波フェミニズム**とよばれ，ここでは男性と同等の政治的権利や法律上の権利を獲得することが目指された。

　それに対して，1960年代後半からの**第二波フェミニズム**では，公的な領域における不平等だけでなく，家庭などの私的領域における男女間の権力関係についても批判が向けられるようになった。また，公的な領域についても，参政権のみにとどまらず，労働や教育などを含むあらゆる領域に存在する女性抑圧からの解放が目指された。この第二波フェミニズムは当時ウーマン・リブやリブ運動ともよばれた。

　第二波フェミニズムの理論的支柱となった**ベティ・フリーダン**は，アメリカにおける中産階級の主婦たちが，一見して経済的にも社会的にも安定しており

恵まれた環境にあるようで，社会から切り離され子育てや家事をやるだけでは満たされない得体のしれない悩みを抱えていることを「名前のない問題 problem that has no name」と名づけた（Friedan　1963：15-32＝2004：8-26）。当時のアメリカ社会では，女性は妻や母親としてしか達成感を得ることができないという考え方が支配的であったが，フリーダンは，そのような性別役割が女性に対する抑圧となっていることを指摘することで，家庭内の性別役割の変革や女性の就労問題の解決を目指す運動に大きな影響を与えたのである。

　ジェンダーという概念が学術用語として広く定着していくのは1970年代以降であるが（上野　2006：28），その後もジェンダーに関する研究は社会の変化を反映しつつさまざまな問題を論じるかたちで展開されてきた。また，ジェンダー研究はさまざまな学問領域において領域横断的に展開しており，今日，ジェンダーに関する視点はあらゆる学問領域において欠かすことのできないものになっている。

❸ ジェンダー・ステレオタイプ

　ジェンダーという概念によって，わたしたちは社会に存在している「男らしさ」や「女らしさ」といったものを，生物学的なカテゴリーとは異なる社会的文化的な男女の違いとして取り扱うことができるようになった。社会に存在する男とはこういうものだ，このようであるべきだ，女とはこういうものだ，このようであるべきだという性別による固定観念のことを**ジェンダー・ステレオタイプ**（gender stereotype）という。ステレオタイプは人びとの認識の枠組みとして機能し，その枠組みに沿った特定の役割や行動パターンが社会で広く共有され，パターンに沿った行動をするのが普通であるとの期待を生じさせることで個人や社会に影響を及ぼす。

　それでは，性別によって異なる役割を期待されるようになるのはいつからだろうか。この点について，生後間もない新生児に対しても大人たちはステレオタイプに基づいて接しているという研究がある。ルービンら（Rubin et al.

1974）は第一子が生まれた両親30組（男の子が生まれた15組，女の子が生まれた15組）を対象に，産後24時間以内に面接調査を実施した。その結果，出生時の体長，体重，アプガースコア（新生児の健康状態を表す指数）に男女差はなかったが，女の子は男の子にくらべて，小さい（little），美しい（beautiful），かわいい（pretty, cute），母親に似ていると評価される確率が有意に高かったという（Rubin et al. 1974：515-517）。これらの新生児に対して下された評価は，新生児自身に備わった特性というよりも，むしろ新生児の性別によってステレオタイプ化された親たちの側のまなざしを色濃く反映している。

　また，シーヴィら（Seavey et al. 1975）は被験者が生後3カ月の乳児（ベビーX）と関わる様子を観察する実験を行った結果から，乳児を「女の子」と紹介するか「男の子」と紹介するかによって，大人からの声かけや遊び道具が異なっていたことを報告している。「女の子」と紹介された場合には人形を，「男の子」と紹介された場合にはプラスチックのティーシング（歯がため）・リングを使って関わる被験者が多かった（Seavey et al. 1975：105-106）。このように生後間もない頃から「性別」情報に応じて周囲から異なる働きかけを受けることで，わたしたちはジェンダー・ステレオタイプを内面化していくのである。さらには，胎児の性別がわかるように医療技術が進歩した現代においては，親たちは生まれる前から性別ごとに区別されたベビー服やおもちゃを用意して誕生を待っているともいえる。

　このように，社会に存在するジェンダー・ステレオタイプの子どもへの影響は生後間もない頃から，ひいては出生前から始まっているのである。このような性別に基づく異なる期待を受けながら子どもたちは成長していくことになる。

4　教育におけるジェンダー平等

　子どもたちを取り巻く環境として，教育の場も大きな意味合いをもっていると考えられる。内閣府が2019年に実施した「男女共同参画社会に関する世論

調査」によれば，学校教育の場における男女の地位の平等感に関する設問に，回答者の61.2％が「平等」であると回答している（図4-1）（内閣府　2019）。学校教育の場における男女の地位の平等感は，「政治の場」や「職場」，「家庭生活」などの他の分野に比較してもっとも高くなっており，学校教育の場においては，男女の地位は平等であるという認識が日本社会において一定程度共有されているといえる。

また，年齢別に回答の分布を確認すると，若年層ほど「平等」と回答する割合は高くなっており，学校教育の場におけるジェンダー平等は時代を経るごと

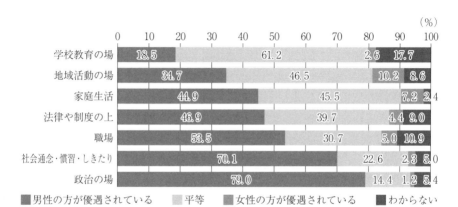

図4-1　各分野における男女の地位の平等感

出典）内閣府「令和元年　男女共同参画社会に関する世論調査」より作成

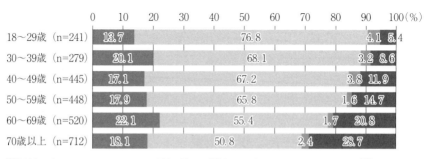

図4-2　学校教育の場における平等感（年齢別）

出典）内閣府「令和元年　男女共同参画社会に関する世論調査」より作成

に進展しているとみることもできるだろう（図4-2）（内閣府　2019）。

　日本の教育制度を振り返ってみれば，第二次世界大戦以前には，初等教育についても低学年をのぞいては**男女別学**が原則とされ，カリキュラムも男女別とされていた。旧制中学校についても男子のみが対象であり，同学齢でそれに対応する高等女学校のカリキュラムは中学校の水準に匹敵するものではなかった。大学などの高等教育機関にいたっては女子が正規の学生として入学することはほとんどなかった（堀内　2008：26）。

　その後，戦後の教育改革により**共学化**や教育における男女平等が原則とされるようになり，女子の大学進学も可能となった。しかしながら，一方では1958年に中学校で新設された「技術・家庭」において，男子が技術，女子が家庭を履修することとなり，1960年に高等学校で「家庭科」が女子のみ必修となるなど，男女別にカリキュラムを編成しようとする動きもみられた。

　このような男女別のカリキュラムが是正されたのは1989年の学習指導要領の改正時である。「性別によって異なるカリキュラムを履修させることが性差別である」と定めた「女子差別撤廃条約」に日本が批准したことにより，さまざまな法律や制度が改正される中でのことであった（木村　2008：19）。図4-2にみた，学校教育の場における平等感の年齢差は，このような制度上でのジェンダー平等の進展を反映しているものとしてとらえることもできよう。

　それでは，教育におけるジェンダー格差は存在しないのであろうか。文部科学省（2021）の「学校基本調査」から高等教育への進学率の年次推移を図4-3に示す。これによれば，短期大学を含む大学への進学率は長らく男子が高かったものの，1989年にはじめて女子の進学率が高くなり男女が逆転したことがわかる。再び，男子の進学率が高くなった2000年以降は，男女の差はわずかな範囲で推移している（図4-3）。

　ただし，短期大学の進学者に占める女子の割合が高いため，短期大学を除いた4年制大学への進学率については，その差は近年縮小しているものの，一貫して男子が高い状況が維持されている。

　このような進学状況の男女差は，入学試験による学力選抜によって生じたも

のなのであろうか。この点について，本人の進学に対する意欲や保護者の意向の影響が指摘されている。2016年に小学4年生，6年生，中学3年生を対象として実施された全国学力調査と保護者調査の結果を分析した垂見裕子（2017：92-93）によれば，学力調査における学力そのものに関しては，女子が男子よりも有意に高い結果となったという（例外として，中3数学では有意差なし）。その一方で，親の**教育期待**と子どもの進学意欲におけるジェンダー差についてみると，親では小4，小6，中3と一貫して女子よりも男子に高い教育期待を抱いており，子ども自身の進学意欲についてみると，小4では女子が有意に高い状況が，中3では男子が有意に高い状況に逆転することが報告されている（垂見　2017：93-97）。

　この調査は同一の児童生徒を対象とした経年調査ではないため，この結果を因果関係として説明することはできないが，子どもの学力水準の高低にかかわらず，親が男子について高い教育期待を寄せることで，子ども自身においても男子の進学意欲が高まるといったメカニズムが示唆される[2]。

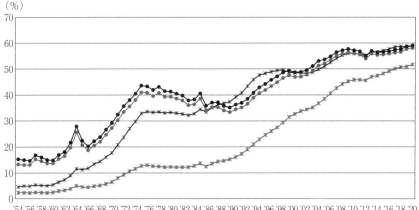

図4-3　高等教育への進学率の推移

注）過年度高卒者を含む。
出典）文部科学省「令和3年度　学校基本調査」より作成

⑤　ジェンダーに関する「隠れたカリキュラム」

　また，一見して男女平等にもみえる学校教育においても，学校教育の場がジェンダー・バイアスを再生産する場になっているという指摘がある。この問題はしばしば**「隠れたカリキュラム」**（Jackson　1968：33-34）として論及される。

　隠れたカリキュラムとは，子どもが学校に適応するために身につけることを求められる**規範**を，潜在的な「カリキュラム」としてとらえるものであり，その規範にはジェンダーに関するものも含まれる。

　現在では多くの学校が男女混合名簿を使用しているが，従来，男女別の形式が一般的であった。男女混合名簿の使用がいつの時点から，どの程度の範囲で広がってきたのかを具体的に確認することは困難であるが，いわゆる「ジェンダー・バッシング」の動きの中で2004年に東京都教育委員会から「ジェンダー・フリー」の考えに基づく男女混合名簿の使用を禁止する見解が示されており，この時期には一定の広がりをみせていたものと思われる。

　男女混合名簿の導入以前には，名簿を男女に分けることや，その際に男子を前，女子を後の順番に並べることが一般的であった。男女別名簿を用いた学校生活を過ごす中で，明示的に教えられることはなくとも，人は男女に区別されること，男子が優先されることといったメッセージが子どもたちに対して繰り返し発せられることになる。

　他にもジェンダーに関する隠れたカリキュラムとなりうるものとして，教育段階による教員の男女比がある。文部科学省（2021）の「学校基本調査」によれば，教員における女性が占める割合は，幼稚園では93.4％，小学校で62.4％，中学校で44.0％，高等学校で32.9％，大学で26.4％となっており，学校段階が上がるにつれて女性の割合が低くなっていることがわかる（図4-4）。

　このような性別の比によって構成される教員組織の下，学校生活を経験することによって，知らず知らずのうちに，女性は子どもへのケアを必要とする幼稚園や小学校の教員に向いている，男性は高度な専門性を必要とする高校や大学の教員に向いているといった役割観を子どもたちが学びとる可能性がある。

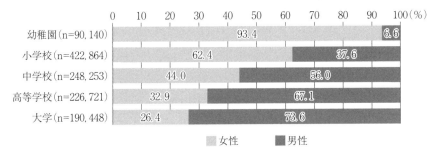

図4-4　学校段階における教員の男女比

出典）文部科学省「令和3年度　学校基本調査」より作成

また，同調査によれば，管理職（校長，副校長，教頭）に占める女性比率は，小学校で26.8%，中学校で12.8%，高等学校で10.6%となっており，管理職として部下を指揮するのは男性の役割であるといった役割観を学ぶ可能性がある。

　くわえて，隠れたカリキュラムの結果としてしばしば指摘されるものに，高等教育における専攻分野におけるジェンダー差がある。図4-5は2017年度の「学校基本調査」の結果から大学・大学院における専攻分野別の女子学生比率を示したものであるが，これをみると，とりわけ工学，理学といった分野で女子学生比率が低いことがわかる（内閣府男女共同参画局　2018：132）。

　この要因について，河野銀子によれば，女子において理数系の学力が低いためという学力要因はほぼ棄却され，家庭や学校という環境要因が影響を与えていると示唆されるという（河野　2019：9）。「理工系の進路選択は男性がするものである」というジェンダー・ステレオタイプが根強く存在する環境の中で，学校の授業をうけ，また，教員や保護者から声かけをされる中で，女子が理数系の教科や進路を敬遠するという背景が指摘されているのである。[3]

　このように，ジェンダー・ステレオタイプはさまざまな分野，場面で存在しており，わたしたちはその影響を受けながら人生を歩んでいく。ジェンダー・ステレオタイプは「男性であれば男らしくしなければならない」や「女性はこのようなことをするべきではない」といった抑圧を生じさせることもあれば，

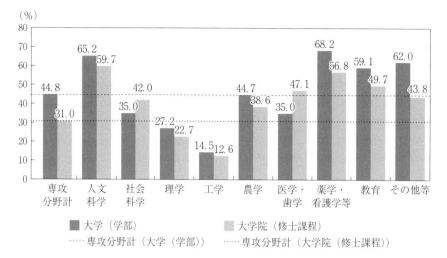

図4-5　大学・大学院における専攻分野別の女子学生比率

注1）文部科学省「平成29年度　学校基本調査」より作成。
　2）その他等は「商船」,「家政」,「芸術」及び「その他」の合計。
出典）内閣府男女共同参画局『平成30年度版　男女共同参画白書』より

人びとがそのステレオタイプを内面化していくことで，意欲や選好をつくり出すこともあるのである。

Pract*i*ce Problems　練習問題 ▶ 2

　現在，在籍している学校に進学した理由にはどのようなものがあるだろうか。その中に，ジェンダーに関する規範や，ジェンダー・ステレオタイプに関連するものはないか考えてみよう。

Pract*i*ce Problems　練習問題 ▶ 3

　現在までに自身が学校教育の中で経験してきた「隠れたカリキュラム」にあたるものにはどのようなものがあっただろうか。振り返って考えてみよう。

6　セックス（生物学的性）は二元的なものか

　ここまで，性別に応じて社会の中で期待される行為が異なっており，そのような期待が規範として人びとの行為を拘束する可能性について，ジェンダー・ステレオタイプという概念や，教育におけるジェンダー問題を取り上げて説明してきた。

　そのようにジェンダーについて考える時，社会的文化的に構築されるジェンダーの対におかれているセックス，すなわち生物学的性について，「男」「女」の2つに必ず弁別できるという素朴な前提が存在しているように思われる。

　しかしながら，身体的な性別には多様性があり，かならずしも男女の2つの典型的なあり方に当てはまらない人びとが存在することが知られている。このような身体的な性別が男女の典型例に当てはまらない状態を**性分化疾患**（DSD：Disorder of Sex Development あるいは Differences of Sex Development）という。

　性分化とは，受精卵から胎児期にかけて，個体が雌雄に分かれていく過程のことを指す。日本小児内分泌学会によれば，性分化疾患とは「染色体，性腺，または解剖学的性が非定型である先天的状態」（日本小児内分泌学会性分化委員会　2008：565）のことを指すとされている。つまり，性染色体の型（典型的な女性では XX，男性では XY となる）や卵巣・精巣といった内性器，陰茎や膣といった外性器が男女の典型的な状態に当てはまらない人びとの総称が性分化疾患であるといえる。性分化疾患は，身体的な性別が男女の典型的な状態に当てはまらない人びとの総称であり，個々の身体の状態は多様である。また，身体的な性別が男女の典型的な状態に当てはまらない場合であっても，自分自身がどのような性別であるかという自己認識（性自認）が必ずしも曖昧なわけではなく，男女のいずれかの性別を自認している場合が大半である。

　性分化疾患のひとつに数えられるアンドロゲン不応症では性染色体は XY であり，内性器として精巣をもつが，男性ホルモンの受容体の異常などにより身体的な外観は女性の典型的なあり方に近いといった状態であり，性自認も女性

資料4-1　医学雑誌に掲載されたアンドロゲン不応症の解説

アンドロゲン不応症（AIS：Androgen Insensitivity Syndrome）
　男性ホルモン受容体の異常または情報伝達系の異常による性分化異常症，外観は女性，陰毛欠損，腟欠損（程度はさまざま），子宮欠損，性染色体は XY またはその類型である。頻度は 30,000 ～ 130,000 男性あたり 1 人，性機能としては原発無月経，ただし，精巣から分泌される男性ホルモンの末梢での変換により女性ホルモン効果が発揮されている。ただし精巣摘除後補充療法がなければ低下する。高アンドロゲン血症が特徴である。合併症は残存精巣の悪性化である。身体的ケアとして思春期経過後精巣摘出（悪性化率 52％，思春期前は低率），腟形成の程度はさまざま，時として 17 ～ 18 歳時に造腟術が必要である。社会生活上，陰毛の欠如に関しては薬物療法は無効で頭髪よりの部分植毛で対応する。精神的ケアでは，非常に珍しいが女性の中で一定の確率で存在する疾患であること，母親には責任がないことを年限をかけて説明し，こどもの将来にとってどのような治療計画を立てるのが最も適切かを前向きに話し合えるように誘導する。ほとんどの親は染色体の性に関しては本人に告げて欲しくないという。実際には本人がある程度疾患について調べ受容しつつあるときに事実を伝えることもあるが，それまでは個々の質問，性生活ができるか，こどもができるか，などについて答えるのが現場での実状である。

出典）田坂（2007：N-449）より一部修正

である場合が多いとされる。資料 4-1 は医学雑誌に掲載されたアンドロゲン不応症の解説を紹介したものである。

　ここで注目したいのは，解説における性別についての記述のゆらぎである。発生の頻度についての記述では「30,000 ～ 130,000 男性あたり 1 人」というように，性染色体が XY であることを参照した「男性」という記述があるのに対し，精神的ケアについての記述では，本人の身体的な外観や社会生活上の性別を参照して，「非常に珍しいが女性の中で一定の確率で存在する疾患である」というように「女性」という記述がなされているのである。このような記述からは，身体的な性別が多元的に構成されており，男女という二元的なものとしてはとらえきれないということがうかがえる。

7　性の多元的な構成要素

　前節では生物学的性，すなわちセックスの中にもさまざまな次元があること

をみてきた。一方で、生物学的性が男女の典型的なあり方に当てはまる場合についても、近年、その性のあり方を多元的にとらえていく必要性が指摘されている。性のあり方を多元的にとらえる指標として重要なものに性自認や性的指向といった概念があげられる。

性自認（gender identity）とは、自分自身がどのような性別である／ないという持続した自己認識のあり方のことをいう。性自認と身体的性別に基づいて出生時に割り当てられた性別（出生証明書の性別、戸籍の性別）に食い違いが生じる状態を性別違和といい、性別違和を経験する人びとをトランスジェンダー（transgender）という。

性的指向（sexual orientation）とは、どのような性別の人に性的欲望が向かうのか／向かわないのかを表す概念である。性的指向が異性に向かう場合を異性愛といい、同性に向かう場合を同性愛という。複数の性別に対して性的指向を有する場合を両性愛（bisexual）という。

近年、**性的マイノリティ**や「LGBT」という言葉を目にすることが多くなってきたが、これらは身体的性別と性自認の組み合わせや、性自認と性的指向の組み合わせが、社会における多数派と異なる人びとのことを指す言葉である。ここでいう社会における多数派とは、すなわち、出生時の性別と性自認が一致しているシスジェンダーであり、性的指向が異性に向かう異性愛者のことをいうわけである。

一方で、LGBT という言葉は、レズビアン（lesbian　女性の同性愛者）、ゲイ（gay　男性の同性愛者）、バイセクシュアル、トランスジェンダーの頭文字をとったもので、これらの性的マイノリティを総称する際に用いられる。今日、LGBT にくわえて「LGBTQ」や「LGBTQA+」といった表現を目にすることも増えてきた。これは、性的マイノリティにはLGBT のほかにも、アセクシュアル（asexual　無性愛）、性自認や性的指向が明確ではないクエスチョニング（questioning）などさまざまな人びとが存在していることを明示しようという考え方に基づいている。

性的指向や性自認はそれらの頭文字をとって **SOGI**（Sexual Orientation and

Gender Identity）とも称されるが，これらは性的マイノリティの人びととだけに関連するものではなく，多数派とされる異性愛者やシスジェンダーの人びとを含めて，すべての人がもつ属性として考えることができる。つまり，性的マイノリティとされる人びとが何をめぐってマイノリティ性を経験しているのかに注目したのが SOGI という概念であり，SOGI をめぐるマイノリティ性を誰が経験しているのかに注目したのが LGBT や LGBTQ，LGBTQA+ といった概念なのである。

　あらゆる人びとがそれぞれの SOGI をもつ中で，多数派の SOGI（つまり，シスジェンダーであり異性愛であること）が当たり前とされ，性的マイノリティの SOGI のあり方が尊重されない社会には，出生時に割り当てられた性別と性自認が一致しているのが当然であるという考え方（**シスジェンダー規範**）や，男女間の異性愛関係のみが正しいものであり，それ以外の性愛のあり方は異常であるとみなすような考え方（**異性愛規範**）が存在しているのである。

Practice Problems　**練習問題 ▶ 4**

　社会に存在するシスジェンダー規範や異性愛規範は，どのようなかたちで性的マイノリティの生活上の困難を生じさせているだろうか。具体例をあげてみよう。その際，自習のための文献案内 ⑦ にあげた文献を参考にしてみてもよいだろう。

8　セクシュアリティの定義から考える

　前節にあげたような人間の性に関する多元的な要素を含め，人間の性のあり方全般をとらえる概念が**セクシュアリティ**（sexuality）である。セクシュアリティの定義は多様であり，文脈や，背景となる学問分野などによってさまざまに用いられている（椎野　2016）。

　その内，性の健康世界学会（WAS：World Association for Sexual Health）は，2014 年に採択された「性の権利宣言」において，セクシュアリティについての以下の定義を採用している。

　セクシュアリティは，生涯を通じて人間であることの中心的側面をなし，セックス（生物学的性），性自認と性役割，性的指向，エロティシズム，喜び，親密さ，生殖がそこに含まれる。セクシュアリティは，思考，幻想，欲望，信念，態度，価値観，行動，実践，役割，および人間関係を通じて経験され，表現されるものである（WAS　2014＝2014）。

　セクシュアリティは"sexual"の名詞形であり，ともすればたんに「性的なこと」といった意味にも解釈されうるが，上記の定義によって示されるように，性行為や性的なふるまいだけを指すのではなく，性に関する総体ともいうべきものである。

　セクシュアリティがこのように定義される背景とその意義について若干の解説を行いたい。まず，セックス（生物学的性）と別に性自認が含まれているということは，性自認と生物学的性が一致するシスジェンダーだけではなく，性別違和を経験するトランスジェンダーの人びとについても包含された概念であるといえる。また，性的指向についても，異性に惹かれる異性愛のみを標準的なものや自然的なものとみなすのでなく，同性愛や両性愛をも包含する性的指向という概念によって定義がなされている。

　くわえて，生殖に結びつくセクシュアリティのあり方のみが正常視，自然視され，社会制度の中で保護を与えられる一方で，からなずしも生殖に結びつかないセクシュアリティのあり方が周辺化され，排除されてきた歴史がある。多様な性の存在を前提としたセクシュアリティの定義は，このようなセクシュアリティの編成，序列化に対して意義申し立てをするものであるともいえるだろう。

✒ **注** ··

1）『故事俗信ことわざ大辞典　第二版』によれば，江戸時代に尾張地方で採収記録された『尾張俗諺』（1749年）に「女の心と秋のそら」という表現が収録されている一方で，同時期の『世諺拾遺』（1758年）などには「男の心と秋の空」が収録されており，この時代から男女どちらの表現も存在していたようである。ただ

し，同辞典によれば，江戸時代においては「男の心……」の用例・収録例の方が多かったという。

2）ただし，親の教育期待や子どもの進学意欲については経済階層など他の要因による影響を指摘する研究もあり（鳶島　2014；須永　2021），これらが子どもの性別のみによって規定されるわけではないことには留意する必要がある。

3）理系科目における学力の男女差や，理系科目に対する意欲の規定要因の男女差に関する研究としては伊佐夏実・知念渉（2014）がある。

■ 参考文献 ··

赤川学，1999，『セクシュアリティの歴史社会学』勁草書房

Freeman, D., 1983, *Margaret Mead and Samoa: The Making and Unmaking of an Anthropological Myth*, Cambridge, Massachusetts: Harvard University Press. （＝1995，木村洋二訳『マーガレット・ミードとサモア』みすず書房）

Friedan, B., 1963, *The Feminine Mystique*, New York: W. W. Norton & Company, Inc.（＝2004，三浦冨美子訳『新しい女性の創造　改訂版』大和書房）

堀内真由美，2008，「男女共学制は進歩の砦？」木村涼子・古久保さくら編『ジェンダーで考える教育の現在―フェミニズム教育学をめざして―』解放出版社：26-41

伊佐夏実・知念渉，2014，「理系科目における学力と意欲のジェンダー差」『日本労働研究雑誌』56(7)：84-93

Jackson, P. W., 1968, *Life in Classrooms*, New York: Holt, Rinehart and Winston.

河野銀子，2019，「理系進路選択とジェンダー――日本の現状を中心として―」『アジア・ジェンダー文化学研究』3：3-12

木村涼子，2008，「ジェンダーの視点でみる現代の教育改革」木村涼子・古久保さくら編『ジェンダーで考える教育の現在―フェミニズム教育学をめざして―』解放出版社：10-25

北村孝一監修，2012，『故事俗信ことわざ大辞典　第二版』小学館

Mead, M., 1935, *Sex and Temperament: In Three Primitive Societies*, New York: William Morrow and Company.

文部科学省，2021，「令和 3 年度　学校基本調査」

内閣府，2019，「令和元年　男女共同参画社会に関する世論調査」

内閣府男女共同参画局，2018，『平成 30 年度版　男女共同参画白書』

日本小児内分泌学会性分化委員会，2008，「性分化異常症の管理に関する合意見解」『日本小児科学会雑誌』112(3)：565-578

Rubin, J. Z., F. J. Provenzano and Z. Luria, 1974, "The Eye of the Beholder: Parents' Views on Sex of Newborns", *American Journal of Orthopsychiatry*, 44 (4): 512-519.

Seavey, C. A., P. A. Katz and S. R. Zalk, 1975, "Baby X: The Effect of Gender

Labels on Adult Responses to Infants", *Sex Role*, 1(2): 103-109.

椎野信雄，2016，「日本語『セクシュアリティ』概念の整理に向けて」『文教大学国際学部紀要』27(1)：39-55

須永大智，2021，「親の教育アスピレーションと教育期待における階層差」『家族社会学研究』33(2)：117-129

垂見裕子，2017，「ジェンダーによる学力格差と教育アスピレーション格差」川口俊明編『児童生徒や学校の社会経済的背景を分析するための調査の在り方に関する調査研究』2016年度文部科学省委託事業「学力調査を活用した専門的課題分析に関する調査研究」研究成果報告書，福岡教育大学：86-99

田坂慶一，2007，「原発性無月経」『日本産科婦人科学会雑誌』59(9)：N-446-N-449

鳶島修治，2014，「高校生の教育期待に対する性別と出身階層の影響―学力に関する自己認知の媒介効果―」『社会学評論』65(3)：374-389

上野千鶴子，2006，「ジェンダー概念の意義と効果」『学術の動向』11(11)：28-34

World Association for Sexual Health, 2014, Declaration of Sexual Rights.（＝2014，東優子・中尾美樹・山本ベバーリアン・山中京子・小貫大輔・柳田正芳訳「性の権利宣言」）

自習のための文献案内

① Mead, M., 1949, *Male and Female: A Study of the Sexes in a Changing World*, New York: William Morrow and Company.（＝1961，田中寿美子・加藤秀俊訳『男性と女性―移りゆく世界における両性の研究―（上・下）』東京創元社）

② Friedan, B., 1963, *The Feminine Mystique*, New York: W. W. Norton & Company, Inc.（＝2004，三浦冨美子訳『新しい女性の創造　改訂版』大和書房）

③ 江原由美子，[2001] 2021，『ジェンダー秩序［新装版］』勁草書房

④ 清水晶子，2022，『フェミニズムってなんですか？』文藝春秋

⑤ 石田仁，2019，『はじめて学ぶLGBT―基礎からトレンドまで―』ナツメ社

⑥ 森山至貴，2017，『LGBTを読みとく―クィア・スタディーズ入門―』筑摩書房

⑦ 井上智史，2023，「性的マイノリティの困難と支援」吉武由彩編『入門・福祉社会学―現代的課題との関わりで―』学文社：163-183

　①は南太平洋諸島の社会とアメリカ社会を比較し，男らしさ，女らしさや性別役割，性行動のあり方がそれぞれの文化において異なることを示した文化人類学研究の古典。②は本章でも紹介した1960年代のアメリカ社会における女性問題を論じた著作。第二波フェミニズムとよばれるフェミニズム運動に大きな影響を与えた。③は日本におけるフェミニズム，ジェンダー研究の名著。男女における非対

称的な社会的実践を生み出し，維持するメカニズムについて広く論じている。④
第二波以降を含む現代に至るフェミニズムの歴史を読み解き，その意義を解説した
フェミニズムの入門書。⑤ はセクシュアリティやジェンダー，性的マイノリティ
に関する 100 を超えるトピックを解説した入門書。網羅性と簡潔性を備えた良書で
ある。⑥ はジェンダーやセクシュアリティを序列化する社会規範に対抗する学問
として登場したクィア・スタディーズの入門書。⑦ はシリーズ第 4 巻『入門・福
祉社会学』所収の論考。現代日本において性的マイノリティが抱える福祉的課題に
ついて取り上げ解説している。

第5章

福　　祉
——高齢者の生活と幸福感を中心に

吉武　由彩・楊　　楊

1　高齢化の国際的な動向

　日本社会においては**高齢化**が急速に進行し，**高齢化率**（65歳以上の人口が全人口に占める割合）は1950年の4.9％から，2021年には28.9％になった（内閣府2022a：2-7）。総人口1億2,550万人の内，65歳以上の人口は約3,621万人にのぼる。こうした傾向は日本だけでなく，世界中で進行している。世界の総人口は1950年には約25億人，高齢化率は5.1％であったものの，2020年には総人口約78億人，高齢化率9.3％にまで上昇している。

　さらに，図5-1から国別の高齢化率の推移をみると，欧米諸国では早くから高齢化が進行していた（内閣府　2022a：7）。1980年代頃までは欧米諸国とくらべて低い水準にあった日本の高齢化率は，その後急速に上昇し現在では世界でもっとも高い割合を示している。高齢化の進行速度を論ずる際には，高齢化率が7％から14％になるまでの所要年数（**倍加年数**）が用いられる。所要年数はフランス126年，スウェーデン85年，アメリカ72年であるのに対し，比較的短いイギリス46年，ドイツ40年である（内閣府　2022a：8）。一方で，日本の所要年数はわずか24年であり，いかに日本の高齢化の進行速度が速かったかがわかる。

　ひるがえって**アジア諸国**に目を向けてみると，1990年代頃までは高齢化率は低い状態にあったものの，それ以降は急速に高齢化が進行している。図5-1をみると，2020年時点ではおおむね欧米諸国の高齢化率の方が高い傾向にあるものの，2060年には韓国，シンガポール，中国などの高齢化率は欧米諸国と

欧米
（％）　　　　　　（2020年）

アジア
（％）　　　　　　（2020年）

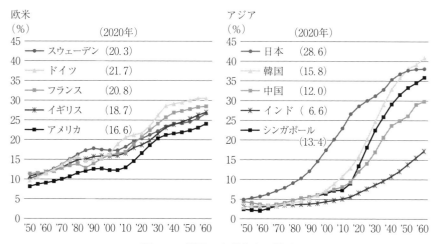

図5-1　世界の高齢化率の推移

注）2020年までは実測値，2030年以降は推計値
出典）内閣府『令和4年版　高齢社会白書』より（一部修正）

同程度かそれを上回ると推計されている。高齢化率が7％から14％になるまでの所要年数（倍加年数）を確認すると，中国23年，韓国18年，シンガポール17年とされており，今後いくつかのアジア諸国では日本よりも速いペースで高齢化が進行すると推計されている（内閣府　2022a：8）。高齢化をめぐっては，とりわけ日本やアジア諸国において重要な論点となりつつあることがわかる。

　本章は社会学の諸領域の中でも，「福祉」を扱う章である。福祉に関してはさまざまなトピックがあるものの，本章では「高齢者」に焦点を当てる。本章前半では日本の高齢者，本章後半ではアジア諸国の中でも中国の高齢者を取り上げつつ，高齢者の生活と幸福感について論じていきたい。

2　高齢者とは

　日本ではますます多くの人びとが高齢者として生きていくことになるが，「高齢者」はどのように定義されるのだろうか。高齢者とは一般的に年齢をもとに

規定されている。現代の日本社会では65歳以上を高齢者として扱うことが多く，前述の高齢化率も65歳以上の人口比率を指す。「高齢者＝65歳以上」というとらえ方はすでに多くの人びとに共有されているように思う。日本における高齢者に関する法律としては，高齢者虐待防止法，老人福祉法，介護保険法，国民年金法などがあるが，これらの法律においても65歳以上の人びとが高齢者とみなされている[1]（岡田　2020：10）。介護保険法では，65歳以上が第1号被保険者として介護保険制度におけるサービスを受けることができ，国民年金法でも，老齢基礎年金は65歳に達した時に支給すると定められている。

　それでは，「高齢者」という線引きはどのようにして導かれるのか。本節冒頭では現代日本社会における高齢者の定義を紹介したが，次に「老人の社会学的概念」について理論的な検討を行った大道安次郎（1966：39-82）による論考を確認する[2]。第1に，大道は老人とは「年齢がある絶対的な意味で多い人」（大道　1966：44）のことだと述べ，これを「『暦年齢』による老人」（大道1966：45）と名づけている。第2に，「人生の晩年期にある人々を『年寄り』——老人だとするとらえ方」（大道　1966：46）があると述べる。**生物学的なとらえ方**にたち，人間の人生を子ども期，成人期，老年期といったように発達段階的にとらえる立場だと指摘する。第3に，視力や聴力の衰え，心肺機能などの内臓機能の低下といった**生理学的身体的な側面**から老人を定義づけることができると述べる。第4に，「健康上や経済上の不安定感，猜疑心や嫉妬心，保守性，頑固さ」（大道　1966：54）など，**心理学の立場**から老人の心理的特徴をとらえることができるという。第5に，「人間が**主観的に自分を何歳ぐらいで老人となったか**を意識する時期の問題」（大道　1966：55）としてとらえることができると述べる。

　上記5点はいずれも重要な論点ではあるものの，「老人線を何処に引くかということについてはまだ極め手を持っていない」（大道　1966：60）と指摘される。そして，第6に，**社会学的観点から人間を役割や地位をもった社会的存在**とみなすことで老人の特徴をとらえられると述べる。人びとは成人期には職業に従事し，家庭では子育てなどの役割をもつものの，老人になるとこれらの役割

から解放される。大道は結論として、老人になると他の年齢層とは異なる役割が与えられるのであるが、「それが制度化され、社会的に公認されたのが、むかしの元老制であり、隠居制であり、現代では定年制であろう。私はこの元老制、隠居制、定年制を老人線を引く一つの目安と考えたい」（大道　1966：74-75）と述べる。**定年制**は「社会生活の第一線的活動から引退することを、制度の形であれ慣行の形であれ、社会的に認めている」（大道　1966：75）ことから、これによって老人を定義づけることができるという。

　ただし、大道（1966：75）は定年制や隠居制などの制度は、時代によってあるいは社会によって異なり、ひいては何歳からを老人とみなすかという「**老人線**」も異なることを指摘している。先にも述べた通り、現代日本社会においては65歳以上が高齢者とされているが、この年齢線も時代の変化とともに変更されることがあるかもしれない。定年をめぐっても、高齢者雇用安定法では2021年4月より、70歳までの定年引き上げなど就業機会の確保が努力義務とされている。

　また、本章の後半で取り上げる中国社会においては、60歳以上が高齢者とされている。中国の政府統計では60歳以上が高齢者とされ、高齢者事業を法制化した法律である高齢者権益保障法でも60歳以上を高齢者とする旨が記載されている。国によって「高齢者」と定める年齢は異なることがうかがえる。

Practice Problems 　練習問題 ▶ 1

　あなたが「高齢者」を定義するとしたら、どのように定義するだろうか。考えてみよう。

3 高齢者の生活実態：家族関係の変化

　次に、高齢者はどのような**生活**をしているのか。高齢者と家族との関係についてみていきたい。65歳以上の人びとの**世帯構造の推移**をみると、1986年には6割以上（64.3%）の高齢者が子どもと同居をしていた。子どもや孫と同居し

三世代世帯で暮らす高齢者の割合は高かった。しかし，子どもとの同居率は年々低下し，2019 年には 35.9％の高齢者が子どもと同居している（厚生労働省 2020：4）。他方で，2019 年には単独世帯（19.6％）や夫婦のみ世帯（40.4％）で暮らす高齢者の割合が高まっている。6 割（60.0％）もの高齢者が，単独世帯あるいは夫婦のみ世帯という小規模世帯で暮らしている。

　高齢者が望む子どもとの関係性も変化している。表 5-1 をみると，「老後における子供や孫とのつきあい」について，1980 年には「子供や孫とは，いつも一緒に生活できるのがよい」が 6 割（59.4％）ともっとも割合が高く，次いで「子供や孫とは，ときどき会って食事や会話をするのがよい」が 3 割（30.1％）であった（内閣府　2021：123）。しかし，2020 年には「子供や孫とは，ときどき会って食事や会話をするのがよい」56.8％，「子供や孫とは，いつも一緒に生活できるのがよい」18.8％となり，両者の順位が入れ替わっている。現在では子どもとの同居を望む高齢者の割合は低下し，他方で，子どもとは別居してときどき会う関係性が望まれるようになっている。

　高齢者の家族関係の変化の背景にはさまざまな要因がある。松成恵（1991）

表5-1　老後における子供や孫とのつきあい

(％)

	子供や孫とは，いつも一緒に生活できるのがよい	子供や孫とは，ときどき会って食事や会話をするのがよい	子供や孫とは，たまに会話をする程度でよい	子供や孫とは，全くつき合わずに生活するのがよい	わからない	無回答
1980年	59.4	30.1	7.1	1.1	—	2.3
1985年	58.0	33.7	5.8	1.5	—	1.0
1990年	53.6	37.8	6.0	0.9	—	1.7
1995年	54.2	38.0	5.6	0.8	—	1.4
2000年	43.5	41.8	6.6	0.9	7.0	0.2
2005年	34.8	42.9	14.7	0.6	6.9	0.1
2010年	33.1	46.8	11.2	1.2	7.6	—
2015年	27.1	50.5	13.7	1.1	7.7	—
2020年	18.8	56.8	10.4	0.7	8.8	4.5

出典）内閣府「令和2年　第9回高齢者の生活意識に関する国際比較調査」より

は第二次世界大戦後の日本における家族意識の変化を分析し，老親扶養の規範や親子の同居規範が弱まっていることを報告する。そして，こうした家族意識の変化がもたらされた背景には，「1950 年代後半からの産業構造の変化，労働力の地理的移動によってもたらされた親と子夫婦との異居，居住における分離」（松成 1991：95）があると指摘する。

　さらに，老後の親子同居が望まれなくなった背景には，公的年金制度の整備があると指摘される（松成 1991：95）。日本では民間被用者や公務員を対象とした公的年金は 1950 年代半ば頃にはすでに存在していたが，自営業者や農業従事者を対象とした公的年金は存在していなかった（所 2011：144）。全国民を対象とした公的年金制度の実施が課題とされ，国民年金法の制定・施行により，1961 年に「国民皆年金」が実現した。その後，1960 年代や 70 年代に年金の給付水準引き上げが行われ，1980 年代以降は高齢者の経済的保障が進んだ（大和 2008：98-99）。これによって，子どもに老後の生活を頼る必要がなくなり，子どもと別居してときどき会うというライフスタイルが広まったとされている。

　しかしながら，高齢者と子どもの関係は希薄化しているわけではないことも指摘しておきたい。別居している子どもをもつ高齢者が，別居の子どもと会ったり電話などで連絡をとる頻度は，「ほとんど毎日」14.8%，「週に 1 回以上」27.1%，「月に 1 ～ 2 回」32.7% などとなっている（内閣府 2021：122）。7 割（74.6%）を超える高齢者が月 1 回以上は別居の子どもと連絡を取っていることがわかる。先行研究でも，高齢者は別居の子どもから情緒的サポートをかなりの程度受けていることが指摘されている（直井 2001：39）。高齢者と家族の関係を考える上では，これからは同居家族だけでなく，別居家族のことも含めて考えていく必要があるだろう。

❹ 高齢者の幸福感

　2 節でも述べたように，高齢期とは人間に与えられる**役割**が変化する時期で

ある（大道　1966：73-74）。具体的には，高齢期において仕事からの退職，子育ての終了，自分や配偶者の健康状態の変化（病気やけが），家族や友人との死別などの出来事を経験すると報告されている（直井　2001：4-5）。そのため，高齢者を対象とした先行研究では，高齢期に役割移行へうまく適応できているか，さまざまな出来事を経験しつつも幸福感を得られているかが問われてきたのであり，「幸福な老い」が重要な論点となってきた。[3]

　それでは，高齢者はどの程度生きがいを感じているのだろうか。全国調査において「あなたは，現在，どの程度生きがい（喜びや楽しみ）を感じていますか」と尋ねた結果，「十分感じている」23.1％，「多少感じている」50.1％であり，7割（73.2％）の高齢者は生きがいを感じている（内閣府　2022b：116）。高齢者は「社会的にも弱い立場に置かれており，生きがいをもって暮らすことが難しいのではないか」（高野　2014：96）とみなされがちであるものの，実際には大部分の高齢者は幸福な生活を送っていることがわかる。

　次に，表5-2から都市規模別に高齢者の生きがいの実態を確認すると，生きがいを感じている割合は（「十分感じている」と「多少感じている」の合計），「大都市」71.4％，「中都市」74.1％，「小都市」73.9％，「町村」72.3％となり，あまり差はみられない（内閣府　2022b：117）。都市部の方が買い物や通院も便利であるので，都市高齢者の方が生活が充実しやすく生きがいも高いと思われ

表5-2　高齢者における生きがいを感じている割合

(%)

	十分感じている	多少感じている	あまり感じていない	まったく感じていない	不明・無回答
大都市（東京都23区・政令指定都市）	23.5	47.9	19.1	3.0	6.6
中都市（人口10万人以上の市）	24.1	50.0	17.5	2.3	6.1
小都市（人口10万人未満の市）	22.0	51.9	15.7	3.0	7.4
町村	19.6	52.7	19.6	1.8	6.3

出典）内閣府「令和3年度　高齢者の日常生活・地域社会への参加に関する調査」より

るかもしれない。しかし，農村高齢者の生きがいは決して低くはない。先行研究でも，山村の**限界集落**[4]において調査を行った結果，全国調査の結果よりも，生きがいを感じている高齢者の割合はわずかながら高かったことが報告されている（山本　2017：199）。

　幸福な老いの条件をめぐっては数多くの研究がなされてきた。直井道子（2001：185-193）は主に都市高齢者を対象に研究を行い，子どもや友人との交流があり，余暇活動に参加していて，健康状態がよく，経済的に安定していて，就労している場合に，幸福感が高いことを指摘している。農村高齢者をめぐっては，山本努（2017：194-198）において，家族や友人との交流，趣味，農業や仕事をしている場合に生きがいを感じることが報告されている。都市高齢者とくらべた場合に，農村高齢者では，農業や農作業に携わっている場合に生きがいを感じやすいという。なお，日本の高齢者の幸福感については，本書8章付論3節も参照してほしい。

[5] 中国における高齢化と福祉(1)
：中国農村高齢者の幸福感を考える意味

　「高齢化と福祉」は，人口の高齢化による生活条件の変化についての関心が高い地域社会学と，高齢者の幸せな生活実現＝高齢者福祉に関心をもつ福祉社会学との，いわば接点にあたる研究領域である。日本ではとくに農村社会研究において両者の関係が深まっている。過疎化にともなう人口減少がいちじるしい日本の農山村では，高齢化のもとでの生活条件悪化が指摘されてきた。一方，そこに住み続けたいという意向をもつ居住者の割合が非常に高いことが知られている。その結果，都市とは異なる「むらの幸せ」という仮説のもとで，農村居住者を取り巻く生活条件を見直す研究が始まっている。

　ひるがえって中国での高齢化と福祉の研究を眺めると，今後急速な高齢化の進展が予想される中で，農村部における人口の高齢化への関心も高まっている。農村部では，若年層の流出により都市を上回るスピードで高齢化が進展し

ているからである。他方で，都市―農村格差という社会構造が問題化している中国では，人びとが農村において幸せな老後を過ごすことができる生活条件の検討はあまり進んでいない。そこで，本章後半では，**中国農村高齢者**の生活実態に焦点を当て，**幸福な高齢者の生活条件**とその意味を考えていきたい。

　そのために，まずは現代中国における高齢化の特徴を概観しておこう。具体的には以下の 5 点がある。第 1 に，高齢者の実数が多い。中国における 2020年の 65 歳以上の高齢者人口は 1 億 9,000 万人に達している（中国国家衛生健康委員会老齢健康司　2021）。中国は，高齢者人口において世界第 1 位である。

　第 2 に，高齢化のスピードが速い。65 歳以上の高齢者人口は 2010 年の 8.9％から，2020 年には 13.5％になった（中国国家衛生健康委員会老齢健康司2021）。多くの高齢化が進む国にくらべ，中国の人口高齢化のスピードは急速であるといわざるを得ない。

　第 3 に，人口の高齢化は農村において顕著である。中国全農村人口に占める65 歳以上の人口比率は 17.7％であり，都市部より 6.6 ポイント高い（中国国家衛生健康委員会老齢健康司　2021）。近年都市化の進行により農業生産は全体として急速に衰退し，多くの青壮年層が農業を放棄し，都市への出稼ぎに行くようになった。こうした青壮年層の流出によって，農村部の高齢化が加速している。

　第 4 に，中国の高齢化には「未富先老[5]」とよばれる特徴がある。先進諸国では経済がある程度発展した後に高齢化が現れたが，中国では経済的に十分に発展していないまま高齢化が現れた[6]。中国の高齢化は「未富先老」，すなわち社会全体がまだ豊かになっていない段階で高齢化社会に突入したと指摘されている（郭　2017：167）。そのため，高齢者に十分な社会保障を提供するには財源的に厳しい状況にあるとされている。

　第 5 に，高齢者の扶養問題がある。「一人っ子政策[7]」が実施された結果，大家族が解体に向かい，小家族の増加がますます顕著になった（表5-3）（中国統計局　2021）。こうした家族形態の変化の中，家族が高齢者を支えることが主要な方式として機能してきた中国では，現在，高齢者の扶養問題が深刻化している。

表5-3　平均世帯人員数の推移

(単位：人)

年次	1990年	2000年	2010年	2020年
平均世帯人員数	3.96	3.44	3.10	2.62

出典）中国統計局『中国統計年鑑（2021）』をもとに作成

6 中国における高齢化と福祉(2)：都市と農村間の格差

　それでは，こうした高齢化の急速な進展に対する**社会保障制度**とはどのようなものなのだろうか。現代中国における社会保障制度の中で，とくに高齢者に関連するのは養老保険制度と医療保険制度である。都市部では，早い時期から中国政府が都市部住民を優先した社会保障制度を実施してきたため，社会保障は比較的充実している。これに対して，農村部では，土地を与えるという基本方針が示され，社会保障はほとんど整備されてこなかった（郭　2017：209）。土地は農民に施された社会保障政策であり（水原　2010：98），実質的な社会保険は1990年代まで皆無であった（王文亮　2008：6）。

　現在農村部における限られた公的福祉制度の中で，実質的にもっとも重要な役割を果たしているのは，「五保供養制度[8]」である。この制度は農村地域のもっとも貧しい社会的弱者を対象にしているが，給付システムの未統一，扶養基準の未設定，扶養内容の不備などの問題が存在している（王文亮　2003：98）。ほかにも，公的福祉制度「新型農村合作医療」と「新型農村社会養老保険」が実施されているが，給付水準が低く（郭　2017：209），農村高齢者は病気になると経済的な困難に陥ることがよくある。総じて農村高齢者は受けられる社会保障の恩恵が少なく，このような都市と農村の間にある大きな社会保障制度や経済の格差は「**二元構造**」ともよばれている。

　その結果，都市と農村の高齢者の間には「**幸福感の格差**」があると指摘されている。中国老齢科学研究センターが発表した「中国城郷老年人生活状況調査報告（2018）」によると，幸福と感じる都市高齢者は68.1％であるのに対し，農村高齢者では53.1％である。農村高齢者においては幸福と回答する割合が

低いことがわかる。中国の研究者は，その理由を都市と農村の経済的格差や社会保障制度の不備などの構造的要因によって説明することが多い。たとえば，経済的理由で農村から都市へ出稼ぎに出る若者が増え，子世代と同居できない農村高齢者の孤独感が強まっているという（杜ほか　2004：50）。

　上記のように，社会構造的要因が農村高齢者の幸福感を損なうと指摘する研究は非常に多い。しかしながら，都市と農村の高齢者の比較ではなく，農村高齢者に焦点をおくと，構造的説明の不十分さもみえてくる。都市とくらべると幸福と感じる農村高齢者の割合はたしかに低いものの，それでも，農村において幸福な老後を過ごしている高齢者もいるからである。こうした幸福な農村高齢者についての検討はこれまでほとんどなされてこなかった。そこで本章では，中国農村高齢者の調査から，幸福な高齢者の条件を検討したい。

7　中国における高齢化と福祉 (3)
　：調査からみる中国農村高齢者の生活と幸福感

　2019 年に中国河北省の呂施荘村で実施した高齢者の生活構造についてのインタビュー調査の結果から，中国農村において「幸福と感じる高齢者」「不幸と感じる高齢者」についてそれぞれみていきたい。[9] 呂施荘村は人口 755 人，世帯数 235 世帯の村である。

資料5-1　中国の農村における不幸な高齢者の調査事例

> **不幸と感じる高齢者：A 氏（69 歳男性）**
> 　A は現在一人暮らしをしている。かつてはとうもろこしを栽培していたが，収入が少ないため農地を農業企業に売り，都市で生活する息子一家（息子夫婦，孫）と同居していた時期もあった。A の息子はあまり経済的な余裕がないため，A は建築現場でアルバイトをして息子の経済的負担を減らすよう努力していた。しかし，A が高齢であり体力的に厳しいという理由で，68 歳の時に解雇された。
> 　解雇されたことを契機に，A は呂施荘村に戻った。A は「都市の高齢者みたいに高い退職金をもらえたら，負担をかけることなく次男と一緒に住み続けられたかもしれない」という。帰村したのは，収入のない自分が息子と同居を続けることで，息子に迷惑をかけることを嫌ったためである。また，農村では，庭に野菜を植えることが可能で，食費の節約になると考えている。

　Aは今の生活を不幸だと感じている。不幸だと感じる理由として，「体力と精神力が衰えた今，収入が少ない子に経済的な支援をしたくてもできない」ことに無力感があるという。さらに，68歳で解雇された時の挫折感や，息子と同居できないこと，また子どもが出稼ぎに出ていて孤独を感じていることからも不幸だと感じている。

出典）筆者のインタビュー調査から作成

資料5-2　中国の農村における幸福な高齢者の調査事例

幸福と感じる高齢者：B氏（75歳男性）

　Bは妻と2人暮らしである。葡萄を栽培していたが，葡萄畑は化学肥料の連投で土壌が悪化し収穫が減り，農地全てを農業企業に売却した。現在Bは平屋の中庭を改造し，夫婦で家庭菜園をしている。B夫婦は2人の子からの仕送りで生活をしている。経済的な心配はない。

　Bの息子は大学を卒業し鉄道設計者となり，高収入である。都市で住宅を購入して暮らしており，半年に一回はB夫婦に会うために村に帰ってくる。娘は近くの町村部で中学校の教師をしており，頻繁に帰ってきて泊まっていく。息子と一緒に住めないことを残念に思うものの，息子が安定した仕事ができていることはよかったと思っている。「農民はしんどすぎるのよ。若い時，不眠不休で働いても貧乏で三日間ご飯も食べられないこともあった。今，子どもたちは大学へ行けて，裕福になっていることは何よりだ」と話す。Bは将来，都市部の息子の家で面倒をみてもらいたいという希望も持っている。

　Bは今の生活を幸福だと感じている。幸福だと感じる理由として，「子どもたちが出世していること，さらに子どもたちから仕送りをもらえることに誇りを持っている」と述べる。また，「息子がいるので将来頼れるし，夫婦だけの生活は少し寂しいが，娘と息子は親と仲がよいので，よく孫を連れて帰ってくる」ことも幸福だと感じる理由である。

出典）筆者のインタビュー調査から作成

8 中国における高齢化と福祉 (4)：経済基盤と親子関係

　前節では，中国農村において「不幸と感じる高齢者」「幸福と感じる高齢者」についてそれぞれみてきた。高齢者の生活要件は非常に多岐にわたるため，その中でもまずは経済基盤要件と高齢者の幸福感との関連について確認したい。

　前節でみてきたように，呂施荘村の農業を中心とした経済基盤は弱い。呂施荘村の高齢者の経済は，子による金銭的なサポートによって支えられている。こうした条件にはそれほど大きな差はないものの，高齢者の幸福感にははっきりとした差が見受けられる。では，経済基盤要件と高齢者の幸福感はどのように関わっているのだろうか。

　この問題をとくヒントは，**中国農村高齢者にとっての経済基盤要件の充足は，高齢者本人の生活の維持・存続の要件充足に限られていない点にある**。呂施荘村の高齢者にとって，幸福と不幸をわかつ経済基盤の問題は，**親子関係の有り様**を通して現れる。中国農村高齢者にとっての経済基盤とは，親が子に経済的サポートを提供できること，逆に子から親が経済的サポートを受けていることを指している。こうした親子間のサポートが，中国農村の高齢者にとって誇りであり，さらに幸福感を感じる要因となっている。この点は，もう少し丁寧に説明する必要がある。

　Bの事例で示したように，子が社会的に成功しており，子が親に経済的支援をする場合，経済的支援を通した親子関係は，幸福な高齢者の条件となる。ただし，親子関係が高齢者の幸福感をかえって損なう場合もある。Aの事例のように，子の生活が安定していない場合，親は子に対しできる限り経済的支援をしたいと考える傾向がみられる。しかし，高齢である親には収入がなく，子を経済的に十分に支援できない場合，農村居住による経済基盤の弱さは，高齢者の幸福感を損なう。こうした親子関係のもとでは，経済的に子を支援できる所得の高さが高齢者の幸福感の要因となっている。

　既存の研究では，農村高齢者の幸福感を損なう要因として，農村高齢者の低収入（経済的条件）が指摘されてきた。しかし，調査事例からは，農村高齢者の幸福感は単に高齢者本人の経済状況に規定されるのではなく，親子関係の有り様を通した経済的基盤の問題であることがわかった。

9　中国における高齢化と福祉 (5)：生育制度

　中国農村における調査から，農村高齢者の幸福感における親子関係の重要性を確認してきた。こうした高齢者の「幸福」／「不幸」の判断と関わる親子関係には，中国農村社会に固有な「**生育制度**」を原型とする生活の組み立て方が反映されていると考えられる。

　生育制度とは，中国の研究者，**費孝通**が提起した「社会の継続を保証する文

化装置」（閻　2020：2）のことである。費は，「人びとがいかにして配偶者を求め，いかに結婚し，いかに子供を産んで，いかに父母になるかに関して定められた一連の規則」のことを「生育制度」とよんだ（費　1947＝1985：17）。中国農村高齢者にとってこの文化装置が重要なのは，親子関係と関わるからである。

　生育制度では，高齢者と家族の関係について２つの類型が提示されている。ひとつは「リレー型」である。欧米諸国の家族関係においては，子どもが小さい時には親が子どもを養育するが，親が高齢者になった時には，子どもは親を扶養しなくてもよい。その代わりに，親に養育された子どもは，親ではなく，次の世代の子どもを養育していく。費はこうした家族関係を「リレー型」とよぶ（費　1947＝1985：306）。

　これに対して，中国社会では，子どもが小さい時は親が子どもを養育し，親が高齢になった時には，子どもが必ず親を扶養する義務があるとされている。中国社会にみられるような双方向的な扶養の仕組みを費は「フィードバック型」とよぶ（費　1947＝1985：306）。費による研究を参考に考えると，中国農村における高齢者の幸福感が親子関係と密接に関連しているのは，親子関係が，生育制度を背景として高齢者に意識される重要な生活要件となっているからだといえる。

　今回の調査からは，中国社会にみられる伝統的な生育制度が農村高齢者の幸福感にとって重要な意味をもつことがわかった。先行研究でも，「養児防老」（老後のために子を育てる）という考え方に農村高齢者の８割以上が同意しているとされ，農村において生育制度が強く残っていることが示される（王一笑2017：16）。こうした生育制度は今後どのようになっていくのだろうか。

　若年層の都市部への流出や「一人っ子政策」の影響で，中国の農村部において世帯規模が縮小し，子ども自身の貧困問題もあり，生育制度に支えられた伝統的な家族による扶養行動は弱体化しつつあると指摘されている（劉　2010：19-20）。そのため，伝統的な家族養老を主体とする仕組みに期待し続けることには限界があり，ひとつの過渡的な仕組みであるとされる（熊　1994：33）。今

後は伝統的な家族扶養から国家による社会福祉の提供に重点を移すべきであり，社会保障制度のますますの充実が望まれると多くの研究者によって指摘されている（陳　2000：34）。

　他方で，社会保障制度充実の必要性は認めつつも，今後生育制度が消滅していくという主張には慎重な姿勢を示す研究者もいる。王鄒ら（2021）によれば，比較的経済的に豊かな農村地域において，親世代が比較的若く自立できるうちは，子どもには頼らないという意識をもつと報告される。しかし，親が高齢になり病気になると，子どもに依存せざるを得なくなり，中国社会にみられる伝統的な生育制度（「フィードバック型」）が現れてくるという（王鄒ほか2021：77-80）。こうした知見は，現代中国農村に居住する高齢者が，生育制度という伝統を背景として親子関係についての判断をくだす傾向が今なお濃厚であり，今後も生育制度は残存していくことを示している。

　上記でみてきた通り，生育制度の未来に関しては，その機能が弱まる傾向が指摘されるが，消滅していくというわけではない。今回の調査事例からも示されるように，農村の高齢者はただ生存しているのではなく，幸せに生きようと考え行為する社会的存在でもある。福祉の対象が社会的存在としての人間だとすれば，現代農村高齢者の視点からみた生育制度という伝統と親子関係との関連性にも留意する必要がある。

Practice Problems　練習問題 ▶ 2
　　中国と日本の農村における幸福な高齢者の条件を考えてみよう。

10 　高齢者の生活と幸福感

　本章では，前半で日本の高齢者，後半で中国の農村高齢者を取り上げ，高齢者の生活と幸福感について論じてきた。日本や中国などアジア諸国では急速に高齢化が進展しつつあり，高齢者がどのようにして生活し，幸福に暮らしていくのかを論じることが重要になってきている。

　本章を通して学んできたのは，高齢者の生活実態にそくしつつ，幸福感を考えていくことの意味である。本章の前半では日本の高齢者を取り上げ，農村の限界集落とよばれる地域に暮らしながらも，決して生きがいが低くはない高齢者の存在について言及してきた。これは，人口減少率や高齢化率といった数値にのみ着目していてはみえてこない議論である。他方で，本章の後半で中国の農村高齢者を取り上げつつみえてきたのは，高齢者本人の経済的状況だけでは説明できない，中国農村高齢者にとっての幸福のあり方である。中国農村高齢者にとっては，伝統的な生育制度が重要な意味をもつことが明らかになった。人口減少率や高齢化率，経済的状況だけではみえてこない，高齢者の生活の実態と幸福感のあり方がそこにはある。

注

1) 高齢者虐待防止法では第2条において「『高齢者』とは，65歳以上の者をいう」と明示されている。老人福祉法，介護保険法，国民年金法では65歳以上が高齢者と明確に定義されているわけではないが，措置や給付対象者を65歳以上としていることから，65歳以上が高齢者と解釈できる（岡田　2020：10）。
2) 大道（1966）は「老人線」という概念をはじめてもち込んだ論考である。なお，本章では「老人」と「高齢者」を同じ意味で用いている。現在では「高齢者」という用語の方が一般的であるが，先行研究（大道　1966）では「老人」と表記されているため，先行研究の引用の際にはそのまま「老人」と表記した。
3) 高齢者が家族との生活において果たしている役割については，全国調査において検討されている（内閣府　2021：23）。「あなたは，ご家族や親族の方々の中でどのような役割を果たしていると感じていますか」と尋ねた結果（複数回答），「家事を担っている」（52.2%），「家計の支え手（かせぎ手）である」（30.4%），「家族・親族の相談相手になっている」（25.7%）という回答割合が高い一方で，「小さな子供の世話をしている」（4.4%）という回答割合は低く，「特に役割はない」（17.3%）も一定数を占める。
4) 「限界集落」とは農村社会学における議論であり，以下のように定義される。農村社会学者の大野晃は，「65歳以上の高齢者が集落人口の50%を超え，独居老人世帯が増加し，このため集落の共同活動の機能が低下し社会的共同生活が困難な状態にある集落」（大野　2005：23）を「限界集落」とよんだ。
5) 「未富先老」とは，1980年代に中国の人口学者の鄔滄萍が提起した概念である。中国の高齢化が経済発展よりも速く進んでいることについて，警鐘を鳴らすことを目的として提示された（鄔ほか　2007：48）。政府と国民が急速に進む高齢化

の問題を認識し，備えるようによびかけるものであった。この概念が提起されて以来，多くの研究者やメディア，行政によって使われるようになった。

6) 高齢化率が7％を超えると「高齢化社会」とよぶことがあるが，「高齢化社会」に突入した時点の一人当たりの国民総生産（GNP）は，アメリカ1,392USドル（1944年時点），日本1,940USドル（1970年時点）であったと指摘される（杜ほか　2006：30-32）。これに対して中国では，「高齢化社会」に入った2000年時点の一人当たりの国民総生産（GNP）は840USドルであった。また，「高齢化社会」となった当時，都市化と工業化の面からみても先進諸国より遅れており，都市と農村間の社会保障制度の格差も先進諸国と比較して大きかったとされる。

7) 「一人っ子政策」は，中国が急増する人口とそれに伴う食糧不足への懸念から，1979年に開始した人口抑制政策である。原則として一組の夫婦が産む子どもを一人に制限するものであった。しかしながら，高齢化と労働人口の減少という問題が深刻化するにつれて，2016年にこの「一人っ子政策」は緩和され，夫婦が2人目の子どもを持つことが許可されるようになった。

8) 「五保供養制度」とは，農村で労働力を失い，しかも所得・収入も身寄りもない高齢者，疾病者，孤児，寡婦，障害者の生活を食料，衣料品，燃料，教育，葬式という5つの側面で，農村の地域集団が保障する制度である（劉　2010：21）。

9) 2019年8月7日〜8月22日にかけて中国河北省呂施荘村において，高齢者11名への聞き取り調査を行った。調査では各対象者に約2時間の半構造化インタビューを実施した。高齢者の生活の状況，幸福や不幸について調査した。本節で紹介するのは，このインタビュー調査の結果の一部である。

📖 参考文献

【日本語文献】
大道安次郎，1966，『老人社会学の展開』ミネルヴァ書房
費孝通，1947，『生育制度』商務印書館（＝1985，横山広子訳『生育制度・中国の家族と社会』東京大学出版会）
郭莉莉，2017，『日中少子高齢化と福祉レジーム―育児支援と高齢者扶養・介護―』北海道大学出版会
厚生労働省，2020，「2019年　国民生活基礎調査の概況」（2022年9月3日取得，https://www.mhlw.go.jp/toukci/saikin/hw/k-tyosa/k-tyosa19/index.html）
劉燦，2010，『現代中国農村の高齢者と福祉―山東省日照市の農村調査を中心として―』日本僑報社
松成恵，1991，「戦後日本の家族意識の変化―全国規模の世論調査報告を資料として―」『家族社会学研究』3：85-97
水原清香，2010，「中国江南農村『社区』の高齢化問題―社会保障政策と伝統的相互扶助に関する実態分析―」大阪市立大学大学院創造都市研究科博士学位論文
内閣府，2021，「令和2年　第9回高齢者の生活と意識に関する国際比較調査（全

体版）」（2022 年 9 月 3 日取得，https://www8.cao.go.jp/kourei/ishiki/r02/zentai/pdf_index.html）

——，2022a，『令和 4 年版　高齢社会白書（全体版）』（2022 年 9 月 3 日取得，https://www8.cao.go.jp/kourei/whitepaper/w-2022/zenbun/04pdf_index.html）

——，2022b，「令和 3 年度　高齢者の日常生活・地域社会への参加に関する調査結果（全体版）」（2022 年 9 月 3 日取得，https://www8.cao.go.jp/kourei/ishiki/r03/zentai/pdf_index.html）

直井道子，2001，『幸福に老いるために—家族と福祉のサポート—』勁草書房

岡田進一，2020，「高齢者の特徴とその理解」岩崎晋也・白澤政和・和気純子監修，大和三重・岡田進一・斉藤雅茂編『新・MINERVA 社会福祉士養成テキストブック 10　高齢者福祉』ミネルヴァ書房：9-26

大野晃，2005，『山村環境社会学序説—現代山村の限界集落化と流域共同管理—』農山漁村文化協会

高野和良，2014，「社会参加と生きがい—生き生きと暮らすために—」直井道子・中野いく子・和気純子編『高齢者福祉の世界（補訂版）』有斐閣：93-110

所道彦，2011，「戦後日本の社会保障と社会福祉」平岡公一・杉野昭博・所道彦・鎮目真人『社会福祉学』有斐閣：137-150

王文亮，2003，『中国農民はなぜ貧しいのか』光文社

——，2008，『現代中国の社会と福祉』ミネルヴァ書房

王鄢・朴紅・坂下明彦，2021，「中国蘇南農村における高齢者の生活と老親扶義の性格—開弦号村を事例に—」『フロンティア農業経済研究』23(2)：67-81

山本努，2017，『人口還流（U ターン）と過疎農山村の社会学（増補版）』学文社

大和礼子，2008，『生涯ケアラーの誕生』学文社

閻美芳，2020，「一人っ子政策は中国の村に何を残したのか—山東省の農村において生育制度が果たした役割に着目して—」『村落社会研究ジャーナル』53：1-12

【中国語文献】

陳賽権，2000，「中国養老模式研究総述」『人口学刊』3：30-36，51

党俊武，2018，『中国城郷老年人生活状況調査報告（2018）』社会科学文献出版社

杜鵬・丁志宏・李全棉・桂江丰，2004，「農村子女外出務工対留守老人的影響」『人口研究』28(6)：44-52

杜鵬・楊慧，2006，「『未富先老』是現階段中国人口老齢化的特点」『人口研究』30(6)：28-37

王一笑，2017，「老年人『養児防老』観念的影響因素分析—基于中国老年社会追踪調査数据—」『調研世界』1：11-17

鄔滄萍・何玲・孫慧峰，2007，「『未富先老』命題提出的理論価値和現実意義」『人口研究』31(4)：46-52

熊巍俊，1994，「論我国人口老齢化下的社会養老問題」『人口学刊』4：30-33

中国統計局，2021，『中国統計年鑑（2021）』中国統計出版社（2022 年 12 月 13 日

取得，http://www.stats.gov.cn/tjsj/ndsj/2021/indexch.htm）

中国国家衛生健康委員会老齢健康司，2021，「2020 年度国家老齢事業発展公報」
　　（2022 年 12 月 13 日取得，http://www.nhc.gov.cn/lljks/pqt/202110/c794a6b1a2084
　　964a7ef45f69bef5423.shtml）

自習のための文献案内

①　吉武由彩編，2023，『入門・福祉社会学―現代的課題との関わりで―』学文社

②　福祉社会学会編，2013，『福祉社会学ハンドブック―現代を読み解く 98 の論点
　　―』中央法規出版

③　直井道子・中野いく子・和気純子編，2014，『補訂版　高齢者福祉の世界』有
　　斐閣

④　山本努編，2019，『地域社会学入門―現代的課題との関わりで―』学文社

⑤　費孝通，1947，『生育制度』商務印書館（＝1985，横山広子訳『生育制度・中
　　国の家族と社会』東京大学出版会）

⑥　王文亮，2001，『中国の高齢者社会保障―制度と文化の行方―』白帝社

⑦　劉燦，2010，『現代中国農村の高齢者と福祉―山東省日照市の農村調査を中心
　　として―』日本僑報社

　　①および②は福祉社会学の入門書。高齢者だけでなく，福祉に関するさまざま
なテーマが扱われている。③は高齢者福祉に関して学びたい時に参考になる。④
は地域社会学の入門書だが，日本の都市高齢者と農村高齢者の生きがいについて詳
しく論じられている。⑤は中国の家族のあり方を生活の視点から深く考察してい
る。中国の伝統的な親子関係を考える時に参考にしてほしい。⑥は中国の高齢者
に関する社会保障制度について詳しく紹介されている。⑦は中国の農村高齢者の
生活実態と福祉施設について論じられている。

第6章

差別と民族
——在日コリアンの事例を中心に差別の現状と民族の持続性を学ぶ

木下　佳人

1 差別とはどのようなものか：差別と規範

　本章では，「差別」と「民族」に関する社会学の概念や理論を紹介する。そして在日コリアンを例に，日本社会における民族差別と，在日コリアンのエスニシティの現況を説明する。以下ではまず差別について説明していく。

　差別とは何だろうか。社会学では，差別は**特定の社会集団の人びとを，他の社会集団の人びととは区別して扱うこと**として考えられてきた。「特定の社会集団に属する個人を違ったように扱う行動」（新保　1972：11）という定義はこの考え方に沿ったものである。具体的には，同じ仕事をしても日本人より外国人の賃金が低いといったことだ。たとえば，1928年の佐賀県での日本人と在日コリアンの賃金を比較すると，土木作業では日本人は日給1.62円だが，在日コリアンは0.92円であった（姜在彦　1996：233）。これは典型的な差別のひとつである。

　しかし，社会集団を区別する扱いのすべてが差別とよばれるわけではない。たとえば，ひいきのプロ野球チームを応援することは，ある社会集団を他の社会集団から区別している。しかし，これが差別と考えられることはない。それでは，差別と差別ではないものの基準とは何だろうか。

　なにかが差別とよばれる時，そこには「これは不当である」という判断がある。すなわち，差別とは「不当な区別」である。そして，不当性の判断には**社会規範**が関わっている。**社会規範**とは，社会成員に広く共有された価値判断や行為選択の基準である。よって，差別とは「これは不当である」と社会で広く認識さ

れている区別のことである。

　差別と社会規範の関係について考える際には，以下の 2 点が重要である。ひとつは，**社会規範の内容は時代や地域によって異なる**ということだ。かつて「当然のこと」として広く行われていたことが，現代では差別だと考えられているということは少なくない。先にあげた日本人と在日コリアンの賃金格差は，現代あれば差別と判断されるだろう。しかし，植民地支配という文脈では「当然のこと」とされていた。

　もうひとつは，社会規範は不当性を判断する基準である一方で，**社会成員もまた社会規範を価値判断している**ことだ。社会規範は，社会成員から「望ましい」や「時代遅れ」といった判断を下される。そのため，社会規範に対する人びとの価値判断は一枚岩ではないということだ。

　それでは，なぜ社会規範に対する意見が分かれるのだろうか。その理由は，それぞれの社会集団が社会規範とは別に独自の**集団規範**をもっているからだ。この点こそが，同じ現象をみてもある人は「差別だ」と言い，別の人は「差別ではない」と言って意見が分かれる原因である。個人が内面化している集団規範が異なっているため，「何が差別なのか」といった点で意見の相違が生じるのである。たとえば，一般的な社会規範に照らし合わせると，ヘイトスピーチは差別と考えられている。しかし，ヘイトスピーチを行う人びとの間には，自身を「愛国者」と考え，ヘイトスピーチを「愛国的行動」とする集団規範が存在している（安田　2015：92-93）。集団規範は必ずしも社会規範と一致するわけではなく，その内容が集団ごとに大きく異なることもある。そのため，差別を決定する具体的で包括的な基準を設定することは難しく，「**これは差別なのか否か**」が争われることが常である。

② 差別の正当化と支配集団／被支配集団

　集団規範に注目することは，なぜ差別が生じるのか，といった点を考えるにあたって有益である。なぜならば，「差別はいけない」という社会規範が広ま

っているにもかかわらず差別が生じる背景には，「これは差別ではない」と差別
を正当化する集団規範があるからだ。先にもあげた，ヘイトスピーチを「愛国
的行動」と考えることは，正当化のひとつである。差別は集団規範によって正当
化され，「差別ではないもの」として行われている。

　それでは差別はいかにして正当化されるのだろうか。A. メンミによる「差
別主義」の定義はこの点を考える際に参考になる。メンミは差別主義を以下の
ように定義する。「差別主義とは，現実上の，あるいは架空上の差異に普遍的，
決定的な価値づけをすることであり，この価値づけは，告発者（差別主義者）
が己れの特権や攻撃を正当化するために，被害者の犠牲をも顧みず己れの利益
を目的として行うものである」（Memmi　1968 = 1971 : 226（　）筆者補足）。

　メンミの定義に即して差別が正当化される論理をみていこう。まず，差別は
「特権」や「利益」をもつ支配集団と，それらをもたない被支配集団の間で生じ
る。なお，規模が大きな支配集団をマジョリティといい，規模が小さな被支配
集団をマイノリティという[1]。日本国内であれば，日本人はマジョリティで，外
国人はマイノリティである。日本人は参政権を始めとした外国人には与えられ
ていない権利をもち，外国人よりもはるかに多いからである。男性と女性や，
健常者と障害者のように，支配集団・被支配集団の組み合わせは他にもある。

　その上でメンミは，支配集団と被支配集団との差異は価値づけされると述べて
いる。ここで注意しなければならないことは，被支配集団がもつ差異への価値
づけは，現実には多くの場合否定的なものであるということだ。差異は中立的
な「違い」を示すだけでなく，優劣や善悪を示す象徴になるのである。こうし
た「価値づけ」による序列関係が被支配集団への攻撃や排除を正当化する。た
とえば，在日コリアンの中には，子どもの頃に民族名をからかわれた人がい
る。これは，名前が日本人と異なることが単なる「違い」ではなく，「変な名
前」といった否定的な価値づけをされ，攻撃される（からかわれる）原因とな
ることを示している。支配集団が被支配集団との差異を否定的に価値づけすること
によって，差別は「当然のこと」として正当化されるのである。

　ところで，メンミは差異には現実のものと架空のものがあるというが，これ

らは常に明確に切り分けることができるとは限らない。**現実の差異と架空の差異は相互に転換する場合もあるからだ**。R. K. マートンの「スト破りをする黒人」は、架空の差異が現実の差異に転換した例だ（Merton 1957＝1961：385-386）。かつてアメリカでは、白人は黒人を労働組合から排除していた。黒人は労働組合員としての素質がないため、「スト破り」（労働組合が要求する賃金より安い賃金で雇われること）をして労働者全体に損害を与えると考えられていたからだ。

しかし実際には、労働組合からの排除こそ、黒人がスト破りを行う原因であった。なぜなら、ストライキに困った経営者は、労働組合に参加していないからこそ、普段なら雇わない黒人を雇おうとしたからだ。そして黒人は仕事に就くチャンスを断ることができず、スト破りを行うのである。

つまり、白人が「黒人はスト破りを行うだろう」と黒人を労働組合から排除したことが、黒人がスト破りを行う原因となるのである。これは差別（労働組合からの排除）の根拠とされていた架空の差異（「黒人はスト破りを行う」という思い込み）が、ほかならぬ差別によって現実の差異（実際に黒人がスト破りを行うこと）に転換した例だ（このように、誤った思い込みにもとづいた行動によって、当初の思い込みが現実のものとなることを**予言の自己成就**という）。

Practice Problems 練習問題 ▶1

差別を扱った作品を鑑賞して、集団規範や集団間の関係がどのように描かれているか考えよう。作品が思いつかない人には『アドルフに告ぐ』（漫画：手塚治虫）、『破戒』（小説：島崎藤村）、『GO』（小説：金城一紀、映画：行定勲監督）をおすすめする。

3 古典的レイシズムと現代的レイシズム

差別が生じる背景には、差別意識といった個人の心理状態も関係している。この点に関連する研究として、社会心理学で盛んに行われてきた**偏見**に関する研究がある。偏見とは、「ある集団に所属している人が、たんにその集団に所属しているからとか、それゆえにまた、その集団のもっている嫌な特質をもっ

ていると思われるとかいう理由だけで，その人に対して向けられる嫌悪の態度，ないしは敵意ある態度」（Allport　1954＝1968：7）である。

古典的レイシズムは，偏見から生じる差別の典型例である。古典的レイシズムとは，人種に応じて文化的・知能的優劣があるため，自民族より劣っている民族の排斥は望ましい，という信念に基づいた差別である（関根　1994：42）。在日コリアンに対するヘイトスピーチにみられる，「在日コリアンはゴキブリだ」，「殺してしまえ」，「日本から出ていけ」といった言動は，敵対的な態度を示し，排斥を煽る古典的レイシズムの典型である。

　一方，2000 年代以降の社会心理学の研究では，古典的レイシズムは減少していると指摘されている。確かに，在日コリアンに対する差別を考えても，ヘイトスピーチはあるものの，在日コリアンであるということだけで，結婚を避けられたり，就職ができなかったり，住居を借りられないといったことが現在よりもはるかに広くみられていた時代を考えると，古典的レイシズムは減少しているといえる。しかし，現在では従来とは異なる論理で差別を正当化する**現代的レイシズム**が生じていると指摘されている（高　2015：13）。

　D. O. シアーズと P. J. ヘンリーの議論（Sears & Henry　2008：260）をもとに現代的レイシズムの主張をまとめると以下のようになる。「現在は民族・人種差別は存在しておらず，民族・人種に優劣はなく平等である。そのため，成功するか否かは個々の裁量に任されている。しかし，マイノリティは過大な援助を受けている。これはマジョリティに対する『逆差別』[2]だ」。こうした論理に基づいて，**積極的格差是正措置（アファーマティブ・アクション）**を始めとした，格差を是正する政策に反対することを現代的レイシズムという（関根　1994：107）。

　アファーマティブ・アクション批判の問題性は，マジョリティとマイノリティの**格差を温存する**点にある。アファーマティブ・アクションは，「過去に差別を受けてきた人びとに対する補償と，人種的マイノリティや女性の社会的経済的な低い地位を改善し，現存する不平等を是正する」（池田・堀田　2021：35）ためにマイノリティを優遇する措置である。具体的には，従来低く留められていた

女性の地位上昇を促すために，「女性の管理職を○○％以上にする」という目標を掲げるといった措置がある。こうした措置が必要な背景には，法的・制度的差別を撤廃しただけでは，マイノリティの不利がなくなるわけではないし，マジョリティとの格差が埋まるわけでもないということがある。よって，アファーマティブ・アクションに反対することは格差の温存につながりかねない。

　また，近年では現代的レイシズムと関連して**マイクロアグレッション**という概念に注目が集まっている。現代的レイシズムの研究では，2000年代以降，些細な言動によってマイノリティを貶める行動が問題化されてきた。そして，日常的な貶めがマイノリティの心身にもたらす健康被害に注目した研究の中で，マイクロアグレッションという概念が登場した（金友子　2016：107-108）。D. W. スーは，マイクロアグレッションを「特定の個人に対して属する集団を理由に貶めるメッセージを発するちょっとした，日々のやり取りである」としている（Sue　2010＝2020：20-21）。マイノリティの日常に遍在しているにもかかわらず，「ちょっとした」ものであるため悪質性が見逃されやすいことが，マイクロアグレッションの特徴である。

　マイクロアグレッションの例として，**カラーブラインド発言**がある。カラーブラインド発言とは，「肌の色なんて関係ない」といった，民族的差異を考慮していないことを示す発言である。これはすべての民族を等しく扱う，平等主義的な態度を表明しているように思われる。しかし，こうした発言は民族に関する話題を会話に出さないよう要求するものであり，民族にまつわる経験を否認することで差別に加担するものと指摘されている（Sue　2010＝2020：79-80）。

　在日コリアンの人びとは，カラーブラインド発言に似た発言を受けることがある。たとえば，日本名を使用する在日コリアンが，自分は在日コリアンであることを日本人に打ち明けると，「韓国語は話せるの？」，「家では韓国料理食べるの？」といった質問を受けることがある。これに対して，「韓国語は話せないし，家で韓国料理食べることは少ない」と答えると，「日本人と変わらないね」と言われることがしばしばある。こうした言葉は悪気なく発せられるこ

とが多い。しかし，この発言を受けて「日本人と変わらないと思われても仕方ないが，在日コリアンが理解されていない」と感じる在日コリアンは少なくない。

在日コリアンも言語や食事を始めとした文化的な側面に関しては，「日本人と変わらないと思われても仕方ない」と考えている。しかし，在日コリアンであるが故に差別を受ける可能性があることや，参政権を始めとした政治的権利に関しては，在日コリアンと日本人との間には厳然とした違いがある。「日本人と変わらない」という発言は，こうした違いを無視しているため，在日コリアンは「自分たちが理解されていない」という感覚を抱き，在日コリアンと日本人との違いに関して話しにくくなることがある。この点が，カラーブラインド発言との類似点である。

このように，在日コリアンが受けるマイクロアグレッションの中には，スーが指摘したものとの類似点がある。しかし，スーが扱ったアメリカの黒人やヒスパニックの事例とは異なり，在日コリアンの場合は社会のマジョリティである日本人との外見的差異が少ない。そのため，在日コリアンのマイクロアグレッションに特有の側面もあるだろう。こうした点を明らかにするためにも，在日コリアンへのマイクロアグレッションは今後の研究が必要な領域である。

4　国内における民族差別：　在日コリアンへの民族差別を例に

ここまで主に在日コリアンに対する民族差別を例としながら，差別に関する基本概念を説明してきた。次に，よりまとまったデータを紹介して，在日コリアンへの民族差別に関して詳しくみていこう。

まず，被差別体験の全体像についてみていこう。金明秀が監修し，在日コリアンの民族団体である在日本大韓民国青年会が2013年に実施した『第4次在日韓国人青年意識調査』は，6つの場面での被差別体験を尋ねている。表6-1をみると，「ある」（「とてもよくある」＋「よくある」）という回答はいずれも10

％以下である。一方,「まったくない」という回答は 60％前後である。

　この結果をみると,被差別経験の割合は高くないように思われる。しかし,永吉によると,すべての場面に「まったくない」と答えた人は 34％にとどまっているようだ(永吉　2014：41)。これは 1993 年の調査結果とほぼ同じである(被差別体験「まったくない」30.5％)(福岡・金　1997：46-47)。つまり,全体としてみると,1990 年代から 2010 年代にかけて在日コリアンへの差別が必ずしも減少したというわけではないといえるだろう。

　それでは,在日コリアンが受けている差別とは具体的にどのようなものだろうか。この点については,朝鮮奨学会が行った『韓国人・朝鮮人生徒学生の嫌がらせ体験に関する意識調査』が参考になる。表 6-2 は「嫌がらせ体験の種類と有無」の結果である。これをみると,「言葉」や「差別的処遇」にくらべ,「ネット」や「デモ街宣」の経験者が多い。現代では非対面的で,「特定の個人への差別ではない」という点で間接的な差別が多いと考えることができる。

　次に質的データを紹介しよう。ここでは筆者が行った若い世代の在日コリア

表6-1　各場面における被差別経験の分布

(％)

	名前	就職	学校	日常の交際	近所の人	官庁・官吏
とてもよくある	2.3	2.6	2.2	1.2	0.7	1.8
よくある	5.8	4.0	6.3	3.7	2.8	4.4
どちらともいえない	10.6	15.2	10.6	11.6	8.5	17.9
あまりない	23.0	15.5	19.8	21.6	20.4	16.7
まったくない	58.3	62.8	58.7	61.9	67.7	59.2

出典)永吉(2014：41)をもとに作成

表6-2　嫌がらせ体験の種類と有無

(％)

	言葉	差別的処遇	ネット	デモ街宣
経験あり	30.9	39.4	73.9	75.7
経験なし	69.1	60.6	26.1	24.3

出典)『韓国人・朝鮮人生徒学生の嫌がらせ体験に関する意識調査』(朝鮮奨学会　2021：3)をもとに作成

ンの人びとを対象としたインタビュー調査から，恋愛差別に関する語りを紹介する。先に事例をまとめると，Aは「恋愛差別を受けた事例」，Bは「恋愛差別を受ける可能性があると思ったが受けなかった事例」である。Bは差別を受けなかったが，在日コリアンにとって恋愛差別が現在も問題であることをよく示す事例であるためここで紹介する。

資料6-1　若い世代の在日コリアンの恋愛差別に関する事例

　事例(1)　Aさんは近畿地方生まれの男性で，インタビュー時点（2019年）で27歳。Aさんは小さいころから自身が在日コリアンであることを知っていた。高校生のときに帰化しており，現在は日本国籍である。日常生活では日本名を使用しており，Aさんが在日コリアンであることを知らない友人もいる。しかし，Aさんは民族性を隠そうとしているわけではなく，「在日ってことを言うタイミングがなかった」からだという。

　大学生の頃にできた恋人にも，「いつか言わなあかんな」と思っていたが，自身の民族性を告げることができなかった。なぜなら，恋人がしばしば韓国に対して否定的な発言をしていたからだ。恋人は祖父から在日コリアンに関する否定的な話を聞かされており，韓国や在日コリアンに対して悪いイメージを持っていたという。実際，Aさんが自身の民族性を告げると，「なんで今まで言ってくれなかったの」と強く問い詰められた。Aさんは「在日ってだけでそんな感じになるのがめちゃくちゃショック」だった。その後，「お互い気まずく」なり，最終的に別れた。

　事例(2)　Bさんは九州地方生まれの女性で，インタビュー時点（2017年）で22歳。父親は日本人，母親は在日コリアン3世で，Bさん自身は日本国籍である。Bさんが小学校高学年のときに母親からハーフであることを教えられたという[3]。そのときは「他の人と違うって感じがして嬉しかった」と感じたという。

　Bさんは19歳の時に叔父から民族性が理由となって失恋した経験を聞き，「結婚とか考えると向こうの親がどう思うかが重要やで」と言われたという。この時，Bさんはすでにハーフであることを恋人に告げていた。しかし，「〔叔父の〕話を聞いて，もう一度ちゃんと言おうって思った」。なぜならば，「〔交際を〕反対される可能性があるって理解してもらわないと〔いけない〕」と考えたからだ。幸い，恋人の親族との間にトラブルは起きず，Bさんはこの恋人と結婚した。

出典）筆者のインタビュー調査から作成[4]

　これら2つの事例から在日コリアンの恋愛差別について何を理解することができるだろうか。まず，Aの事例からわかることは，現在もなお恋愛差別があるということだ。恋愛差別は解消された問題ではないことを確認しておきたい。

　また，恋人が祖父の話を聞いて在日コリアンへの悪いイメージをもっていたことも注目に値する。これは，偏見が世代間で継承される場合があることを示唆している。Ａの事例は，世代間で継承された偏見が，恋愛差別（や韓国に対する否定的な発言）という形で現れたと考えることができる。

　Ｂの事例は，恋愛差別を受けていないという点においてＡとは対照的である。しかし，彼女は恋愛差別と無縁だったわけではない。彼女も恋愛差別を受ける可能性を考慮していたからだ。

　Ｂの事例を理解するには，海野道郎による「差別状況」という概念が参考になる。海野は客観的に観察可能な「差別行動」と，差別行動が生じると予測される状況である「差別状況」を概念的に区別した（海野　1978：101-102）。この区別を用いると，Ｂの事例からは，在日コリアンは実際に「差別行動」の被害者にならない場合でも，差別を受ける可能性を考慮しなければならない「差別状況」を生きていることがわかる。このように，**差別の問題性は，被差別体験そのものだけではなく，「差別状況」を生きざるを得ないという点にもある。**

　近年では，民族的な違いは在日コリアンの恋愛や結婚を阻害する決定的な要因ではなくなっているのではないか，という指摘もある（佐々木　2016：32）。確かに，恋愛差別が改善している面もあるだろう。しかし，ここで示したように在日コリアンの恋愛差別は現在も深刻な問題である。

5 民族とはどのようなものか：人種，国民との比較

　ここまで差別について説明してきたが，社会学の差別研究は民族研究と密接なつながりをもって発展してきた。たとえば，R. E. パークは1920年代に人種的・民族的な偏見や差別に関する研究を行った研究者のひとりであるが，彼の関心は差別・偏見を一類型とする民族関係にあった。パーク以外にも民族に注目した研究は古くから行われており，現在もなお主要な領域であり続けている。

　差別と同じように，民族も定義が難しい概念である。そこで，類似概念であ

る「人種」と比較しながら説明しよう。**民族**と**人種**の違いは，前者が文化的共通性に注目したのに対して，後者は生物学的共通性に注目している点である。人種は15世紀から17世紀にかけての大航海時代以降に使用された概念である。この時代には，ヨーロッパ人と有色人種との接触が増え，ヨーロッパ人は有色人種の身体的差異に関心を寄せた。そして，身体的差異に基づいて人間を生物学的に分類する方法として人種概念は発展した（関根　1994：2）。

　一方，**民族は文化的共通性に注目した人間の分類方法**である。ここでいう文化とは，言語や宗教，生活様式，習慣などである。文化項目は多岐にわたっているため，文化的共通性の程度は多様である。しかし，幅広い観点からみれば，文化項目を共有する人びとが機関や団体を作ったり，密に社会関係を結んでいることを確認できる。在日コリアンには朝鮮学校や韓国学校があるし，各国に「日本人会」が存在しているといったことだ。こうしたまとまりを民族という。

　また，民族は帰属意識や，同一の出自であるという信念といった，主観的側面に支えられている部分もある（Weber　1976：71；Isajiw　1974＝1996：93）。以下の在日コリアン3世による記述は，民族の主観的側面の重要性を示している。

　　朝鮮半島を離れて日本に生き，日本語を話し，被差別という経験をし，日本文化と家庭内の朝鮮文化とを基盤に，在日韓国・朝鮮人社会を築いたのが私たち在日韓国・朝鮮人だ。私のような日本の学校に通っていた3世ともなれば，朝鮮半島の土も空気も知らない。ネイティブ・タン（自国語）としての朝鮮語も知らない。知っているのは朝鮮民族の血が私にも流れていることだけ。（姜信子　1990：117）

　日本で生まれ育った在日コリアンは，文化的には日本人と共通している点が多い。それにもかかわらず，在日コリアンがひとつの民族として成立する背景には，「朝鮮民族の血」といった，出自に対する信念や，それにもとづく帰属意識が存在しているのである。在日コリアンのように，同一民族の人びとによ

る集団を**エスニック集団**といい，エスニック集団そのものや集団が表出する態度や意識，行為の総体を**エスニシティ**という（関根　1994：4-5；金明秀　2009：66）。

　民族の主観的側面に注目することで，**国民**との違いも明確になる。国民は，国家への所属によって人びとを分類する概念であるが，個人が所属する国家と，帰属意識の対象である集団が異なっている場合もある。たとえば，日本国籍を取得した後も民族名を名乗る人びとは，政治的な所属は日本であるが，もとの民族に対して帰属意識を有しているとみなすことができる。

6 アメリカのエスニシティ研究 ：メルティング・ポットからサラダボウルへ

　前節で言及したパークがアメリカの社会学者であるように，アメリカは民族研究が盛んに行われてきた国のひとつである。なぜなら，アメリカには多数のエスニック集団が存在していたため，エスニック集団をいかにして国民として統合するかが重要な課題であったからだ。つまり，民族研究を必要とするアメリカ社会の現実があったというわけだ。こうした現実から生み出された理論は現在も学ぶべき重要な成果である。そこで以下では，アメリカの研究や事例を中心に，民族関係やエスニシティに関する理論を紹介する。

　アメリカでの移民の統合に関する理論は，1920年代から1960年代中頃まで**同化主義理論**が中心であった（Brubaker　2001＝2016：214-215）。同化主義理論とは，**異なる文化をもつ移民はいずれホスト国の文化を身につけるようになる**，と考える理論である。

　同化主義理論のひとつにパークによる**人種関係サイクルモデル**がある。パークは，同化に至る過程を4つに区分した。(1)エスニック集団が「接触」する段階，(2)「接触」したエスニック集団間に対立などの「競争」が生じる段階，(3)移民がホスト社会の文化に「適応」する段階，(4)移民が出身国の文化や規範を捨てホスト社会の文化に「同化」する段階。パークはこの過程を不可逆的で，近代化の必然的な過程と考えた[5]（関根　1994：62）。

　しかし，同化と一口に言ってもそれはさまざまな次元で生じる。M. ゴードンの**同化過程モデル**はこの点を整理している。ゴードンは同化の過程を7つに区別した。まず，移民がホスト社会の文化を身につける「文化的・行動的同化」だ。これは「文化変容」ともいう。次に，移民がホスト社会の第1次集団に参加する「構造的同化」である。構造的同化が進むにつれ，移民とホスト社会の成員との婚姻が増加し，第3段階である「婚姻的同化」を迎える。これは生物学的同化であることから「融合」ともいう。そして，移民が自身はホスト社会の一員であるという自覚をもつ「アイデンティティ的同化」が生じる。その後，偏見的態度を受けなくなる「態度受容的同化」，差別的行動を受けなくなる「行動受容的同化」が訪れる。そして，エスニック集団間に文化や政治行動における対立がなくなる「市民的同化」を迎える（Gordon　1964＝2000：66-67）。

　このモデルの特徴は文化変容と構造的同化を区別した点である。これは，マイノリティの文化変容が，他の同化が起こらない場合にも生じ得るものであり，文化変容のみの状態が続く可能性もあることを意味する（Gordon　1964＝2000：71）。差別や偏見が強く，構造的同化が困難な場合でも，マイノリティはホスト社会の言語を取得したり，生活様式を身につけたりするということだ。一方，構造的同化は後の同化過程を引き起こす契機になるだろうと述べている（Gordon　1964＝2000：75）。確かに，学校や職場でマイノリティとマジョリティが継続的な関係性をもつことで，結婚したり，偏見が減少することは十分にあり得ることである。[6]

　同化主義理論は，エスニック集団が同化する過程でエスニシティを失うと考える。しかし現実には，1950年代以降エスニシティは活性化し，エスニックマイノリティによる社会運動が巻き起こった。こうした動きを受けて，研究者はなぜエスニシティが活性化するのか，という問いに関心を向けるようになった。

　なぜエスニシティは活性化したのだろうか。この問いに対する説明は，**原初主義**と**動員主義**の2つにまとめることが一般的だ[7]（樋口　2005：26）。原初主義

は，エスニシティは人間にとって本質的で，不変の属性であるため，人びとは
エスニシティに対して原初的な愛着を抱くとする立場である。原初主義は，近
代化にともなう同化への抵抗としてエスニシティが活性化すると考える[8]。

　他方の動員主義は，エスニシティを利害関心や状況に応じて構築されるもの
とみなしている。これはどういうことだろうか。まず，近代化による発展の影
響は，ある地域で生活するすべての人びとに対して均一に及ぶわけではなく，
社会的・経済的格差が生じる。そして，これらの格差がエスニック集団に沿っ
て配分されている時，エスニシティは格差を是正するための社会運動に人びと
を動員する象徴になる。つまり動員主義は，エスニシティの活性化を人びとが
利害関心に応じた結果生じる合理的な現象と考える立場である。

　1950年代以降，エスニシティの活性化は社会運動という形で現れた。それ
では，エスニック集団は社会運動を通じて何を求めたのだろうか。ひとつは社
会的・政治的・経済的な平等である。たとえば，1950年代から行われたアメ
リカの公民権運動は，黒人に対する投票権の制限（識字テストや投票税によって
黒人の投票は事実上制限されていた）や，バスやレストラン，学校といった，あ
らゆる公共施設でみられた人種分離の撤廃を求め，黒人がアメリカ市民として
白人と平等に扱われることを目標としていた。

　もうひとつの目標は，マイノリティに与えられた否定的イメージを払拭し，
社会的承認を獲得することである。こうした運動は**アイデンティティ・ポリティ
クス**とよばれる。「ブラック・イズ・ビューティフル」というスローガンを掲
げた運動は，黒人の身体的特徴や文化に対する否定的イメージを覆そうとする
アイデンティティ・ポリティクスのひとつである。たとえば黒人の身体的特徴
のひとつである縮れた毛髪を強調するアフロヘアの普及は，アイデンティテ
ィ・ポリティクスの成果だ。フォトジャーナリストの吉田ルイ子は1967年の
ニューヨークのハーレム（黒人の集住地区）の様子について，「ちぢれ髪のばし
ます」という張り紙が美容院からなくなり，「男も女も，彼らの生れついたま
まのちりちり髪を，誇り高く，外に向けて，とかしたアフロヘアがほとんど
で，髪をできる限りまっすぐに伸ばそうと，油をてかてかつける者や，毛を染

め直すものなどはごくまれにしか見かけない」（吉田　1979：123）という。これは，黒人が自分たちの身体的特徴（縮れた毛髪）や文化（髪型）を肯定的にとらえた例である。

　アイデンティティ・ポリティクスが承認されるにつれて，社会は多文化的であるとする**多文化主義**が広まった。アメリカを表す標語が，多様な民族が均質的なアメリカ市民になると考える**メルティング・ポット**という発想から，それぞれのエスニック集団が各自の文化を保持したままアメリカ市民として統合されると考える**サラダボウル**という発想へと変化したというわけだ。

　現在では多文化主義は規範的に望ましいとされ，各国で政策にも反映されている。サラダボウルに関する国内の例をあげるならば，在日コリアンが帰化をした後も，民族名を名乗ることができるようになったのはその一例である（かつては，帰化後に日本名を名乗るよう行政指導が行われていた）。

Practice Problems 練習問題 ▶2

写真6-1　　　　　　　　写真6-2

出典）（写真6-1）https://commons.wikimedia.org/wiki/File:Nat_King_Cole_(Gottlieb_01511).jpg（写真6-2）https://commons.wikimedia.org/wiki/File:Jimi_Hendrix_1967_uncropped.jpg（共に2023年2月10日取得）

　写真6-1，6-2は黒人ミュージシャンを例に，「髪をできる限りまっすぐに伸ばそうと，油をてかてかつける者」と，縮れた毛髪を強調する髪型を比較したものである（写真6-1は1940年代に活躍したナット・キング・コール。写真6-2は1960年代に活躍したジミ・ヘンドリックス）。現在，アメリカの黒人アーティストや芸能人の髪型はどちらが多いだろうか。調べてみよう。

7 在日コリアンのエスニシティの現況

　現在では，日本国内でも多文化主義を望ましいとする社会規範が広く行きわたっている。しかし，在日コリアンに目を向けると，在日コリアンのエスニシティは希薄化しており，全体の傾向としては日本人に同化していると言われることが少なくない。たとえば金賛汀は以下のように述べている。

　　祖国を知らない世代の多くは，自分たちを取り囲む日本社会の圧倒的な影響のもとで，父母や祖父母のように民族や共同体への帰属意識を持たず，民族の歴史や文化に対する感情を日々希薄にしている。朝鮮語を話せず，朝鮮の歴史や文化を知らない彼らは，朝鮮人としての自己認識を支える基盤そのものを喪失しているのである。（金賛汀　1983：80）

　その他にも日本名を使用することも同化の指標としてあげていること（金賛汀　1983：32）をふまえると，金賛汀の主張は，「若い在日コリアンほど言語，民族名を始めとした文化項目を喪失しており，それにともなって在日コリアンとしての自己認識が希薄になっている」と要約できる。そこで，この主張に関連するデータを紹介し，在日コリアンのエスニシティの現況についてみていこう。

　古いデータだが，表6-3と表6-4は，1998年に朴一が調査委員長として参加した，ある自治体による調査から，年代別の在日コリアンの民族名の使用状

表6-3　年代ごとの民族名の使用状況

(%)

	20代以下	30代	40代	50代	60代
いつも民族名を名乗っている	7.0	5.5	5.4	4.7	13.2
民族名が多い	14.0	10.9	1.8	2.3	19.1
日本名が多い	23.3	18.2	30.4	46.5	20.6
ほとんど日本名を名乗っている	55.8	63.6	60.7	44.2	44.1
無回答	—	1.8	1.8	2.3	2.9

出典）朴（1999：23）をもとに作成

況と，母国語の理解度を抜き出したものである。まず，民族名の使用状況をみると，民族名の使用者（「いつも民族名を名乗っている」＋「民族名が多い」）の割合は，在日コリアン一世が多くを占める60代がもっとも高い。しかし他の年代をみると，50代や40代はおよそ7％に対して，30代は16％，20代以下（18歳〜29歳）が21％と，若い年代ほど民族名使用者の割合が高くなっている。

　若い年代のほうが民族名を使用する背景には，民族名で差別を受けることが少なくなったことがある。この調査では日本名を名乗る理由も聞いているが，「民族名で差別を受けた経験があるから」という回答が20代以下では2.5％ともっとも低い（30代，40代は約8％，50代は15％，60代は14％）（朴　1999：23）。

　次に母国語の理解度をみていこう。表6-4をみると，「理解できる」と「だいたいできる」の合計は，やはり60代（52.9％）がもっとも高い。その他の年代では，40代（46.4％）がもっとも高く，20代以下（31.4％）は50代（32.6％）と同程度である。また，「理解できる」と答えた人びとの割合は，20代以下が22.1％と，60代に次いで高い。「理解できる」という回答の基準には個人差があるが，20代以下の母国語の理解度は低くないと推測することができる。これらのデータからは，民族名の使用と言語に関しては，必ずしも若い年代ほど文化項目を喪失しているわけではないといえる（ただし，「できない」の回答も多いため，理解できる層とできない層に二分化されているという解釈が妥当だろ

表6-4　年代ごとの母国語に対する理解度

(%)

	20代以下	30代	40代	50代	60代
理解できる	22.1	16.4	19.6	9.3	35.3
だいたいできる	9.3	10.9	26.8	23.3	17.6
あまりできない	18.6	16.4	21.4	39.5	26.5
できない	50.0	56.4	30.4	25.6	16.2
無回答	—	—	1.8	2.3	4.4

出典）朴（1999：23）をもとに作成

144

う)。

　一方で，金の主張に対して，在日コリアンとしての自己認識を獲得するにあたって，文化項目を身につけていることがどれほど重要なのか，と問うこともできる。この点に関連するインタビューのデータを紹介しよう。

資料6-2　若い世代の在日コリアンのエスニシティに関する調査事例

　事例(3)　Cさんは関東地方生まれの男性で，インタビュー時点（2022年）で26歳。父親は日本人，母親は在日コリアン3世で，Cさん自身は日本国籍である。また，日常生活の全ての場面で日本名を使用している。Cさんは現在，在日コリアン青年の民族団体の副会長を務めているが，韓国語は話せず，団体が行う式典で韓国の国歌斉唱があるときも「毎回口パク」と笑う。

　Cさんは言語や国籍といった文化項目は身につけていないが，自分は在日コリアンだというアイデンティティを強く持っている。また，在日コリアンというエスニック集団の定義においても，国籍や言語よりもアイデンティティが重要だと考えており，「名前とか，国籍とか，言葉は生まれた環境で左右されるけど，アイデンティティなら自分である程度選べる。むしろ，いつの間にか身につけているものより，自分は在日なんだ，って選ぶことのほうが大切だと思う」と語る。

　現在，民族団体で副会長を務めている理由に関して，「これから俺みたいな〔日本国籍で韓国語が話せない〕在日が増えると思うんだけど，それでも，アイデンティティ持ってたらあなたも在日なんだ，って伝えられる」からだと言う。

出典）筆者のインタビュー調査から作成[9]

　Cの事例で注目したいのは，彼は文化項目を身につけていないが，在日コリアンとしてのアイデンティティを強くもっており，民族団体に活発に参加している点である。これは，文化項目を身につけていなくても，在日コリアンとしての自己認識を獲得することができることを示している。彼がアイデンティティを獲得した経緯は割愛するが，文化項目の喪失は必ずしもアイデンティティの喪失にはつながらないということを確認しておきたい。

　また，Cが「在日コリアン」を定義する際に，文化項目よりもアイデンティティを重視している点も注目に値する。在日コリアンを定義するにあたって，文化項目を身につけていることよりも，アイデンティティを重視する立場があるということだ。民族は文化項目と主観的側面によって定義されると説明したが，**在日コリアンのエスニシティは文化項目だけではなく，アイデンティティとい**

った主観的側面に支えられている部分も大きいことがわかる。つまり，朝鮮語を話せず，日本名を使用する在日コリアンが増加していることは，エスニシティの希薄化（日本人への同化）に直結するわけではないといえるだろう。

8 望ましい民族関係に関する研究

　本章では，差別と民族に関する概念と理論を説明した。これらは膨大な蓄積のある領域であり，本章で触れることができたのはその一端にすぎない。

　ところで，本章では民族差別という「望ましくない民族関係」に関して説明してきた。しかし，「望ましい民族関係がいかにして可能か」という観点からの研究も行われてきた。こうした研究による重要な知見のひとつは，「バイパス仮説」である（谷　2015：174）。これは，谷富夫を中心とした調査グループが行った，在日コリアン集住地区での調査から導かれたものだ。

　バイパス仮説とは，「社会構造＝生活構造の中で『民族』役割以外のさまざまな地位―役割関係に基づく協働関係（symbiosis）を迂回路として，その過程で互いの民族性を尊重しながら共同関係（conviviality）を形成する」（谷　2015：368）というものだ。友人や隣人といった，民族とは直接的に関係がない領域での社会関係を迂回路（バイパス）として，互いが民族性を顕在化しながらもそれを尊重しあう，望ましい民族関係が形成されるのではないか，ということだ。「職場の同僚になれば，即仲良くなれるなどという単純なものではない。だが，さりとて職場の同僚にならなければ，仲良くはなれない道理である」（谷　2015：175）という表現は，バイパス仮説のイメージをよく伝えている。

　民族差別に限らず，差別は今もなお深刻な現代的課題のひとつである。そのため，差別の実態を記述し，説明するための研究は今後も必要だ。しかし一方で，「バイパス仮説」のように，差別を克服し，望ましい関係を形成するための手がかりを探ることもまた，重要な社会学的課題である。

Practice Problems 練習問題 ▶ 3

　あなたが考える「望ましい民族関係」とはどのようなものだろうか。それを達成するためにはどのような条件があるだろうか。

📝 注 ⋯⋯

1) 規模の小さな支配集団（エリート）や，規模の大きな被支配集団（被抑圧大衆）もある（新保　1972：15）。アパルトヘイト下の南アフリカ共和国における白人は前者の例であり，黒人は後者の例である。

2) D. O. シアーズと P. J. ヘンリーは現代的レイシズムには4つの信念があるという。(1)黒人はもはや多くの偏見や差別に直面していない。(2)黒人が進歩できないことは彼らが十分に努力しないから。(3)黒人は過大な要求をしている。(4)黒人はすでに過大な権利を得ている（Sears & Henry　2008：260）。

3) 在日コリアンの確定的な定義は今のところ存在していないが，本章では谷富夫の「戦前・戦中の日本の植民地支配のもとで朝鮮から日本へ来た者とその子孫で，韓国・朝鮮籍をもっているか，もしくは，たとえ日本国籍を取得した後も自民族への一体感や帰属意識を何ほどか抱きつつ日本に定住している人びと」（谷　1995：135）という定義を採用する。事例(2)のBや，後述する事例(3)のCが，ハーフだが在日コリアンとしてのアイデンティティをもっていることをふまえ，ハーフや帰化者を含むこの定義を採用した。

4) Aへのインタビューは2019年7月9日に，Bへのインタビューは2017年8月7日に行った。

5) 同化主義理論は近代化論を土台にしている。近代化論は，社会の近代化によって人びとの行動の動機づけや価値観が属性原理から業績原理に変化するとみているが，この変化は同化を容易にすると考えられるからだ。

6) 8節で説明する「バイパス仮説」は，継続的な関係性を基礎に形成される望ましい民族関係に注目したものであり，ここでのゴードンの指摘を理解するにあたって参考になる。

7) これら2つの立場はアメリカの社会学だけではなく，さまざまな地域で行われた社会学や文化人類学の研究を基礎としている。ただし，このまとめ方への批判もある（吉野　1997：24）。

8) 原初主義は本質主義的であり反科学的だと批判されてきたという一面もある（佐藤　2017：35）。しかし，近年では原初主義を新たな視点からとらえなおそうとする動きもある。R. ブルーベイカーによる「認知的視座」はそのひとつだ。入門書の範囲を逸脱するため，ここでは詳しく紹介できないが，佐藤成基（2017）が参考になる。

9) Cへのインタビューは2022年12月14日に行った。

参考文献 ···

Allport, G. W., 1954, *The Nature of Prejudice*, Addison-Wesley Publishing Company.（＝1968，野村昭・原谷達夫訳『偏見の心理』培風館）

Brubaker, R., 2001, "The Return of Assimilation？: Changing Perspective on Immigration and its Sequels in France, Germany, and the United States", *Ethnic and Racial Studies*, 24（4）: 531-548.（＝2016，高橋誠一訳「同化への回帰か？─フランス，ドイツ，アメリカにおける移民をめぐる視座の変化とその帰結─」佐藤成基ほか編訳『グローバル化する世界と「帰属の政治」─移民・シティズンシップ・国民国家─』明石書店：200-231）

朝鮮奨学会，2021，「韓国人・朝鮮人生徒学生の嫌がらせ体験に関する意識調査」（2022 年 9 月 9 日取得，http://www.korean-s-f.or.jp/05-06.htm）

福岡安則・金明秀，1997，『在日韓国人青年の生活と意識』東京大学出版会

Gordon, M. M., 1964, *Assimilation in American Life: The Role of Race, Religion, and National Origins*, Oxford University Press.（＝2000，倉田和四生・山本剛郎訳『アメリカンライフにおける同化理論の諸相─人種・宗教および出身国の役割─』晃洋書房）

樋口直人，2005，「エスニシティの社会学」梶田孝道編『新・国際社会学』名古屋大学出版会：24-42

池田喬・堀田義太郎，2021，『差別の哲学入門』アルパカ

Isajiw, W. W., 1974, "Definitions of Ethnicity", *Ethnicity*, 1（2）: 111-124.（＝1996，有吉真弓・藤井衣吹・中村恭子訳「さまざまなエスニシティ定義」青柳まちこ編・監訳『「エスニック」とは何か─エスニシティ基本論文選─』新泉社：73-96）

姜在彦，1996，『「在日」からの視座　姜在彦在日論集』新幹社

金明秀，2009，「エスニシティの測定論（1）─在日韓国人青年意識調査から─」『関西学院大学社会学部紀要』108：63-74

金賛汀，1983，『故国からの距離─在日朝鮮人の〈日本人化〉─』田畑書店

金友子，2016，「マイクロアグレッション概念の射程」『生存学研究センター報告』24：105-123

姜信子，1990，『ごく普通の在日韓国人』朝日新聞社

Memmi, A., 1968, *L'homme dominé*, Gallimard.（＝1971，白井茂雄・菊池昌実訳『差別の構造─性・人種・身分・階級─』合同出版）

Merton, R. K., 1957, *Social Theory and Social Structure*, Free Press.（＝1961，森東吾ほか訳『社会理論と社会構造』みすず書房）

永吉希久子，2014，「被差別体験ついて」在日本大韓民国青年会編『第 4 次在日韓国人青年意識調査　中間報告書』在日本大韓民国青年会：41-45

朴一，1999，『〈在日〉という生き方─差異と平等のジレンマ─』講談社

佐々木てる，2016，「『民族的差異』は恋愛・結婚を阻むのか」『家族研究年報』

148

41：21-34

佐藤成基，2017，「カテゴリーとしての人種，エスニシティ，ネーション―ロジャース・ブルーベイカーの認知的アプローチについて―」『社会志林』64(1)：21-48

Sears, D. O. and P. J. Henry, 2008, "The Origins of Symbolic Racism", *Journal of Personality and Social Psychology*, 85(2): 259-275.

関根政美，1994，『エスニシティの政治社会学―民族紛争の制度化のために―』名古屋大学出版会

新保満，1972，『人種的差別と偏見―理論的考察とカナダの事例―』岩波書店

Sue, D. W., 2010, *Microaggressions in Everyday Life: Race, Gender & Sexual Orientation*, Wiley.（＝2020，マイクロアグレッション研究会訳『日常生活に埋め込まれたマイクロアグレッション―人種，ジェンダー，性的志向：マイノリティに向けられる無意識の差別―』明石書店）

高史明，2015，『レイシズムを解剖する―在日コリアンへの偏見とインターネット―』勁草書房

谷富夫，1995，「在日韓国・朝鮮人社会の現在―地域社会に焦点をあてて―」駒井洋編『講座外国人定住問題　第2巻　定住化する外国人』明石書店：134-161

――，2015，『民族関係の都市社会学―大阪猪飼野のフィールドワーク―』ミネルヴァ書房

海野道郎，1978，「差別の概念と測定」『関西学院大学社会学部紀要』36：97-108

Weber, M., 1976 [1911], "Ethnische Gemeinshaftsbeziehungen", in *Wirtschaft und Gesellshaft*, J. C. B. Mohr.（＝1977，中村貞二訳「種族的共同社会関係」『みすず』211：64-81）

安田浩一，2015，『ヘイトスピーチ―「愛国者」たちの憎悪と暴力―』文藝春秋

吉田ルイ子，1979，『ハーレムの熱い日々―Black is Beautiful―』講談社

吉野耕作，1997，『文化ナショナリズムの社会学―現代日本のアイデンティティの行方―』名古屋大学出版会

自習のための文献案内

① 池田喬・堀田義太郎，2021，『差別の哲学入門』アルパカ
② 関根政美，1994，『エスニシティの政治社会学―民族紛争の制度化のために―』名古屋大学出版会
③ 樋口直人，2014，『日本型排外主義―在特会・外国人参政権・東アジア地政学―』名古屋大学出版会
④ 谷富夫，2015，『民族関係の都市社会学』ミネルヴァ書房
⑤ メンミ，A. 著，菊池昌実・白井成雄訳，1996，『人種差別』法政大学出版局

　①は近年の成果を盛り込んだ「差別の哲学」の入門書。「統計的差別」といっ

た，本章で扱えなかった重要概念も紹介している。② はエスニシティ論に関する研究書。本章で説明した概念や理論がより詳細に説明されており，次に読む本として最適である。③ はヘイトスピーチデモを行う団体を対象とした研究書。差別を行う人びとを対象とした研究は思いのほか少ないため貴重な研究成果である。④ は都市社会学における民族関係論の研究書。民族関係論を研究する人はまず読んでみるとよい。⑤ は差別論の古典。同じ著者に『差別の構造—性・人種・身分・階級—』があるが，こちらの方が手に入りやすい。

.

第7章

環　　境
——快適環境づくりが引き起こす葛藤

牧野　厚史

1 社会学的方法

　私たちは，環境問題を次のように考えている。大気汚染や水汚染などは，環境に働きかける人間が引き起こすのだから，問題の解決には，環境への人間の働きかけ方を変える必要がある，と。それは間違いではない。しかしながら，環境社会学では，人間と環境との関係ではなくて，社会と環境との関係に注目する。では，社会は，どのように環境の問題に関わるのだろうか。**快適な環境**づくりが引き起こす人びとの葛藤から，この点を考えてみよう。

　人は誰しも，快適な環境のもとで暮らしたいと願っている。もちろん，何を快適と考えるのかは，人によってもちがうだろうが，合意できる部分もあるはずだ。たとえば，自宅のそばに，森林や小さな川などの自然環境があってほしいと思う人も多いだろう。また，歴史的な建造物や，公園（都市公園），保育園などの人びとがつくる快適な環境もある。人口1人当たりの公園面積や保育園数は，自治体の住みよさ比較などで参照される，おなじみの指標である。

　その快適な環境であるはずの公園や保育園が，音の問題でゆれている。子どもの声がうるさいという苦情が，近隣の住民から寄せられているからだ。子どもの声はそんなに大きな音なのかと思うかもしれない。音響工学の専門家が保育園で実施した音の測定によると，100人程度の子どもたちが園庭遊びをする際の音の大きさは，70デシベルを超える，という（橋本　2016：916）。これは，住宅地だとうるさいと感じるレベルである。もちろん，この大きさの音がいつも出ているわけではないし，そのまま近隣の住宅に伝わるわけでもない

が，多数の子どもたちが遊ぶ声は，近くで聞くとかなり大きな音だといえる。

　人間と物理的な音との関係からみると，公園や保育園の音の問題は，音の大きさ（音量）というシンプルな問題のようにもみえる。政府は，環境基本法に基づき，大気汚染や水質汚染などと同様に，騒音の音量についても，確保すべき環境の基準を定めている。こうした明快な基準があるのならば，対策の必要性について関係者が合意することも容易なはずである。

　ところが，実際は逆だ。2022 年，近隣の住民から**騒音苦情**を受けた自治体が公園廃止を決めたことが地元紙で報じられたが，この報道がきっかけとなり，公園を利用する子どもの声の問題が注目された[1]。また，公園以上に注目されているのが，保育園から出る音の問題である。保育園の音の問題では，設置者への近隣住民からの苦情だけではなくて，設置者との交渉がこじれ，住民が保育園を訴えるケースや，住民たちが音への不安を理由に，保育園の開設に反対するケースも，新聞記事やテレビのニュースで報じられている[2]。

　一方，それらのニュースでは，しばしば，子どもの声は騒音とみなせるのかという問題が提起される。その背景には，待機児童問題解消という国の方針にそって，都市部の自治体を中心に，保育園の数を大幅に増やしてきたことがある。仕事に追われる親たちにとって，子どもを預けられる保育園が近隣に増えていくことは，確かに好ましいことだ（前田　2017：3-36）。

　ここで，音の問題について，社会学の視点を取り入れてみよう。環境社会学には，騒音問題についての研究の蓄積がある[3]。ここでは，伊丹空港の騒音問題に詳しい，金菱清の指摘をみてみよう。金菱は，暴走族の騒音と飛行機騒音との対比から，飛行機騒音の問題への社会学的な見方を紹介している（金菱　2014：115-121）。その主張点をみておこう。

　まず，住宅地を爆走する暴走族の騒音について考えてみよう。私たちが暴走族の騒音にむけるまなざしはたいへん厳しい。実際，ウェブ上では，暴走族の騒音について，警察に取り締まり強化を求める投稿を数多くみつけることができる。一方，飛行機の騒音については事情が大きくことなる。私たちは，騒音としては暴走族の騒音よりはるかに大きい飛行機騒音には，「寛大」になる傾

向がある，と金菱はいう。

　「飛行機は，（近隣住民への＝牧野）振動も伴うために暴走族よりもはるかに
うるさい騒音源です。ひどい騒音にさらされると鼻血が出てしまう人もいま
す。しかし，わたしたちは飛行機の利用を社会的に『逸脱』しているとは思い
ません。おそらく飛行機の騒音に対するわたしたちのまなざしは，暴走族の爆
音に対する厳しい目よりも，どこか『寛大』です。音の凄まじさにもかかわら
ず，しかたがないと思わせてしまう理由があるのではないでしょうか」（金菱
2014：116）。

　飛行機騒音にくらべて，はるかに小さな音である暴走族の騒音に私たちが厳
しい理由とは何だろうか。それは，暴走という行為の社会的な「逸脱」の程度
が大きいからだ。逸脱とは規範から外れた行為のことである。暴走行為は，確
かにルールを破る迷惑な行為である。すなわち，騒音問題には，音を出す行動
の「逸脱」という，物理的な音の大きさとは別の基準が関わるのである[4]。

　騒音問題について，「逸脱」のような社会の側の基準を論じるのは，飛行機
騒音という，深刻な被害の問題を検討するためである。暴走族の騒音よりもは
るかにうるさい飛行機騒音に私たちが「寛大」な理由は，逸脱の程度が小さい
からである。しかし，広範な人びとの騒音への優しいまなざしは，飛行機騒音
にさらされる空港周辺の住民たちに問題の提起を諦めさせる仕組みにもなりう
る。「しかたがないと思わせ」るという金菱の指摘は，住民たちの苦痛をみえ
なくしていく社会の危うさをさしている（金菱　2014：116）。

　このように，騒音問題は，音の大きさだけではなくて，環境を利用し音を出
す人びとと被害を受ける人びととの間の関係，つまり社会が関わる問題であ
る。このことは，通常は環境問題とはみなされないような騒音問題である，公
園や保育園をめぐる地域の人びとの葛藤にもあらわれている。

　もし，公園や保育園に隣接する住民たちが，子どもたちの声の問題を**暴走族
騒音型の騒音問題**と考えて，音の原因を徹底的に排除するならば，公園や保育
園を利用する近隣の子どもたちや親たちは騒音を発生させる逸脱者（非社会的
な存在）とされ，住民たちと彼らを分断させてしまうことになるだろう。他方

で，近隣住民たちに，子どもたちの声への「寛大」なまなざしを一方的に求めるだけだとしたら，**飛行機騒音型の騒音問題**のように，集中して騒音にさらされ続ける側の苦しみには目を向けないということになりかねない。

環境社会学では，環境に働きかける人びとの関係が，環境問題の行方を左右する点に注目する。それは，環境を利用する人びとの社会から，環境に生じる問題を分析する研究であるといえる。そのような研究を現場で積み重ね，問題の生じる仕組みを社会の側から解きあかし，その解決にも寄与しうる知見を引き出そうとするのである。

Pract/ce Problems 練習問題 ▶1

あなたにとっての騒音とは何だろうか。なぜ，騒音だと思うのかを話しあってみよう。

2 現代社会論と環境問題

環境問題は，環境に働きかける人びとの社会関係の問題でもある。ただ，同じ環境を利用していても，多くの場合，人びとの意見は一致しない。これは当然だし，多様な意見による集団形成は問題解決の手段を増やす面もある。しかし，それが**社会の分断**をまねくとすれば問題である[5]。以下では，環境問題の歴史をたどりながら，環境を利用する人びとの分断について考えてみよう。

大気汚染や水汚染，水俣病やイタイイタイ病のような公害問題を環境問題とよぶようになったのは，1960 年代から 70 年代にかけてである。この時期には，環境問題の出現を告げる古典的著作が，世界的にも次々に出版された。アメリカ合衆国の生態学者，レイチェル・カーソンが書いた『沈黙の春』（Carson 1962＝1964）や，ローマ・クラブレポート『成長の限界』（Meadows et al. 1972＝1972）などである。公害・環境問題のパイオニアともいうべきそれらの著作が人びとに衝撃を与えたのは，そこで紹介された事態が，それまでなかった問題の出現を示していたからである。では，どの点が新しかったのだ

ろうか。

　人びとが周囲の自然環境への働きかけに失敗して損失を被ることを**環境問題**とよぶならば，環境問題は古くからあった。農村での水や山をめぐる村同士の争いもそのひとつである。歴史的な環境問題には，環境に働きかける人びとの試行錯誤といえるものも多かったと考えられる。村同士の争いは，長い目でみると，川などの環境を共同利用するルールの確立など，生活にとって好ましい結果をもたらす場合もあったからである（玉城ほか編　1984：15-26）。では，20世紀の後半以降の公害・環境問題は，古くからあった，人びとの試行錯誤の現代版なのだろうか。

　環境問題の研究者の多くは，そのようには考えていない。その理由についてはさまざまな説明の仕方があるものの，以下の2点については合意があるように思われる。第1に，公害・環境問題では，水俣病のような生命と関わる深刻な被害問題が，長年にわたり放置された点である。被害者の運動が登場するまで，試行錯誤という是正の動きは生じなかった。第2に，問題の放置には，『沈黙の春』などで指摘されたように，戦後の世界に広がった大量生産・大量消費という経済成長の仕組みが関与していた点である（石井ほか編　2010：ix）。

　もとより，被害放置の問題は，日本の公害問題の重要な特徴であり，多くの研究がある。ただ，大量生産・大量消費という経済成長の仕組みの下で，なぜ試行錯誤のプロセスが始動しにくいのかという点に関心が向かうようになったのは最近のことである。そのきっかけのひとつは，東京電力の福島第一原子力発電所で生じた事故である。東京に電力を供給する企業の施設が引き起こした原子力災害は，周辺市町村の人びとに避難を余儀なくさせ，10数年たっても帰還困難区域の全面解除は実現していない。史上最悪の公害（藤川　2012：45）といわれるこの事故では，全国各地の避難者や事故の影響をうけた地域社会の苦闘が続いている。その一方で，日本社会全体としては，原子力発電の技術を信頼し使おうという，「信用の復活劇」も進行中である（鳥越　2018：xi）。その中で，大量生産・大量消費というシステムと環境問題との関連にも，再び関心が向かうようになったのである（植田　2018：86）。

　ここで，環境に働きかける人びとの分断という事象に関心を戻すと，問いは次のようになる。戦後の社会で常識とされてきた大量生産・大量消費というシステムの下で，なに故に，私たちは同じ環境を利用している他者への関心を失っていくのかという問いである。この問いを，社会システムの内部と外部という，人間社会の構造から解きあかしてみせた社会学者がいる。現代社会論の研究者，見田宗介である[6]。

　現代社会論は，20世紀後半以降の現代社会を研究して，その社会の特徴や，その向かう方向を明らかにしようとする研究である。見田の関心も，情報化と消費化により豊かさを実現した現代社会の特徴にある。では，戦後社会の構造は，どのように，公害のようなすさまじい環境悪化にいたるプロセスへの人びとの無関心を生みだしたのか。以下，見田の研究を要約しつつ，その仕組みについて紹介しよう（見田　1996：67-84）。

　見田は，『沈黙の春』と『成長の限界』などの古典的研究や，『水俣』，『環境』（地球環境），さらには『南北問題』の例を取り上げながら，大量生産・大量消費という経済成長のシステムには，システム外の人びとが直面する問題の深刻化に気づけなくする構造的な仕組みがあると述べ，この仕組みを「**間接化の構造**」とよんだ（見田　1996：75）。見田は，大量生産・大量消費という常識的な消費社会の理解は，厳密にいうと，「無限幻想」にとらわれた錯覚だという。錯覚というのは，現実のシステムは，図7-1のように，「『大量採取→大量生産→大量消費→大量廃棄』という，資源的／環境的に両端を限定」されており，資源の大量採取と廃棄物の大量廃棄という「両端の項をその『外部』の諸社会，諸地域に転嫁する」ことによって成り立っているからである（見田1996：74）。にもかかわらず採取と廃棄の両端がみえなくなる仕組みが「間接化の構造」である。見田によれば，この構造が，「大量消費社会の内部の人びとの日常意識」や，人びとの言説にみられる「無限幻想」を支えることになる。

　このように，大量生産・大量消費のシステムの自立性を信じる人びとは，システム内部に理由がない限り，外部の人びとのおかれた状況に関心をもたないことになる。「間接化の構造」のもとで，システムの内部の人びとは，資源の

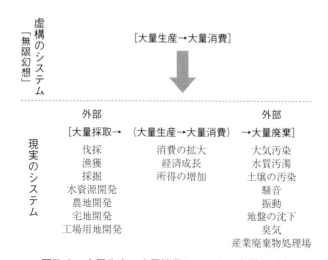

図7-1　大量生産・大量消費システムの虚構と現実

出典）見田（1996：68）の図に加筆

採取や廃棄物の廃棄の外部空間と，そこに住む人びとへの関心をうしなっていくのである。

　現代社会論の研究者である見田の意図は，それらの外部問題を臨界として社会が受けとめ，問題の解決を内部化しうる社会の能力を示すことで，情報化／消費化社会の将来展望を描くことにある。だが，ここでの関心は，「間接化の構造」とその効果である，相互無理解や相互無関心に基づく人びとの分断状況にある。

　「間接化の構造」がもたらす人びとの分断状況は，水俣病のような公害の被害が，なぜ産業化の外縁に位置づけられた人びと，すなわち農民，漁民，住民に集中したかを説明する。一方で，冒頭で述べた，現代の公園や保育園の音をめぐる人びとの葛藤の仕組みにも示唆をもたらす。子どもの声は，公園の利用や保育というサービスを受け取る人びとには明るく響く声だが，毎日聞かされる周辺の住民にとっては，やっかいな音かもしれない。そこに生じる人びとの葛藤の解決には，「間接化の構造」を直視する必要がある。

　こうした，人びとの分断をもたらす現代社会の仕組み（「間接化の構造」）は，

誰がどのように変えていくことができるのか。この点を，日本の環境社会学の
モデルからみておこう。

3 環境社会学の登場

　ここで，環境と環境社会学について，説明を入れておこう。環境（environment
＝取り囲むもの）とは，人間社会を取り巻くあらゆるものだが，環境社会学の
出発点となったのは，自然環境との関係である。自然環境は，呼吸に必要な大
気，飲み水など，人間の生存と生活の維持にとって，たいへん重要な位置を占
めている。前節の古典的研究にみられるように，現代社会では，産業化にとも
なう自然環境の悪化が環境問題の自覚の契機となっている。

　環境社会学（environmental sociology）は，環境と社会との相互作用を研究
する分野である。環境社会学という言葉は戦後間もない時期の日本の社会学者
の著作にも使われているが，研究分野の名称としては，1970年代のアメリカ
合衆国の社会学者たちが，はじめて用いた。第二次世界大戦後，世界の産業化
の中心となり，**消費化社会**を迎えたアメリカ合衆国では，開発にともなう自然
環境の劣化や，水の過剰利用，大気汚染による健康被害などが生じた。それら
は，人間存在の「物理的，生物的，物質的基礎」に生じてきた問題だったが，
多くの社会学者たちはあまり関心を払わなかった（Humphrey & Buttel　1982＝
1991：1）。一方，主流派の研究にあきたらない社会学者たちは，物理的環境と
社会との関係を扱う，新しい社会学が必要だと考えた。社会学者たちの間には
むろんさまざまな考え方があったが，**環境社会学**の主な提唱者たちは，その理
論的な根拠を，自然保護運動の理論的バックボーンである**エコロジー**に求めた
（Catton & Dunlap　1978＝2005：342-344）。

　一方，日本の環境社会学は，エコロジーではなくて，「居住者，生活者，被
害者の視座」から研究をスタートさせている（飯島　1993：7）。これは，何と
いっても，公害における農民，漁民，住民の被害問題を研究する必要性が実感
されたことがある。方法論のレベルでいうと，住民を主人公にすることによっ

て，周囲の自然環境と人びとの相互作用を重視する点に特色がある。この方法は，環境への関わり方が，地域コミュニティを単位としてルール化されることが多い日本社会の実情にも由来している。それらは，以下の節でも触れたい。

④ 相互無理解という分断をこえて：環境社会学の挑戦（1）

　日本の環境社会学の特徴については，環境社会学者の長谷川公一が以下の4点に適切にまとめている。① 加害―被害関係の重視，② 分析の焦点を地域社会レベルにおく，③ フィールドワークの重視，④ 生活者の視点の重視，という4点である（長谷川　2021：203）。この4点は，見田のいう，「間接化の構造」にも対応している。

　説明しよう。大量生産・大量消費のシステムを維持するためには，その外部に採取の空間，廃棄の空間をもつ必要がある。そこは，水資源開発により水のような資源を得たり，産業廃棄物を収納できる土地を確保したりする場所になっているかもしれない。だが，その場所には人びとの営みがある。環境社会学の関心のひとつは，そこに住む人びとの営みから問題を眺めたら何ができるのか，という点にある。その際，社会学者たちは，人間生存の危機ではなくて，人びとの生活保全に強い関心を向けた。人びとは，自分たちの住む場所を，単に生き延びられるだけの空間とは考えてはおらず，よりよい環境に住みたいと願っていると仮定したからである。

　以下では，この仮定のもとで，どのようなモデルが登場したのかを説明していこう。まず，環境に働きかける人びとの分断の問題性を指摘した研究として，被害構造論と受益圏・受苦圏論，さらに環境と関わる人びとの結びつきの発見と回復を重視する研究として，生活環境主義とコモンズ論を取り上げよう。それらの4つのモデルは，日本の環境社会学の古典的モデルといってよい。

Practice Problems 練習問題 ▶ 2

　環境問題を考える時，生き延びることを目標に解決を考えると，さまざまな不都

合に直面する。それはなぜかを考えてみよう。

　最初に，水俣病のような公害や，薬害などの問題における被害の研究から生まれた，被害構造論というモデルについて説明しよう。被害構造とは，社会学者の飯島伸子による造語で，被害の当事者の視野からみた被害の総体は，構造として存在する，という意味である。

　公害の問題は，企業などの加害側の人びとと被害を受ける人びととの関係によって成り立つ。環境と関わる人びとの間に，加害者と被害者という社会構造が生じる点に，公害による被害問題の特徴がある。それは，公害の問題について，公害訴訟が成り立つ理由でもある。

　しかし，社会構造が明確であることは，被害の中身が明らかであることを意味しない。公害の被害者が企業に損害賠償を求めた，水俣病をはじめとする4大公害訴訟は，1970年代前半までに，原告のほぼ完全な勝訴の判決が確定している。にもかかわらず，今も患者認定をめぐって訴訟が続いているのは，被害の中身を明らかにできていないからである。

　こういうと，自然科学的な調査が不十分だからではないか，そう思うかもしれない。だが，理由はそれだけではない。生命・健康被害は，「人間関係などさまざまな領域や地域社会に拡大していく実態」があるからだ（浜本　2001：176）。被害の拡大には，公害病の患者が受けてきた，差別や偏見による苦痛や，人間関係の崩壊も含まれる。生活構造論というモデルが明らかにしようとするのは，こうした被害の総体である。

　飯島によれば，被害の構造は，被害のレベルと被害度およびそれぞれに関わる社会的要因から成り立つ。被害のレベルは，①生命・健康，②生活（包括的意味における生活），③人格，④地域環境と地域社会の4レベルの様態として把握できるが，それらの被害レベルは連鎖し，続いていく。たとえば，一家の生計を担う家族員が健康被害により倒れたら，他の家族員にも影響が及ぶ。飯島は，負の連鎖は，地域社会の人間関係を分断し，足尾鉱毒事件のように，住民たちが生活を打ち切らざるを得ないほどの地域社会の荒廃を招く可能性が

あり，それらが被害の総体を形成する，という（飯島　1984：77-146）。

　飯島は，被害構造論を構想する際，1970 年代の都市社会学における生活構造論を参照したという（飯島　2000：8）。この時期の生活構造論の基本的な考え方については本書の補章で論じられるので，ここでの詳しい説明は省くが，よりよく生きる，という人間主体の欲求を出発点としている点に特色がある。よりよく生きるという主体の欲求が，社会的な条件の下で，生活の組み立て方に固有の構造をもたらすとされる。

　したがって，生活構造を下敷きにした飯島の被害構造論にも，公害というインパクトの下で，よりよく生きたいという，被害者自身の生活上の願いが背景にある。ここでの関心に引きつけると，加害側の企業や，遠くから問題を眺める人びとの無理解・無関心という社会の分断状況を超えるには，まず，被害者当事者の視野からみた被害の問題の全体像をみえるようにすることが必要だという指摘になるだろう。

　つづいて，受益圏・受苦圏論を紹介しよう。公害問題では，そこで生活する住民（農民と漁民）が，工場（加害源企業）から一方的に被害を受けた。そのため，加害—被害関係を軸とした分断状況は，概念的には明確だった。しかし，1970 年代半ばから注目されるようになった大規模開発の問題では，よりみえにくい分断を取り上げる必要がでてきた。開発をめぐる人びとの葛藤は，土地利用上の競合問題として受け止められがちだったからである。ダム建設や大規模工業団地建設による立ち退きや，新幹線の騒音などによる環境の変化は，住民たちにとっては理不尽そのものだったが，大規模開発には，社会の広範な人びとに理不尽とは思わせない仕組みが備わっていた。それが，みんなのためになる公益の実現という大義である。

　開発にはかならず実現すべき公益が用意される。たとえば，工業団地開発だと，若者の就職先の増加や，自治体の収入増によるサービス向上などである。しかし，地元住民の反対を押し切り事業を強行すると，紛争は長期化し，泥沼状態に陥るケースが少なくない。たとえば，東海道新幹線では，1964 年の開業直後から被害が発生し，1974 年には，住民による国鉄に対する名古屋新幹

線公害訴訟が提訴され，その後，紛争は長期化することになった（舩橋ほか1985：31-53）。1986年，住民と国鉄（現JR東海）の間で和解が成立したが，問題は完全には解決していない（青木　2020：67）。

　このような大規模開発における紛争の長期化を分析する中で考案されたのが，受益圏・受苦圏論である。受益圏・受苦圏論は，みんなのためという大義の下で行われる大規模開発が，人びとを，利益を得る空間（受益圏）と，被害を受ける空間（受苦圏）とに分離することで成り立つ点を明らかにする。舩橋晴俊らの新幹線公害の研究にそって説明しよう（舩橋　1985：72-81）。

　新幹線公害では，騒音などの被害を受ける人びとの住むエリアは，線路にそって細長く伸びている。この空間が受苦圏である。一方，新幹線は確かに便利な乗りもので，利益はある。この利益を受ける人びとの空間が，受益圏になる。新幹線では受益圏と受苦圏は重なるようにみえるが，そうではない。そもそも多くの人は，頻繁に新幹線を使うだろうか。利用客の数自体は多いので，全乗客の利益を足し合わせた利益全体は大きいが，一人ひとりをみると，利益はそれほど大きくはない。そうすると，朝の始発から夜の終電まで，住居が揺れるほどの騒音の被害を打ち消す利益があるといえるだろうか。このように，受益圏と受苦圏の人びとの分離が紛争を長期化させてきたのではないかと考えることができる（舩橋　1985：72-81）。

　受益圏・受苦圏論は，舩橋晴俊や梶田孝道によって考案されたモデルである（舩橋　1985：61-94；梶田　1988：3-30）。大規模開発の現場で反対する人びとは，みんなのための事業という大義があるために，地域エゴのようなわがままを通す人びとというレッテルをはられることがある。だが，受益と受苦という，人びとの分離に注目すると，公益性という言葉が隠してきた，加害と被害の理不尽な構造がみえてくる。それは，受苦への人びとの無理解を，受益圏・受苦圏の分離という現代社会の構造にそってモデル化したのである。

　以上述べた2つのモデルを，別のいい方でまとめると，以下のようになる。環境問題の中でも，公害や大規模開発は，人びとの集団同士の対立がわかりやすい問題のようにみえる。公害での加害者・企業と被害者の関係や，開発側の

政府・自治体と住民たちとの対立などである。だが，環境社会学のモデルは，対立の背景にある，より広い社会における人びとの分断状況を提起する。自分には無関係という思い込みにより，被害の放置を容認したり，受益圏に所属することへの自覚をもたなくなったりする社会の仕組みをみようとしているのである。その意味で，分断状況を問題として明らかにする2つのモデルは，分断を超える将来の社会を展望しているといえる。

　これに対して，以下で紹介する生活環境主義とコモンズ論は，環境と関わる人びとの結合の発見・回復に焦点をあてる。

5 人びとの結合の発見・回復：環境社会学の挑戦(2)

　生活環境主義は，1980年代前半に，鳥越皓之，嘉田由紀子，古川彰らの社会学者たち，さらには，社会学以外の研究者も加わった，滋賀県の琵琶湖湖畔における環境史調査の中で提唱された，環境問題分析のためのモデルである（鳥越・嘉田編　1984；鳥越編　1989：14-53）。

　このモデルには，顕著な特色がある。それは，環境問題解決の視点を，そこに住む人びとの生活の立場に据えた点である。住民参加のまちづくりが流行する今では，あたり前の立場に思う人もいるだろう。だが，その住民たちが，生活排水によって湖の水を汚している人びとだったらどうだろうか。生活の立場に疑問をもつ人がでてくるかもしれない。

　琵琶湖は，淀川水系の上流に位置する日本最大の湖である。湖の水は河川の水となり，下流にあたる都市部，たとえば京都や阪神間の都市用水として利用されている。その水源である琵琶湖では，1970年代の末から80年代初頭にかけて，大規模な赤潮が発生した。赤潮は，水質汚濁のひとつである富栄養化の進行により発生し，魚類の大量死や，水に臭いをもたらす。当時の琵琶湖では，下流都市の人びとや，工場が使う水を増やすための水資源開発が進捗中であり，湖水の富栄養化は，近畿地方というスケールで注目され，社会問題化した。

　琵琶湖の周囲は基本的には農村地帯で，排水を垂れ流す大工場があるわけで
もない。そこで，水質の専門家たちは，周囲の集落から流れ込む生活排水中の
栄養塩に注目したが，長期間貧栄養の状態に保たれていた湖に，なぜ栄養塩の
流入が急増したのかという疑問があった。その謎の一端を解いてみせたのが，
集水域農村での社会学者を中心とする共同研究だった（鳥越・嘉田編　1984）。

　社会学者たちは，窒素やリンなどの栄養塩の物質循環ではなくて，琵琶湖の
湖畔農村における人びとと水との付き合い方に関心を向けた。近畿地方の人び
との貴重な水源を誰が汚しているのかではなくて，そこに長らく住み続けてき
た農村の人びとが，なに故に水を汚すようになったのか，という環境史研究に
視点を切り替えたのである。この視点の切り替えは，日本農村社会学の生活論
（生活組織の理論）に学んだと，モデルの主な提唱者である鳥越は述べている
（鳥越・嘉田編　1984：ii）。こうして実施された環境史研究によって，湖の水質
汚濁と関わる2つの事実がわかってきた。

　第1に，ほとんどの集落では，湖水ではなくて，湖に流れ込む小河川や水路
などの水を生活に利用していた点である。日本列島の川や湖の環境は，季節的
にかなり大きく変動するので，琵琶湖のような大きな湖のそばは住みづらい。
また，そもそも，湖の水は滋賀県では一番低いところにある。その水を引き上
げて使うには，ポンプが必要だ。人びとは，自然流下する限られた小河川や水
路の水を利用してきたが，そのためには川掃除など，手入れなどに労力を提供
する，コミュニティの関与が必要だった。第2に，湖の環境問題と生活様式の
近代化との関係である。近代化以前の用水確保と排水処理は，セットで水利用
システムを構成した。流水利用では，排水の処理が不適切だと，他者に迷惑を
かけるからである。ところが，赤潮発生当時，人びとは自分たちの生活排水の
行方に関心をもたなくなっていた。社会学者たちは，この関心低下を，戦後の
上水道普及による小河川・水路の水利用の減少と関連づけた。上水道の導入が
人びとの水への関心を低下させ，水環境を制御するコミュニティの人びとの結
束を弱め，琵琶湖の富栄養化を促進した可能性があると結論づけたのである。

　調査に加わった社会学者たちは，この研究をもとに，生活環境主義というモ

デルを提起した。自然環境保護をもっとも重視する自然環境主義や，近代技術
に信頼をおく近代技術主義という 2 つの環境主義（環境保全のための組織，価値
観を総体としてとらえた概念）に対し，地元の人びとがつくる生活保全のシステ
ムに視点を据えて，解決策を探ろうというのである。生活保全のシステムは，
多くの場合は，自治会や校区自治協議会などのコミュニティを基礎とした住民
組織がそれにあたる。

　このモデルでは，研究の焦点を，生活を一定程度共有している住民たちにお
く。その上で，住民たちが小河川や水路などの身近な環境を維持できる仕組み
を分析する。その分析から，環境に働きかけている人びとの関係がみえてくる
からだ。この点は，次に述べるコモンズ論と関連がある。ローカルな人びとの
資源の共同管理に焦点をあてて，人びとの「協働」の実現を構想するという意
味で，コモンズ論は，社会的な分断の弊害を減らす方策を打ち出したともいえ
る（三俣ほか編　2010：5-9）。

　ここでコモンズ論の説明に入ろう。コモンズ（commons）とは，平たくいえ
ば入会（いりあい）のことである。日本列島の農村では，個々の家のものであ
る屋敷地，田畑のような農地とは異なり，農地の外側の草原や森林を，共同利
用の場所としているところが多い。その場所が入会で，村落の人びとが一定の
ルールにしたがって，任意に利用できるようにしている。地域によっては，大
きな川の河原やため池，地元でハマとよばれる湖岸や干潟が共同利用される場
合もある。

　入会は，明治期以降，弱体化し続けてきた。その理由は 2 つある。ひとつ目
の理由は，明治期に導入された法的な所有制度に，共同利用という形態が適合
しにくかったことがある。法的な所有制度の下では，原則として，土地は個人
の私有か，政府・行政の公有のどちらかになるからである。もうひとつの理由
は，利用実態の変化である。戦後になると，肥料や飼料，燃料採取という利用
は減少し，共同利用地を個々の家に分けて植林をしたり，開発用地として売却
したりするケースも増えたが，今でもかなりの面積の林野が入会となっている
（山下　2011：5-9）。

　ただ，現代のコモンズは，入会よりもずっと広い内容を含んでいる。たとえば共同利用を可能にしている入会のアイデアを，都市の再生に活かす施策が始まっている。手入れ不足によって公園が荒廃している場合，もし行政が地域住民組織に権限を一部委任すれば，住民たちが，住民組織の責任で，一定のルールに基づいて，手を入れることができたりする。これは実際に試みられている（高村　2012：55-79）。こうした都市再生とコモンズとの関係は，冒頭の騒音をめぐる葛藤の問題の行方にも示唆を与える。

　さらに，水質汚濁のような問題への対処にも，入会のアイデアの応用が有効な場合がある。琵琶湖湖畔の農村部では，子どもたちを夏に集落の川で遊ばせる取り組みをしている地域がある。川遊びには危険がともなうので，大人が見守るのであるが，関わる住民（＝子どもたち）の拡大という点に注目すると，入会の応用のひとつともみなせる。子どもたちが遊べるようにすることは，川掃除など，川と関わる活動への住民の参加を促すことにもなるからだ。別の言い方をすると，住民生活と川とを近づける取り組みだといえる。

　では，コモンズとは，どのような仕組みなのであろうか。このモデルを日本の社会学に紹介した社会学者のひとりである井上真は，自然資源の共同管理制度，および共同管理の対象である資源そのもの，と定義する（井上　2001：11）。また，もうひとりの紹介者である宮内泰介は，地域の住民が共同で所有・利用・管理している自然環境や土地という，住民の環境への発言力に引きつけた定義をし，最近では，共有の自然資源，あるいは共同管理している自然や資源を指すようになっているとも指摘する（宮内　2009：49）。ニュアンスは異なるものの，共通するのは，共同の関わり方，すなわち公有でも私有でもない，利用者みんなで管理するものという環境への関わり方である。

　コモンズとは，もともとはイギリスの入会のことである。この言葉が普及したのは，自然科学者のギャレット・ハーディンが，著名な学術誌サイエンスに寄稿した論文「コモンズの悲劇」（Hardin　1968）によってだった。ハーディンは，入会に見立てた地球環境の将来を論じた。結論では，人びとの利己的な振る舞いにより，コモンズ（地球環境）の崩壊は避けられず，崩壊の回避には，

コモンズを私有化するか公有化する以外に道はないと主張した。

　このハーディンのコモンズ廃止論は，資源の共同利用の仕組みへの関心をむしろ高めた。世界の各地で，コモンズの仕組みは弱体化しつつあったが，その原因は，人びとの利己的な振る舞いというよりも，植民地政策の悪影響や，政府の国有化政策によるものが多かった。一方，安定したコモンズのある社会では，そのことが人びとの生活の充実に寄与しているという指摘もあった。そのため，コモンズの弱体化による人びとの生活崩壊への危機感が地元の人びとだけではなくて，実践家や研究者の間にも高まったのである。このように，生活崩壊の危機回避と生活の充実という，住民生活上の２つの大切な方向を含んでいたことが，コモンズ論が研究者や実践家の間に広く受け入れられた理由であるように思われる（宮内　2001：144-164；井上　2001：213-215）。

6 日本の環境社会学からの社会学への貢献

　環境社会学には，社会学の応用的研究であるというイメージがあるかもしれないが，むしろ，社会学の挑戦者たちだと考えてもらうとよい。環境は，社会生活の舞台である。その舞台となる環境の問題について，社会学だったら何がみえるのかを提示しようとするからだ。１節で取り上げた，快適な環境を揺るがす音の問題もそのひとつである。

　音の問題は，個別性が高く，詳細な調査を行わないと具体的な解決策をだすことは難しい。ただ，第４節，第５節で紹介した環境社会学の４つの古典的モデルをもとにすると，目指すべき方向はみえてくるはずだ。第１に，この問題を暴走族騒音型や飛行機騒音型の問題にしてしまうことは，人びとの分断を拡大するために，望ましくない方向である。もし，暴走族騒音型の問題として公園や保育園を排除するなら，子育てをする親たちの生活構造をゆがめ，思いがけぬ負の連鎖をもたらすかもしれない。だからといって，近隣の人びとにただ我慢を強いるだけの飛行機騒音型に近づけることも，好ましくない選択である。この選択は，受益圏と受苦圏の分離を拡大し，紛争を長期化させていくこ

とになりかねない。生活環境主義からすれば，そこに住む人びとのよりよい生活への願いを損なうものである。

だとすれば，選ぶべき道はみえている。それは，いくつかの公園などで試みられているように，公園や保育園を地域の住民を巻き込んだコモンズに近づけていく方向である。もちろん，そのためにはさまざまな工夫が必要である。それは，防音対策の実施などの，公園や保育園の設置者の側の工夫だけではなくて，住民の側にも，参加や対話が可能なきちんとした組織づくりが求められるだろう。

その際，重要なことは，快適な環境に生じる環境問題の解決では，原則として，環境に働きかける人びととの共存が必要となる点である。共存への人びとの努力が，その地域にとっての好ましい解決策を導くことが多いのである。

最後に，環境社会学の話に戻ろう。これは日本の環境社会学の特色かもしれないが，環境社会学の研究は，基本的にはフィールドワーカーが行う研究である。フィールドワークをもとに，環境と社会の相互作用を研究し，人びとの悩みや喜びにこたえることが，その研究の醍醐味ということになる。

本シリーズの第5巻，『入門・環境社会学』は，こうしたフィールドワークをとおしてみた水問題の研究成果を軸に編集されている。ぜひ手にとってほしい。本章は，その前座ということになる。

✎ 注 ···

1）「子どもの声がうるさいから公園が廃止…それでいいの？揺れる長野市の現地で徹底取材〈声のチカラ〉」（『信濃毎日新聞デジタル』2022.12.2）。

2）「『園児うるさい』と訴訟，原告の敗訴が確定」（『朝日新聞』2017.12.22.朝刊），「（どうする保育）保育園新設，また難航 住民ら計画に賛否 武蔵野・吉祥寺」（『朝日新聞』，2017.9.21.朝刊，東京都心版），「保育所うるさい!? 都自治体7割で苦情 対策苦心 訴訟例も」（『読売新聞』2014.12.3，夕刊，東京夕刊）など。

3）たとえば，近隣騒音問題を取り上げた大門信也（2008）などがある。

4）騒音の問題は，物理的な音の大きさと，人びとが感じる不快な苦痛の大きさとの間にズレがある。そのため，聞く人の心理との関わりを重視する人もいる。しかし，集合的な現象としてみた場合の騒音の苦痛は，都市の環境との相互作用に

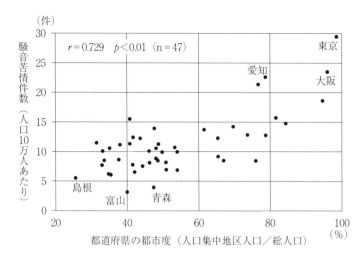

図7-2　騒音苦情件数（都道府県）と都市度

出典）総務省統計局「令和2年　国勢調査結果」および公害等調整委員会事務局
「令和2年度　公害苦情調査結果報告書」より作成

よる社会的な事実である。図7-2 は，都道府県について，受け付けた騒音への苦
情件数と都市度（総人口における人口集中地区人口の割合）との関連性をみたも
のである。2020 年の騒音苦情件数が多かったのは東京都や大阪府，愛知県，逆
に少なかったのは富山県や青森県，島根県などである。大まかには都市度が高い
ほど，騒音への苦情件数が多くなっていることがわかる。

5）分断（social division）は，現代日本社会論のキーワードのひとつである。たと
えば，塩原良和・稲津秀樹編（2017），吉川徹（2018）など。とくに吉川は，分
断の要件を ① 境界の顕在性，② 成員の固定性，③ 集団間関係の隔絶，④ 分配
の不均等としており，分断の定義の試みとして注目される。

6）公害への人びとの無関心について，見田宗介の理論に注目し，社会の分断とい
うニュアンスで再検討を行ったのは植田今日子（2018）である。本章でも大いに
参考にさせていただいた。謹んで故人に謝意を捧げる。

■ 参考文献 ……………………………………………………………………………………

青木聡子，2020，「公害反対運動の現在—名古屋新幹線公害問題を事例に—」『社会
学研究』104：63-89

Carson, R., 1962, *Silent Spring*, Houghton Mifflin.（＝1974，青樹簗一訳『沈黙の
春』新潮社）

Catton, W. R., Jr. and R. E. Dunlap, 1978, "Environmental Sociology: A New

Paradigm", *The American Sociologist*, Vol.13.（＝2005，長谷川公一抄訳「環境社会学—新しいパラダイム—」淡路剛久・川本隆史・植田和弘・長谷川公一編『リーディングス環境第1巻　自然と人間』有斐閣：339-346）

大門信也，2008，「責任実践としての近隣騒音問題—『被害を訴えることの意味』の規範理論的考察—」『環境社会学研究』14：155-169

藤川賢，2012，「福島原発事故における被害構造とその特徴」『環境社会学研究』18：45-59

藤川賢・友澤悠季，2023，「公害はなぜ続くのか—不可視化される被害と加害—」藤川賢・友澤悠季編『なぜ公害は続くのか—潜在・散在・長期化する被害—』新泉社：12-27

舩橋晴俊，1985，「社会問題としての新幹線公害」舩橋晴俊・長谷川公一・畠中宗一・勝田晴美『新幹線公害—高速文明の社会問題—』有斐閣：61-94

舩橋晴俊・長谷川公一・畠中宗一・勝田晴美，1985，『新幹線公害—高速文明の社会問題—』有斐閣

浜本篤史，2001，「公共事業見直しと立ち退き移転者の精神的被害—岐阜県・徳山ダム計画の事例より—」『環境社会学研究』7：174-189

橋本典久，2016，「保育園での子どもの遊び声に関する騒音測定調査—子どもの遊び声の音の大きさとその特性について—」『日本建築学会環境系論文集』81（729）：909-917

長谷川公一，2021，『環境社会学入門—持続可能な未来をつくる—』筑摩書房

原田正純，1972，『水俣病』岩波書店

Hardin, G., 1968, "The Tragedy of the Commons", *Science*, 162: 1243-1248.

Humphrey, C. R. and F. R. Buttel, 1982, *Environment, Energy, and Society*, Wadsworth Publishing Co.（＝1991，満田久義・寺田良一・三浦耕吉郎・安立清史訳『環境・エネルギー・社会—環境社会学を求めて—』ミネルヴァ書房）

飯島伸子，1984［1993］，『環境問題と被害者運動』学文社

——，1993，「序章」飯島伸子編『環境社会学』有斐閣：1-8

——，1998，「総論　環境問題の歴史と環境社会学」舩橋晴俊・飯島伸子編『講座社会学　12　環境』東京大学出版会：1-42

——，2000，「地球環境問題時代における公害・環境問題と環境社会学—加害−被害構造の視点から—」『環境社会学研究』6：5-22

井上真，2001，「自然資源の共同管理制度としてのコモンズ」井上真・宮内泰介編『コモンズの社会学—森・川・海の資源共同管理を考える—』新曜社：1-28

——，2001，「地域住民・市民を主体とする自然資源の管理」井上真・宮内泰介編『コモンズの社会学—森・川・海の資源共同管理を考える—』新曜社：213-235

石井寛治・原朗・武田晴人編，2010，『日本経済史5—高度成長期—』東京大学出版会

梶田孝道，1988，『テクノクラシーと社会運動—対抗的相補性の社会学—』東京大

学出版会

金菱清, 2014,「受苦　環境問題と公共性」金菱清『新体感する社会学』新曜社：
　114-128

吉川徹, 2018,『日本の分断―切り離される非大卒若者（レッグス）たち―』光文
　社

公害等調整委員会事務局, 2021,「令和 2 年度 公害苦情調査結果報告書」(2023 年
　7 月 1 日取得, https://www.soumu.go.jp/kouchoi/)

前田正子, 2017,『保育園問題―待機児童，保育士不足，建設反対運動―』中央公
　論新社

三俣学・菅豊・井上真編, 2010,『ローカル・コモンズの可能性―自治と環境の新
　たな関係―』ミネルヴァ書房

見田宗介, 1996,『現代社会の理論―情報化・消費化社会の現在と未来―』岩波書
　店

宮内泰介, 2001,「住民の生活戦略とコモンズ―ソロモン諸島の事例から―」井上
　真・宮内泰介編『コモンズの社会学―森・川・海の資源共同管理を考える―』新
　曜社：144-164

――, 2009,「コモンズという視点」鳥越皓之・帯谷博明編『よくわかる環境社会
　学』ミネルヴァ書房：48-50

Meadows, D. H., D. L. Meadows, J. Randers and W. W. Behrens, 1972, *The Limits
　to Growth: A Report for the Club of Rome's Project on the Predicament of
　Mankind*, New York: Universe Books.（＝ 1972, 大来佐武郎訳『成長の限界―
　ローマ・クラブ『人類の危機』レポート―』ダイヤモンド社）

塩原良和・稲津秀樹編, 2017,『社会的分断を越境する―他者と出会いなおす想像
　力―』青弓社

総務省統計局「令和 2 年 国勢調査結果」(2023 年 7 月 1 日取得, https://www.
　e-stat.go.jp)

高村学人, 2012,『コモンズからの都市再生―地域共同管理と法の新たな役割―』
　ミネルヴァ書房

玉城哲・旗手勲・今村奈良臣編, 1984,『水利の社会構造』東京大学出版会

友澤悠季, 2014,『「問い」としての公害―環境社会学者・飯島伸子の思索―』勁草
　書房

鳥越皓之編, 1989,『環境問題の社会理論―生活環境主義の立場から―』御茶の水
　書房

――, 2018,『原発災害と地元コミュニティ―福島県川内村奮闘記―』東信堂

鳥越皓之・嘉田由紀子編, 1984,『水と人の環境史―琵琶湖報告書―』御茶の水書
　房

山下詠子, 2011,『入会林野の変容と現代的意義』東京大学出版会

植田今日子, 2018,「離島をやめたシマ―沖縄県古宇利島の架橋をめぐる『関節化』

の葛藤─」鳥越皓之・足立重和・金菱清編『生活環境主義のコミュニティ分析─環境社会学のアプローチ─』ミネルヴァ書房：85-107

自習のための文献案内

① 鳥越皓之・足立重和・金菱清編，2018，『生活環境主義のコミュニティ分析─環境社会学のアプローチ─』ミネルヴァ書房
② 原田正純，1972，『水俣病』岩波書店
③ Carson, R., 1962, *Silent Spring,* Houghton Mifflin.（＝1974，青樹簗一訳『沈黙の春』新潮社）
④ 見田宗介，1996，『現代社会の理論─情報化・消費化社会の現在と未来─』岩波書店
⑤ 牧野厚史・藤村美穂・川田美紀編，2024，『入門・環境社会学』学文社（近刊）

　①は，環境社会学の古典的モデルのひとつ，生活環境主義の視点からの環境問題の研究書。数多くの論文が収録されており，自分が興味をもつ分野の論文をみつけやすい。②は，水俣病について知るための必読文献のひとつ。③は，アメリカ合衆国のエコロジー運動や環境社会学に大きな影響を与えた公害・環境問題研究だが，読み通すには生態学の知識が必要。④は，現代社会論の中に公害・環境問題を位置づけた社会学の文献で，わかりやすい。⑤は最新の入門書である。

第8章

社会調査
──方法を理解する

山本　努

1 社会調査とは

　社会学の使命は「現代社会を解読する」ことである。社会調査はそのための
方法であって，その重要性はいうまでもない。社会調査抜きに，社会の観察
も，分析も，解釈もほぼすべてあり得ないからである。このように重要な社会
調査であるが，**社会調査**とはどのような営みなのか。これについて有力なの
は，安田三郎・原純輔（1982：2）による次の定義である。

- 社会調査とは，一定の社会または社会集団における社会事象を，主として
  現地調査によって，直接（first hand）に観察し，記述（および分析）する
  過程である。

　つまり，社会調査とは，①問題となる社会事象について，②現地に出かけ
ていき，意図的に「見たり」「聞いたり」「調べたり」してデータを集め，③
そのデータを分析し，解釈する営みである。

　ここで，①の**社会事象**とは個人事象との対比で理解しておきたい。たとえ
ば，医者がAさん個人の健康状態を尋ねるのであれば，それは社会調査では
ない（個人事象）。しかし，医者が多くの人びとの健康状態を尋ねて，健康の
社会的分布を明らかにするのであれば，それは社会調査である（社会事象）。

2 社会調査の説明：個性記述と法則定立

　さてこのように，社会調査は社会事象の説明をめざす営みであるが，**社会調**

査の説明の仕方は2つある。個性記述的（idiographic）説明と法則定立的（monothetic）説明の2つがそれである。

　個性記述的とは，「ある特定の個別事例を細密に調べ尽くして，その事例を説明するすべての要因を列挙する」という説明の方法である。いうなれば，「事例の丸ごとの理解」がこの方法である。この方法が典型的にみられるのは，歴史学や臨床心理学や刑事裁判などであるが，社会調査でも重要な方法である（Babbie　2001＝2003a：66）。ただし，すべての原因を調べ尽くすことは難しいので，現実には，それを目指した，できる限りの「多面的な観察（説明）」ということになる。これを示したのが，図8-1の**個性記述的説明**の例である。ここでは，ある特定の人物が偏見をもつにいたった多数の原因が示されている。

　これに対して，法則定立的とは，「多くの個別事例に共通する，一般的要因を見つけ出し，問題となった事象の大体を説明する」というやり方である。たとえば，偏見の有無（＝問題状況（事態）α）は多くの場合，学歴の高低（＝要

個性記述的説明

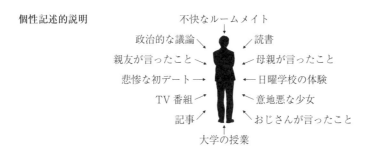

法則定立的説明

図8-1　個性記述的説明と法則定立的説明：偏見についての説明の例

出典）Babbie（2001＝2003a：69）

因 β）が原因になっているといった説明の仕方がそれである。言い換えれば，「個別事情からは離れた一般論での説明」がこのやり方である。これを示したのが，図 8-1 の**法則定立的説明**の例である。この方法は一般的説明だから，それで説明できない事例も出てくる。図 8-1 の例では，「学歴が高い（低い）」と「偏見なし（あり）」であることが多い。しかし，「学歴が高く」ても「偏見あり」の人がいて，「学歴が低く」ても「偏見なし」の人もいる。つまり，法則定立的説明は確率論的な説明になる（Babbie　2001＝2003a：67-68）。

3 社会調査のデータ：量的データと質的データ

社会調査には**質的データ**（＝数値化されていないデータ）と**量的データ**（＝数値化されているデータ）がある。質的データを扱うのが**質的調査**，量的データを扱うのが**量的調査**である。たとえば，人間の知性を表す場合，「賢さ」のさまざまの行動記述は質的データであり，知能指数という数字は量的データである（Babbie　2001＝2003a：28）。

個性記述では質的調査が比較的多く用いられ，法則定立では量的調査が比較的多く用いられる。しかし，個性記述的方法＝質的調査，法則定立的方法＝量的調査と決めつけない方がいい。個性記述には量的調査も利用されるし，法則定立にも質的調査は利用される。

たとえば，『狼に育てられた子』（Singh　1942＝1977）は，オオカミ少女の生活記録で質的調査の古典だが，「環境」→「人間行動」（環境が人間を作る）という有名な法則定立的知見が示された。また，戸田貞三（1927）の『家族構成』は量的調査の古典だが，「わが国の家族構成」について，「量的に測定し，家族構成の実態を明らかにし，それを通して当時の日本家族の性質を知ろうとする」（喜多野　1982：389）。つまり，『家族構成』は当時の日本家族の個性記述の作品でもある。このように個性記述と法則定立，量的調査と質的調査の関係は一筋縄にはいかない。

とはいえ大筋では，「質的データは詳細な情報を含み，個性記述的説明モデ

ルに適している。逆に，量的データは法則定立的な説明モデルに適している」
（Babbie　2001＝2003a：70）とはいえるだろう。

4 社会調査の4つの方法

　社会調査の主な方法は，質的フィールド調査（qualitative field research），質問
紙調査（survey research），実験（experiments），文献調査（documentary research,
unobtrusive research[1]）の4つがある（表8-1）。これら4つは，大枠，

- 量的調査……質問紙調査＋実験（＋文献調査）
- 質的調査……質的フィールド調査（＋文献調査）

といった対応関係となる。文献調査はケースバイケースで量的調査，質的調査
の両方に含まれる。質的フィールド調査には，参与観察と非形式面接（非構造
化・半構造化面接，つまり，臨機応変な自由度の高い面接）が含まれるが，これに
ついては，後にふれる（7節，8節，9節参照）。

　これら4つの方法（質的フィールド調査，質問紙調査，実験，文献調査）の強
みと限界は表8-1のとおりだが，簡便に特色を示せば，以下のようである。

- **質的フィールドワーク**の強みは「内容に富み，詳密な情報」を生み出すこと
  である。つまりここでなされる調査の特徴は，「（事象の）多面的な観察」で
  ある。したがって，ここで本領を発揮するのは，質的データである。質的デ
  ータは豊かな意味を含ませるという点で量的データよりもすぐれているから
  である。ただし，意味が豊かということは，意味があいまいであるというこ
  とになりかねない（Babbie　2001＝2003a：28-30，70）。
- **質問紙調査と実験**の強みは「正確な比較」や「変数の及ぼす影響力の統制」
  である。つまりここでなされる調査の特徴は，「（変数の）統制による説明」
  である。したがって，ここで本領を発揮するのは，量的データである。量的
  データは尺度として用いることができるという点で質的データよりもすぐれ
  ている。ただし，尺度は含まれる意味がひとつに限定されるということでも
  あり，含まれる意味内容が豊富さに欠ける場合もある（Babbie　2001＝

表8-1　社会調査で用いる主要な4つの方法

調査方法	強　み	限　界
質的フィールド調査	・普通，他の方法よりも内容に富み，詳密な情報を生みだす。 ・エスノグラフィーは，社会過程について幅広い情報をもたらすことができる。	・比較的小規模な集団やコミュニティの研究でのみ利用できる。 ・知見は，研究対象となった集団やコミュニティにだけ当てはまる。たった一回のフィールドワーク研究だけで一般化することはできない。
質問紙調査	・多数の人びとに関するデータを，効率よく収集できる。 ・調査対象者の回答を，正確に比較することが可能である。	・収集したデータは表面的なものになりやすい。質問票が極めて標準化されている場合，回答者の見解に見出す重要な差異を看過しやすい。 ・回答は，対象者が実際に確信する事柄でなく，確信しているふりをしたい事柄になる恐れがある。
実　験	・特定の変数の及ぼす影響力を研究者は統制できる。 ・通常，後につづく研究者は，容易に実験を繰り返すことができる。	・社会生活の多くの側面は，実験室で生起させることができない。 ・対象者の反応は，実験という状況の影響を受ける恐れがある。
文献調査	・研究対象となる記録や資料の種類によっては，数多くの事例データだけでなく，もっと詳密なデータの供給源にもなる。 ・もっぱら歴史的な研究であったり，明らかに歴史的側面を問題にする際は，多くの場合，必要不可欠である。	・研究者は，現存する，しかも不完全なものかもしれない資料に依存している。 ・一部の官庁統計のように，その資料がどのくらい現実の傾向を表示するかについて，解釈が難しいこともある。

出典）調査方法の名前は，Babbie（2001＝2003b：3-135）などを参考にして，Giddens（2001＝2004：777）を改変して表記。「強み」と「限界」はGiddens（2001＝2004：777）による

2003a：28-30，70）。

- **文献調査**は，「多面的な観察」にも「統制による説明」にも使えるが，この方法の強み（特徴）はまったく別個の次元にある。つまり，人びと（事象）の直接的観察が難しい場合に威力を発揮することなどである。これについては，次節でさらにふれる。

　そこで，文献調査を別にすれば，社会調査の方法と作品は，「**（事象の）多面的な観察**」と「**（変数の）統制による説明**」という両極をもつ一本の軸の上に配置することができる（図8-2）。ここに示した8分類に示された作品はどれも充実しており，精読がのぞまれる。

5 文献調査(1)：文献 (paper) からの知見

　ところで，現実の社会調査では，前掲（1節）の調査の定義に含まれる，「現地に出かけていき」（現地調査）ということが非常に困難な課題もある。その時に用いられるのが文献調査である。**文献資料**には，書かれた資料（本，新聞，文書，文芸作品など），数字による資料（統計，統計調査など），その他の資料（映画，絵，写真，器具・用具など物体，録音・レコードなど）の3つがある（Duverger　1964＝1968：95）。これらの文献資料を探索・収集・分析するのが文献調査である。

　文献資料は図書館や大学や役所や新聞社や寺院・教会・神社や地域の団体や個人の家などで手に入る。したがって，文献調査は事象の直接の観察という意味での現地調査（field work）とはかなり異なる方法である。そうであるが故に，文献調査は社会調査の中では比較的ウエートは小さいとの見方もある（安田・原　1982：7，304）。

　しかし，文献調査に積極的な意味を付与する有力な見解もある。すなわち，現地調査は調査対象に影響を与える可能性があるが，文献調査は調査対象にまったく影響を与えず，ありのままの状態を観察できる。これは文献調査の非常にすぐれた点である。E. バビー（2001＝2003b：109）はこの点を強調して，文献調査

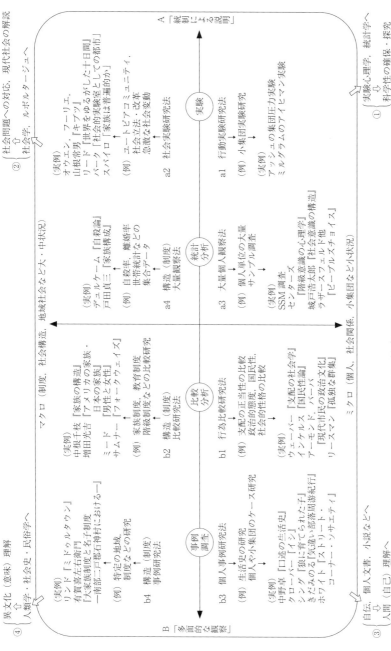

図8-2　社会調査の作品と方法

出典）山本（2010：50-51）

180

表8-2 文献調査による作品事例

研究事例	調査の問題	用いられたデータ
E. デュルケーム『自殺論』（第二編第四章）中公文庫, 1985年	未開社会に自殺はあるか？ 老者・病者, 夫の死のあとを追う妻, 首長の死にともなう臣下の自殺が, 見られる。集団本位的自殺の提示。	報告書, 民族誌, 学術論文など
作田啓一「戦犯受刑者の死生観」『価値の社会学』岩波書店, 1972年	戦犯受刑者の死の意味づけの型を明らかにする。	A級B級C級戦犯701人の遺書。『世紀の遺書』巣鴨遺書編集会編, 1953年, 収録
見田宗介「現代における不幸の諸類型」『現代日本の精神構造』弘文堂, 1965年	「不幸」の形態を手がかりに, 現代の自己疎外の構造を考察。	読売新聞投書「身上相談」
谷富夫「創価学会をめぐる人間類型」『聖なるものの持続と変容』恒星社厚生閣, 1994年	創価学会の入会理由の変化と, 創価学会巨大化の意味を考察。	聖教新聞の信仰体験記事
海野道郎・大工三枝子・山本努「〈正当化〉のメカニズム」『関西学院大学社会学部紀要』37号, 1978年	偏見や誤った信念が, 何故維持され続けるのか？	新聞投書, イザヤ・ベンダサンの書物, 政治家の発言の新聞記事
J. A. L. シング『狼に育てられた子』福村出版, 1977年	人間的行動の源は何か？ 遺伝か？ 環境か？	シング牧師の日記
川本彰『近代文学における「家」の構造』社会思想社, 1973年	家とは何か？ その社会学的考察。	日本の近代文学作品（光太郎, 漱石, 鴎外, 荷風など）
稲村博『自殺の原点』新曜社, 1979年	自殺は人類のいつ頃から始まり, どんな形で行われ, 地域によってどういう異同があるのか？	日本, ヘブライ, ギリシャ・ローマ, 中国, インド, 中近東, ゲルマン・ケルトの神話や古典文学
S. de ボーヴォワール『老い』人文書院, 1972年	過去, 現在の社会が老人をどのように扱ってきたのか, 扱っているのか？	民族誌, 聖書, 哲学書, 文学作品, 民族の叙事詩, 神話など
C. S. フィッシャー『友人のあいだで暮らす』未来社, 1982年	「都市の下位文化」理論の検討。	田舎町, 小都市, 大都市の地元新聞掲載のコミュニティ活動の案内

出典）山本（2010：39）

の方法を**非干渉的（出しゃばらない）調査**（unobtrusive research）とよんでいる。

　バビーのこの命名はまだ一般的ではないだろう。しかし，社会調査の数が増え，調査環境の悪化がみられる今日[2)]，文献調査の非干渉的という利点は強調されてよい。また，文献調査を社会調査の通常の方法に含める見解はむしろ一般的でもある（表8-1；Mann　1968＝1982；May　2001＝2005）。実際，社会調査の名著として名高いデュルケーム『自殺論』も文献調査による作品である。

　さらに文献調査のすぐれた作品の事例は表8-2にある。この内，C. S. フィッシャー（1982＝2003）に出てくる文献資料は表8-3である。フィッシャーの調査の主要部分は現地調査（表8-1の質問紙調査）だが，文献資料を効果的に使うことで，地域別の下位文化の違いを示すという論文の説得力が大きく増している。

表8-3　地域別の下位文化

成長中の山岳町	ワインカントリーの小都市	バークレイ
2つの水泳活動	2つのブリッジクラブ	文化横断夫婦の会（Cross-cultural couples meeting）
3つのバス旅行（動物園，砦，タホ湖）	鉄道模型愛好者の会	黒人女性の会（Black women）黒人共学の会（Black co-eds）
ガールズクラブ	5つのアルコール依存症自主治療協会支部	中年グループの会 レズビアンの親の会（Lesbian parents）
ティーンエイジャー・ダンス	2つのスクエア・ダンス（Square dances）	異性装／性転換願望者交流会（Transvestites ／ trans-sexuals rap）
旅行のスライドを見る会	高齢者のグループ	親子の気軽なグループ（Drop-in group for parents and children）
反射法（Reflexology）のクラス	農民共済組合（The Grange）	円舞（Round dancing）
	メーソン（The Masons）	その他多数

注）カリフォルニアの地元新聞に出ているコミュニティ活動を比較している。バークレイは，サンフランシスコに近い大学町であり，大都会である。
出典）Fischer（2002：198）

6 文献調査(2)：意義と有効性

　前節の議論から**文献調査の意義**については，A. ギデンズ（1989＝1993：667）

の次の指摘が一応，適切なように思われる。「文献調査は……多くの場合取る
に足らないものとされている。しかし，文献データの精査を多少でもともなわ
ないフィールドワークや統計的調査は，ほとんど存在しない。たとえば，『ピー
プルズ・チョイス』でも，新聞等の資料を，調査の準備でも報告書の執筆で
も広範囲にわたって活用していた」。

　『ピープルズ・チョイス』は量的調査の古典である（Lazarsfeld et al. 1968＝
1987）。このような量的調査の作品といえども，量的調査のみからは作られて
いない。『ピープルズ・チョイス』には文献調査も，さらには，フィールドワー
クに基づく具体的なインタビュー調査も効果的に使われている。

　ただし，文献調査の位置づけに関する前記のギデンズの見解は，やや控えめ
すぎるようにも思う。何故ならば，ここで触れられているのは，文献調査のも
つ補助的役割にとどまるからである。ここでは，文献調査はいうなれば，脇役
である。しかし，現実には，文献調査は社会調査でそれ以上の重要な役割を担
っている。実際，文献調査が主役（主な方法）になって生み出された，すぐれ
た作品は少なからずある（表8-2，参照）。これら作品に R. N. ベラー（1957＝
1996）の『徳川時代の宗教』を付け加えるのは文献調査の積極的意味を確認す
るのに役立つだろう。

　『徳川時代の宗教』は文献調査の方法による古典的研究だが，研究の開始時
点では，日米両国での質問紙調査が企画されていた。しかし，研究資金が得ら
れず，（量的質問紙調査の）計画が頓挫し，文献調査の方法を採用した（Babbie
2001＝2003b：131）。その結果得られたのがこの名著である。この例からもわか
るとおり，文献調査の生産力が他の調査方法にくらべて劣るとは決していえな
い。「仮にベラーが最初の計画どおりに……標本抽出された米国市民と日本市
民に対する面接調査を行ったとしたら，このような深い理解を得ることはでき
なかった」（Babbie　2001＝2003b：131）と思われるのである。結局，方法の選
択はケースバイケースで，適切な方法を適切な問題に適用する以外の方策はな
いのである。

7　現地調査(1)
：人びと（people）の観察，参与観察を例にとって

　前節でみたように文献調査は場合によっては，非常に有効な方法である。しかし，文献調査では見えない，したがって，**どうしても現地調査が必要な問題**もある。現地調査の古典に『ストリート・コーナー・ソサエティ』がある。これはそういう作品である。『ストリート・コーナー・ソサエティ』が取り組んだのは，「"イースタンシティ"の中央部にあるコーナーヴィルとして知られるスラム街」である。この地域の生活実態は統計でも，新聞記事でも（＝つまり，文献調査では）見えてこないのである。

　すなわち，統計や観光（視察）（sight-seeing）によって，「（コーナーヴィルの）各家庭に浴槽がほとんどないことや，子どもたちが狭くて汚い路地に群がっていて，少年の非行率が高く，大人のあいだにも犯罪がはびこっていること，そして不況期には，住民の大半が生活保護を受けたり，公共事業促進局（W・P・A）のお世話になっていることがわかるかもしれない」（Whyte　1993＝2000：1）。しかし，このような外部的な観察からは地域の実際の生活はわからないのである。

　さらには，新聞の与える情報も（コーナーヴィルの）非常に特殊な像である。ヤクザの殺人はニュースになるが，ヤクザの日常の平凡な暮らしはニュースにならない。政治家の収賄罪はニュースになるが，「有権者のためにいつものように尽力しているのであればニュースにならない。このように新聞というのは，重大事件，すなわち劇的な出来事だけに関心を集中する」（Whyte　1993＝2000：2）。

　このように文献調査（ここでは，統計や新聞記事）でみえない，（コーナーヴィルの）社会的世界について知ろうとすれば，その唯一の方法は，「コーナーヴィルに住んで，住民の諸活動に実際に参加してみることである。そうすれば，コーナーヴィルというスラム街が，その人にとってまったくちがった姿で現れてくることに気づくはずである」（Whyte　1993＝2000：2）。

このようにして，W. F. ホワイトの現地調査が行われたが，上記のホワイトの方法は質的フィールド調査の中でも**参与観察**とよばれるやり方である。参与観察については，8節9節で触れる。また，質的フィールド調査全般については，谷富夫・山本努（2010），谷富夫・芦田徹郎（2009）などを参照してほしい。

さて，『ストリート・コーナー・ソサエティ』の研究によって，何がわかったか。それは，コーナーヴィルに独自の社会集団があり，そこには行動の規範も存在したことである。「外部の中産階級の世界から見れば，混乱して規律がないように思われる行動も，コミュニティ内の一定の規範にしたがっていたのである。たとえばこのことは，性行動の面においてさえあてはまる。……スラム地域を中産階級に特有の色眼鏡で見ている人は，……スラム地域と中産階級のコミュニティがどのように異なるか何もわからない。……それに対して，私の研究は，その当時のコーナーヴィルの特質を発見しようとしたものであった。そのようにしてこそ，より多くのことを学ぶことができるのである」（Whyte 1964＝2002：56-57）。このホワイトの結論は重要である。何故か。それによって，われわれの住む社会的世界の理解がより進むからである。

8 現地調査 (2)：その類型軸，参与と統制

前節の現地調査の説明では，参与観察が大きく強調された。しかし，現地調査には参与観察以外にもさまざまな方法がある。非形式的面接，質問紙による面接，実験，「野鳥観察」的な観察といった方法がそれである（図8-3）。これらの方法を，前掲の表8-1の方法と対応づければ，次のようになる。これらの全体が現地調査である。

図8-3	表8-1
• 参与観察，非形式的面接，野鳥観察…………質的フィールド調査	
• 質問紙による面接，野鳥観察[3]……………質問紙調査	
• 実験………………………………………実験	

　これに対して，文献調査は文書（paper）を「調べる（＝探索，収集，分析する）」ことであった（5節）。つまり，社会調査には，現地調査と文献調査がある（Mann　1968＝1982：74）。

　では，**現地調査**とはどのような営みか。それは，現地の人びと（社会）を「見たり」，現地の人びとから「聞いたり」することである。この人びとの観察（つまり，現地調査）の方法は，「参与」と「統制」という2つの軸で整理できる（図8-3）。

　「**参与**（participation）」とは，観察対象の人びとに調査者がどの程度，積極的，明示的に関わっているかを示す用語である。社会調査では人びとにじかに問いかけることがしばしばある[4]。これは「参与」の大きな方法である。これに対して，実験（や「野鳥観察」）のように，まったく身を隠しての観察もある。こちらは，「参与」の小さい方法である。

　「**統制**（control）」とは，科学的な厳密性や客観性を保つために「観察」がどの程度標準化されているかを示す用語である。「統制」のもっとも厳密な形は実験だが，質問紙調査もかなりの統制が加えられている。実験では刺激と反応が，質問紙調査では質問の提示と回答の仕方が，大きく制限されているのであ

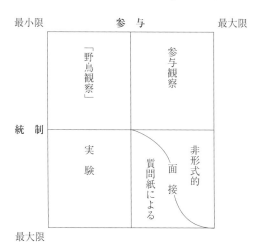

図8-3　現地調査（人々（people）の観察）**の4類型**

出典）Mann（1968＝1982：82）に若干の加筆。山本（2010：41）

る。すなわち，実験や質問紙調査は「統制」の大きな方法である。これに対して，参与観察（や「野鳥観察」）のように，まったく統制のない，つまり物事が起こるがままの観察もある。こちらは「統制」の小さい方法である。

⑨ 現地調査(3)：その類型

「参与」と「統制」からみると，観察の両極は実験と参与観察である。すなわち，図 8-3 に示すように，

　　実験…………「参与」極小，「統制」極大

　　参与観察……「参与」極大，「統制」極小

となって，実験と参与観察が観察の両極端に位置する。

　これに対して，実験に比較的近い観察が質問紙による面接（すなわち，質問紙調査）である。また，参与観察に比較的近い観察が**非形式的面接**である。非形式的面接は，質問紙によらない，したがって，自由で柔軟度の高い，臨機応変の面接である。つまり，

　　質問紙による面接（質問紙調査）……「参与」小，「統制」大

　　非形式的面接（自由で柔軟度の高い，臨機応変の面接）……「参与」大，「統
　　　制」小

と位置づけられる。

　これらを整理すれば，表 8-4 のようである。つまり，現地調査（観察）の主な方法は，「実験⇄質問紙による面接（質問紙調査）⇄非形式的面接（自由で柔軟度の高い，臨機応変の面接）⇄参与観察」と配列できる。

　なお，図 8-3 には，「参与」極小，「統制」極小の「野鳥観察」と名づけられた観察もある。この方法は，社会調査の中ではユニークな作品をもつが，やや副次的であるので，表 8-4 から除いた。この方法ついては，P. H. マン（1968＝1982：119）の次の位置づけが妥当である。

　「**野鳥観察**」は「この技法を用いて，ある家の一室にいる若い女性の普段の行動を観察しようとすれば，おそらく裁判沙汰になるであろう。しかし，この

表8-4 主な現地調査の方法

	参与	統制
実験	極小	極大
質問紙による面接（質問紙調査）	小	大
非形式的面接（自由で柔軟度の高い，臨機応変の面接）	大	小
参与観察	極大	極小

出典）筆者作成

技法は，多くの社会的に承認されている状況の中で用いることができる。調査の『仮説探求』の段階では，ほとんど間違いなく重要なはずである」。

10 現地調査(4)：実験の意義，質問紙調査の位置

　前節でみたように，参与観察の対極は実験であった（表8-4）。この実験の強みは因果関係を明らかにできることである。**因果関係**とは次のように考えるべきである。「A → Bの因果関係とは，Aを人為的に設定したときに必ずBが起こることである」（安田・原　1982：25）[5]。このような因果関係を人為的に設定するのが実験である。したがって，「実験こそが因果関係を直接に確認することができるし，それができるのは実験のみである」（安田・原　1982：25）。このような人為性が**実験の強み**である。

　しかし，人為性は**実験の弱み**でもある。実験室で確認できたA → Bの因果関係は，現実の社会過程では起こらないかもしれない。たとえば，「実験ではアフリカ系アメリカ人の歴史映画が偏見を減少させたとしよう。しかし，同じ映画が国内の映画館で上映された時，観客の偏見が減少するとは限らない」（Babbie　2001＝2003b：25）のである。

　さらには，実験は社会調査の重要な問題に実際に適用するのが難しい。言い換えれば，実験はできないが，重要な社会調査の課題は多い。そこで，実際の社会調査でよく用いられるのは質問紙調査の方法である[6]。ここでは，「因果関係とは相関関係プラス時間の前後である」とゆるやかに定義される[7]。これをも

う少し詳しくいえば，① 原因が結果に先行すること，② 2変数が経験的に相関していること，③ 相関が何か別の第3変数によって説明されないこと，の3つである。この基準は P. F. ラザースフェルドが提起したものだが，今日，広く共有されている（Babbie　2001＝2003a：71）。

⑪ 付論の調査事例紹介のために

さて以上で，社会調査の方法の大枠が示された。以下，8章付論で3つの社会調査の事例を味わっていただく。それらの社会調査から得られた知見の理解も重要だが，その社会調査はどのような方法で行われているかを理解しながら読んでいくといい。

- その調査はまず，現地調査だろうか。文献調査だろうか。
- その調査は量的調査だろうか。質的調査だろうか。
- 個性記述的だろうか。法則定立的だろうか。
- フィールドワークの手法だろうか。質問紙調査だろうか。

このようなことも考えながら，8章付論の調査の事例を学んでいくといいだろう。[8]

Pract/ce Problems 練習問題 ▶ 1

8章付論の調査事例でもっとも興味をひかれたのはどれだろう。そのもっとも興味をひかれた調査の残された課題を考えてみよう。また，その残された課題にアプローチするには，どのような調査を企画すればいいだろう。調査の計画を考えてみよう。

✒ 注 ....

1）文献調査（documentary research, unobtrusive research）のことをドキュメント調査（May　2001＝2005），資料分析（Babbie　2001＝2003b），資料調査（Giddens 1989＝1993：669）と表記（翻訳）する文献もある。これらは，すべて同じ意味である。なお，本章の文献調査という表記は安田・原（1982）に従っている。

2）社会調査環境の悪化は，調査票回収の困難化などに端的にあらわれる。統計数

理研究所の「日本人の国民性調査」は日本のもっともすぐれた社会調査のひとつであるが，この調査においてすら，調査票の回収率は激減している。第 13 回（2013 年），第 14 回（2018 年）調査では今までの最低で 50％となっている（表 8-5）。

表8-5　国民性調査の回収率

(%)

調査年	1953	1958	1963	1968	1973	1978	1983	1988	1993	1998	2003	2008	2013	2018
回収率	83	79	75	76	76	73	74	61	69	64	56	52	50	50

出典）統計数理研究所「日本人の国民性調査」

　このような回収率の激減をふくめて，つぎのような厳しい認識と調査方法論上の課題を示す論者もいる。「現在，『国民性調査』に限らず，社会調査は，それ自体が存続できるか否かのぎりぎりの岐路にある。しかし，調査なくして合理的な行動の決定は不可能である。いまこそ，悪化した調査環境に即応した統計情報の取得法と解析法の研究が急がれなければならない」（坂元　2010：78）。

3）野鳥観察の方法はケースバイケースで，質的フィールド調査にも，質問紙調査にもなる。

4）これについての実際の調査場面でのイメージは谷（2010），高野和良（2010），叶堂隆三（2010）などを参照。

5）因果関係とは，もう少し詳細には，つぎのようである。「A と B とが相関しており，われわれが他の条件を変更することなくわれわれの手で A を取り去るときは，必ず B は消滅し，同じく他の条件を変更することなく A を現象せしめる時，必ず B も現象するならば，A は B の原因であるという」（安田　1970：229）。

6）実験ができない理由は技術的な問題もあるが，倫理的な問題もある。倫理的問題は S. ミルグラム（1965＝1987，1974＝1980）のアイヒマン実験を参照されたい。このような実験は今日では，行うことはできないだろう。

　もちろん，質問紙調査にも技術的制約，倫理的制約はある。しかし，質問紙調査は実験よりも適用範囲はかなり広い。

　なお，社会調査全般にわたる倫理の問題は，本章では取り扱っていない。これについては，高智富美（2010）などから入門すればいいだろう。

7）ここでの因果関係の定義がゆるやかであるという理由は，以下のようである。「因果関係とは相関関係プラス時間の前後である，としばしばいわれている。しかしこれは誤りである。昼は夜にかならず先行するが，昼が夜の原因であるとはいえまい」（安田・原　1982：25）。厳密な因果関係の定義は，10 節の安田・原（1982）の引用，および，注 7）の安田（1970）の引用を参照。

8）なお，本章でふれた『ピープルズ・チョイス』『自殺論』は吉武由彩（2016）に，『ストリート・コーナー・ソサエティ』は桑畑洋一郎（2016）に入門的紹介

があるので，参照するとよいだろう。

📖 **参考文献** ....

Babbie, E., 2001, *The Practice of Social Research*, 9th ed., Wadsworth/Thomson Learning.（＝2003a，渡辺聡子監訳『社会調査法 1―基礎と準備編―』培風館）

――, 2001, *The Practice of Social Research*, 9th ed., Wadsworth/Thomson Learning.（＝2003b，渡辺聡子監訳『社会調査法 2―実施と分析編―』培風館）

Bellah, R. N., 1957, *Tokugawa Religion*, Free Press.（＝1996，池田昭訳『徳川時代の宗教』岩波書店）

Duverger, M., 1964, *Methodes des Sciences Sociales*, Presses Universitaires de France.（＝1968，深瀬忠一・樋口陽一訳『社会科学の諸方法』勁草書房）

Fischer, C. S., 1982, *To Dwell among Friends: Personal Network in Town and City*, The University of Chicago Press.（＝2002，松本康・前田尚子訳『友人のあいだで暮らす―北カリフォルニアのパーソナルネットワーク―』未来社）

Giddens, A., 1989, *Sociology* (Second Edition), Polity Press.（＝1993，松尾精文・西岡八郎・藤井達也・小幡正敏・叶堂隆三・立松隆介・内田健訳『社会学（改訂新版）』而立書房）

――, 2001, *Sociology* (Fourth Edition), Polity Press.（＝2004，松尾精文・西岡八郎・藤井達也・小幡正敏・叶堂隆三・立松隆介・内田健訳『社会学（第 4 版）』而立書房）

叶堂隆三，2010，「フィールドワークを楽しむ」谷富夫・山本努編『よくわかる質的社会調査（プロセス編）』ミネルヴァ書房：114-127

喜多野清一，1982，「解説―日本における家族社会学の定礎者戸田貞三博士―」戸田貞三『家族構成』新泉社：381-404

高智富美，2010，「調査倫理をふまえる」谷富夫・山本努編『よくわかる質的社会調査（プロセス編）』ミネルヴァ書房：216-229

桑畑洋一郎，2016，「社会調査の名著―質的社会調査の成果―」山本努編『新版現代の社会学的解読―イントロダクション社会学―』学文社：186-191

Lazarsfeld, P. F., B. Berelson and H. Gaudet, 1968, *The People's Choice: How The Voter Makes Up His Mind in a Presidential Campaign* (Third Edition), Columbia University Press.（＝1987，有吉広介監訳『ピープルズ・チョイス―アメリカ人と大統領選挙―』芦書房）

Mann, P. H., 1968, *Methods of Sociological Enquiry*, Blackwell.（＝1982，中野正大訳『社会調査を学ぶ人のために』世界思想社）

May, T., 2001, *Social Research: Issues, Methods and Process* (Third Edition), Open University Press.（＝2005，中野正大訳『社会調査の考え方―論点と方法―』世界思想社）

Milgram, S., 1965, "Some Conditions of Obedience and Disobedience to Authority,"

Human Relations, 18: 57-76.（＝1987，「権威に服従するときと不服従のとき—その諸条件—」斉藤勇編『対人社会心理学重要研究集 1』誠信書房：85-88）

――, 1974, *Obedience to Authority: An Experimental View*, Harper & Row.（＝1980，岸田秀訳『服従の心理—アイヒマン実験—』河出書房新社）

坂元慶行，2010，「統計的日本人研究雑感—ある国民性調査係の 36 年の思い出—」『統計数理』58(1)，統計数理研究所：61-82

Singh, J. A. L., 1942, *Wolf-children and Feral Man*, Harper & Brothers.（＝1977，中野善達・清水知子訳『狼に育てられた子（野生児の記録1)』福村出版）

高野和良，2010，「フィールドに入る」谷富夫・山本努編『よくわかる質的社会調査（プロセス編)』ミネルヴァ書房：100-113

谷富夫，2010，「異文化理解の扉を開ける」谷富夫・山本努編『よくわかる質的社会調査（プロセス編)』ミネルヴァ書房：12-13

谷富夫・芦田徹郎編，2009，『よくわかる質的社会調査（技法編)』ミネルヴァ書房

谷富夫・山本努編，2010，『よくわかる質的社会調査（プロセス編)』ミネルヴァ書房

戸田貞三，[1927] 1982，『家族構成』新泉社

統計数理研究所，2021，「日本人の国民性調査」（2023 年 7 月 3 日取得，https://www.ism.ac.jp/survey/index_ks14.html）

Whyte, W. F., 1964, "On Street Corner Society", E. W. Burgess and D. J. Bogue eds., *Contribution to Urban Sociology*, The University of Chicago Press.（＝2002，有里典三訳「W. F. ホワイト自身による 1 つのしめくくり」奥田道大・有里典三編『ホワイト「ストリート・コーナー・ソサエティ」を読む—都市エスノグラフィーの新しい地平—』ハーベスト社：53-80）

――, 1993, *Street Corner Society* (Fourth Edition), The University of Chicago Press.（＝2000，奥田道大・有里典三訳『ストリート・コーナー・ソサエティ』有斐閣）

山本努，2010，「社会調査のタイポロジー」谷富夫・山本努編『よくわかる質的社会調査（プロセス編)』ミネルヴァ書房：34-51

安田三郎，1970，『社会調査の計画と解析』東京大学出版会

安田三郎・原純輔，1982，『社会調査ハンドブック（第 3 版)』有斐閣

吉武由彩，2016，「社会調査の名著—量的社会調査の成果—」山本努編『新版　現代の社会学的解読—イントロダクション社会学—』学文社：177-185

自習のための文献案内

① 　バビー，E. 著，渡辺聡子監訳，2003，『社会調査法 ① ②』培風館
② 　マン，P. H. 著，中野正大訳，1982，『社会調査を学ぶ人のために』世界思想社
③ 　安田三郎・原純輔，1982，『社会調査ハンドブック（第 3 版)』有斐閣
④ 　盛山和夫，2004，『社会調査法入門』有斐閣
⑤ 　原純輔・海野道郎，2004，『社会調査演習（第 2 版)』東京大学出版会

⑥　谷富夫・山本努編，2010，『よくわかる質的社会調査（プロセス編)』ミネルヴァ書房

⑦　谷富夫・芦田徹郎編，2009，『よくわかる質的社会調査（技法編)』ミネルヴァ書房

⑧　岩本裕，2015，『世論調査とは何だろうか』岩波書店

⑨　平松貞実，2011，『事例でよむ社会調査入門—社会を見る目を養う—』新曜社

⑩　高根正昭，1979，『創造の方法学』講談社

　①は社会調査全般の非常にすぐれた入門，概説書。社会調査の重要なポイントをバランスよく，明解に押さえてある。②もすぐれた入門書，①よりもコンパクトなので初学者には近づきやすい。③は日本での社会調査ハンドブックの定番。残念ながら絶版なので，古書店で入手しておきたい。④も社会調査の全般を学ぶのに好適。統計的方法にやや重点がある。⑤は社会調査の統計的方法を演習形式で学べるのが特徴。じっくり取り組んでみたい。⑥⑦は非統計的な社会調査の入門，概説書。⑥は社会調査の進行に応じて，ハンドブック的にも使える。⑧⑨はわれわれに身近な世論調査，意識調査から，社会調査の面白さと重要性を学べる。社会調査を学ぶ，最初の一歩に推薦できる。⑩は長く読み継がれてきた，社会学方法論入門の好著。

付論　社会調査の事例
──ムラの調査，マチの調査，社会調査の方法
東　良太・髙嵜　浩平・山本　努

1 過疎地域を支えるための自治体における社会調査 ：島根県の事例

1. 1　自治体の地域振興計画

　本節では，過疎問題の深刻化によって限界集落の増加や地方消滅の危機が話題に上がる中で，自治体の地域振興に関する計画（政策・施策・事業）がどのような背景から策定されているのかについて，島根県を事例に取り上げる。

　国勢調査が開始された 1920 年当時の人口を 100 として，2020 年までの変化をみた場合，国内全体が 2010 年（229）をピークとして減少に転じるのに対して，島根県は全国より 55 年早い 1955 年（130）から減少し，2015 年（97）には都道府県ではじめて 1920 年の人口を下回っている（総務省　1920 ～ 2020）。

　このように，地域を把握する指標として「人口」はもっとも基礎的な量的把握として用いられることが多く，自治体・地域間の比較だけではなく，各種交付金額の算定やさまざまな行政施策において根拠資料として用いられている。

　近年では，地方創生の掛け声のもと「まち・ひと・しごと創生法」が 2014年 11 月に施行され，少子高齢化の進展への対応，人口減少の歯止め，住みよい環境の確保を通した社会維持のために，都道府県と市町村において「総合戦略」と「人口ビジョン」を定めることが努力義務とされている。そして，KPI（事業業績評価指数：Key Performance Indicator）を設定して，政策の達成度を検証することが求められており，その点からも数値化・量的把握は不可欠である。

　島根県においても「島根創生戦略（総合戦略）」「人口ビジョン」が策定され，施策ごとの KPI が設定されている。島根県では，それに加えて県独自で

2001年から県土の約9割を占め，人口減少や高齢化が進む「中山間地域[1]」を振興・活性化する目的で「島根県中山間地域活性化計画（以下，中山間計画)」が策定されており，現在は第5期計画（2020～2024年）が実施されている。

1．2　集落活動を取り巻く状況の変化

中山間地域をはじめとした農山村では，過疎化，少子化，高齢化による人口減少が加速しており，活動の担い手確保が困難化している。島根県では，中山間計画を策定するために「地域実態調査[2]」を4～5年おきに，県内19市町村の集落（自治会），公民館エリアを対象として実施している。

集落（自治会）を対象とした2018年の「集落基本情報調査」では，19市町村3,619集落の代表者（自治会長など）を対象として質問紙調査を実施し，2,793集落（77.1%）から回答があった。現在の集落での活動実施状況と10年後の継続性について把握を行ったところ「寄り合い」「道路・水路の草刈り」「集会所管理」などの現在の実施率は高いものの，10年後の実施見込みは低くなっており，将来的には集落単位での活動継続が厳しい状況がうかがえる（図8付論-1)（島根県　2018：11)。

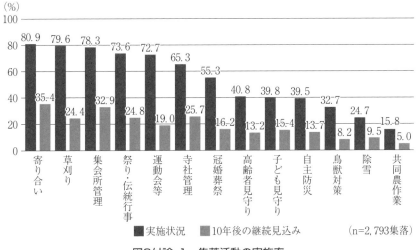

図8付論-1　集落活動の実施率

出典）島根県「島根県地域実態調査」より

このような状況をふまえて，島根県では 2016 年度から，中山間地域に今後も安心して暮らし続けることができる仕組みづくりとして，「小さな拠点づくり[3]」を推進している。これは県内 236 地区の公民館エリア（旧小学校区）を基本に，住民同士の話し合いを通じた地域運営（「生活機能」「生活交通」「地域産業」）の仕組みづくりであり，自治の基本単位を広域化させていく取り組みである。

公民館エリアを対象とした 2018 年の「小さな拠点づくり進捗状況調査」では，19 市町村 236 地区の地域運営組織・公民館職員などを対象とした質問紙による面接調査を実施した。公民館エリアまたは複数の公民館エリアでの生活機能の確保状況は「買い物代行・配達」94.1％，「地域行事（運動会・文化祭）」91.5％，「防災・防犯活動」86.0％と実施率が高くなっているほか，人口 2,000 人程度の公民館エリアでは，商店や診療所などの日常生活に必要な機能・サービスは概ね維持されていることが把握できた（島根県　2020：12）。

1.3　集落活動の担い手把握

集落活動の困難化を自治の基本単位を広域化させることによって補完させていく政策が進んでいる一方で，集落活動そのものがどのような主体によって担われているのかについては十分に把握されてこなかった。

集落活動の担い手は，地域住民が中心であるが，出身者をはじめとした地域外居住者による一定の関与も想定される。近年は「関係人口」をはじめとした地域外からの関わりに注目が集まっている。関係人口については「長期的な『定住人口』でも短期的な『交流人口』でもない，地域や地域の人々と多様に関わる者」（総務省　2017），「特定の地域に継続的に関心を持ち，関わるよそ者」（田中　2021：77）などと定義されている。しかし，自治体では，国勢調査や住民基本台帳などで「居住している人」は把握できているものの，「居住していない人」は把握することができず，そのとらえ方は多様で定まっていないのが現状である。

集落代表者を対象とした「集落基本情報調査」において「あなたの暮らす集落以外にお住まいの方々の地域活動への参加状況」として，集落出身者や知

人・友人等の集落の草刈りや地域行事などの活動への関与を尋ねたところ，回答のあった 2,793 集落の内 905 集落（32.4％），高齢化率 50％以上かつ世帯数 19 戸以下の 341 集落の内 158 集落（46.3％）が「参加あり」と回答している。この結果から，集落活動に出身者や知人・友人の関与を把握することができた。

　このような地域外居住者は，出身者をはじめ地域と関わりのある関係人口であることがわかっているものの，居住先や関わりの頻度については十分にとらえられていない。中山間計画においても，重要な主体として期待され，その拡大と地域づくりへの担い手化が謳われている関係人口が一体どのような人物なのかについて，島根県飯南町において実施したフィールド調査から検討する。

1．4　暮らしの視点からの地域分析

　自治体の各種計画策定のための地域実態の把握は，統計データなどの計量的な分析や集落代表者など限られた主体への質問紙調査や質的フィールド調査が主体であり，実際の住民（生活者）を対象とした調査は限定的である。一方で，住民の暮らしや生活を主な対象として，住民自身や家族・集落の変容を「生活構造」としてとらえたボトムアップ型の地域分析も存在する。ここでは，農村社会学者の徳野貞雄が提唱する「Ｔ型集落点検」を取り上げて，暮らしの視点からの地域分析の有効性と可能性を確認する。

　Ｔ型集落点検は，住民参加型の半構造調査であり，住民の家族樹形図作成を通じて，現在居住している住民の人口や年齢構成をとらえるだけではなく，地域外に住んでいる出身者（他出者）まで把握の対象を拡大させている点で通常の世帯調査とは大きく異なる（徳野　2014：31）。この調査の目的について松本（2015：90）は「住民が自分たちの地域の生活について語り合い地域社会を変えてゆこうとする実践を生み出すことにある」と述べている。

　飯南町では，地域振興施策の基礎資料として，2018 年度から集落実態調査が町内 18 自治区で実施された（飯南町　2020）。谷地区（自治区）では，Ｔ型集落点検が実施され，筆者も参加した。調査では，地区内各世帯に「地域を離れている家族の居住地，職業，年齢，往来頻度，Ｕターン意志」について尋ね

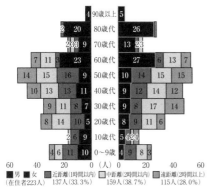

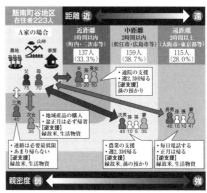

図8付論-2　飯南町谷地区の年齢構成

出典）トクノスクール農村研究所（2018）より

図8付論-3　他出者の距離と関係性のイメージ

出典）トクノスクール農村研究所（2018）から作成

た。調査では，住民223人，84世帯（2018年4月末時点住民基本台帳）に対して，他出者が近距離（1時間以内）137人，中距離（2時間以内）159人，遠距離（2時間以上）115人と計411人存在していることが把握された[4]（図8付論-2）。

　くわえて，非形式的面接を通じて住民と他出者との関わり方の実際が明らかになった[5]。図8付論-3にあるA家のように，関わりの実態は距離だけで規定されるのではなく，家族内の親密度によって大きく異なる。また，他出者から出身地（実家）への一方的な支援ではなく，実家から他出者へ対しての「逆支援」も確認できた。具体的には，実家での農作業支援を通じた家族間のコミュニケーションが行われるなど世代を超えた相互の支え合いの実態が把握できている[6]。

1. 5　計画策定に求められる視点

　自治体の計画は「政策（目指す方向や目的を示す）」「施策（政策実現のための方策）」「事業（施策を実現するための具体的手段）」の3つで構成される。地域振興に関する計画では，住み慣れた地域で安心して暮らし続けることができる仕組みづくりが政策目的であるが，各種統計をはじめとした量的調査が多くみられる。全体的な傾向を効率的に把握できる一方で，そこで得られる結果は，多様な地域特性をもつ中山間地域の実情を十分に把握しているとはいえない。

質的フィールド調査の手法も取り入れた T 型集落点検から把握できる事柄は，住民の生活実態であり，地域社会を構成する基礎的情報ととらえることができる。

これからの計画策定には，量的把握だけではなく質的把握とのバランスが求められる。計画を実行に移していくためにも，詳細な個別事例を通して体系的に地域や自治体が行動するための手順書となるような計画が必要である。

2 かつての大学町の再開発とまちづくり活動 ：福岡市東区箱崎地域の調査事例

2.1 調査の課題と調査地域の概要

本節では，大学移転を契機にどのような活動が地域住民から生まれているか，そして，その活動はどのような意識から生まれているのかについてみていきたい。

調査対象とするのは，福岡市東区箱崎地域の事例である。箱崎地域は，日本三大八幡宮にも数えられる筥崎宮の門前町として発展してきた。1911 年には九州帝国大学が箱崎に設置され，筥崎宮と九州大学箱崎キャンパスは地域の 2 つの大きなシンボルとされてきた。しかし九州大学は，1991 年に決定した移転事業により，2018 年に箱崎から新キャンパスへの移転を完了した。地域のシンボルであり，**大学町**というひとつの地域の性格を形づくってきた大学キャンパスの移転は，箱崎地域に大きな変容をもたらすものであった。またその跡地は 42.6ha という巨大なものであり，福岡市街地への近接性や交通アクセスのよさから，経済界からの注目の高い土地として，大規模な**再開発**が期待される用地となった（図 8 付論-4）。このように，九州大学の移転によって箱崎地域は，それまでの地域の特色のひとつを失い，新たな再開発の可能性が生まれるという，大きな変動に直面することとなった。

大学移転という地域の変化は，地域住民が新たな活動を生み出すきっかけとなった。たとえば，箱崎校区まちづくり計画の策定や，校区のさまざまなイベ

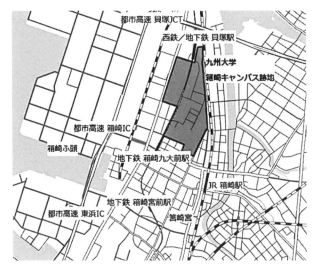

図8付論-4 箱崎キャンパス跡地

出典) 地理院地図をもとに筆者作成

ントを実施する箱崎まちづくり協議会（現・箱崎まちづくり委員会）の発行紙の中では，次のように述べられている。「現在，わが校区は未だ嘗て遭遇したことのない大きな変革期を迎えております。この機会に私たち住民は徒らに座視することなく，むしろこの機を好機と捉え，（中略）箱崎まちづくり協議会が結成されました」（「（仮称）はこざきまちづくり」第1号，1999年）。また，大学キャンパス内の建築物の価値を発信して保存利活用を目指す「箱崎九大跡地ファン倶楽部」や，跡地開発にともなう住環境の問題に着目し，住民説明会の企画や請願書の作成などを行う「箱崎キャンパスの跡地を考える会」といった，それぞれの問題関心に基づいた独自の活動や団体も生まれている。

2．2 Ａ氏の活動の経緯

それらの中でも，ここでは「箱崎探索収集研究会」という団体を立ち上げ，大学博物館を箱崎地域に残すための活動を行ってきたＡ氏らの活動についての調査を取り上げる。

箱崎で喫茶店を経営するＡ氏は，60代の女性である。Ａ氏は子どもの頃か

図8付論-5　三畏閣の外観

出典）「箱崎九大跡地ファン倶楽部」ホームページ（2022年12月7日取得，http://love-kyudai.jp/building/
　　三畏閣）

　ら箱崎で育ち，大学の存在には親しみをもっていたものの，もともと大学との
直接的な関わりをもっていたわけではなかった。そのようなA氏が大学移転
に関する活動に取り組むようになったのは，A氏が居住する町内に存在して
いた「三畏閣」という学生集会所に関する運動がきっかけであった。三畏閣
は，1937年に建てられた2階建ての和風木造建築である（図8付論-5）。九州
大学箱崎キャンパスに近接する，大学所有の学生集会所であったが，住み込み
で働いていた管理人の計らいにより，地域住民の行事や交流の場としても使わ
れていた。三畏閣が立地していた町内の自治会長は，「もう何十年と住民とい
ろいろな関わりをもってきている施設だった」として「町内の一員」と表現す
る。このように地域のメンバーとして住民に親しまれた三畏閣であるが，大学
移転にともない売却され，マンション建設がなされることとなった。さらに，
マンション建設による近隣幼稚園の日照権問題も発生したことで，住民から運
動が起こり，計画変更を求める署名が提出された。A氏は，三畏閣が取り壊
されることを知り，同じ町内の住民とともに署名活動に参加するが，保存がか
なわなかったことにより「全部こうなるかもしれない」と感じ，大学移転に強
い関心を抱くようになった。

その後，A 氏は 2018 年に箱崎探索収集研究会という集まりを立ち上げた。メンバーは 30-40 人ほどで，A 氏のもつネットワークによって，箱崎地域に住む人をはじめ，地域外に居住していて箱崎に愛着をもつ人びとも参加している。定期的な会合などをもっているわけではなく，街中に残る「箱崎ならではのもの」を見つけるということを活動の中心におく，ゆるやかな集まりである。このように，大学移転にともなう三畏閣の解体に対する運動の経験から，A 氏は箱崎地域の特性に目を向けた活動を行うようになり，それがのちの大学博物館に対する活動にもつながっていく。

2．3　大学博物館の地域存続に向けた活動とその目的

九州大学総合研究博物館は，2000 年に設立され，昆虫や化石，鉱物，考古資料など約 145 万点の資料が所蔵されている九州大学の大学博物館である。しかし，大学移転が完了してからも新しいキャンパスに博物館の移転先は確保されず，箱崎キャンパスの旧工学部本館に残ったままであった。そのことは所蔵資料の散逸危機として新聞やニュースなどで報じられ話題となった。[8] さらに，生物学や地学などの約 40 学会が加盟する自然史学会連合から，九州大学総長に対して「九州大学所蔵の博物館資料の保全と継承に関する要望書」が出される事態となった。

そのような中で，A 氏は大学博物館を箱崎の地に残すことを求める署名活動や，大学，福岡市長，市議会に対する請願書の作成を行うようになる。なぜ大学との直接の関係をもたない地域住民である A 氏が，大学博物館を箱崎に残すための活動を行うようになったのであろうか。調査からは，A 氏が活動を行うようになったのには箱崎地域の「**地域らしさ**」のイメージが大きく関わっていることがわかる。

A 氏は，「箱崎ってもともと伝統があって，こういう人が来たとか，ここは何々のところというようなところが点々としていて，その中に九大があって独特な街だった」という。さらに，大学移転にともなう再開発の動きについては，「ここが箱崎じゃなくて違う地名でも全然誰も，ああそうですかって受け入れられるような場所になっていく気がしますね。ここはこれがあるから箱崎

だろって，この雰囲気，空気は箱崎だろっていうのがどんどん失われていってるような気がしますね」と語っている。このように，A氏にとっての箱崎地域は，歴史や伝統が街並みの中に残っていて，その中に大学が存在している独特の個性をもつまちであった。しかしながら，大学移転にともなう再開発の動きによってそのような地域らしさがどんどんと失われていき，違う地名でも納得ができるぐらいに地域が没個性化・均質化されていくことに対して，A氏は強い危惧を抱くのである。

それでは，このような地域らしさの意識は，大学博物館の保存を求める活動とどのように関わっているのだろうか。ここで，A氏が作成した「九州大学総合研究博物館の九大箱崎キャンパス跡地（旧工学部本館）での存続を望む要望書」の記述をみてみたい。

　　私たちの町箱崎は今大きく変わりつつあります。
　　箱崎には筥崎宮と九州大学があり，「歴史と文化」の町でした。箱崎キャンパス跡地が新たに作り変えられた後も箱崎で紡ぎ続かれたもの，すなわち「歴史と文化」を継承し生かしていきたいと願ってやみません。
　　（中略）
　　私たちは箱崎の町を単なる「箱崎キャンパス跡地へ行くために通過する町」にしたくありません。九州大学総合研究博物館が存続することで来館者が「歴史と文化の町箱崎」に興味を持ち，箱崎の町を回遊し箱崎の町がこれからも「文化の町」としてあり続けることを望みます。

要望書の中では「歴史と文化の町」として箱崎地域が表現されており，対極として「単なる（開発後の）箱崎キャンパス跡地に行くために通過する町」への危惧が表現されている。このように，開発の中で箱崎地域がもつ歴史と文化が失われ，**均質化**したどこにでもある地域になってしまうことを避けたいという意識が活動の根底に存在していることがわかる。そして，大学博物館を残すことが人びとに「歴史と文化の町」としての箱崎への興味関心を喚起し，地域

らしさを守ることにつながるということが期待されている。このように，A氏らの大学博物館を箱崎に残すための活動は，大学移転とその後の再開発によって失われつつある「歴史と文化の町」としての地域らしさを守り，将来へ引き継いでいくための方法のひとつとして位置づけられているのである。

2．4 大学博物館を活かした地域づくりにむけた取り組み

最後に，大学博物館やキャンパスの歴史的建造物を活かした地域づくりに向けた取り組みについてもみておきたい。2019年5月25日には，移転完了後のはじめての催しとして，歴史的建造物を活用した「はこざき 暮らしのあとつぎ市」というイベントが行われた（図8付論-6）。これは，キャンパス跡地を今後どのように継承していくかという問題意識のもと，地元箱崎の建築家らが中心となり，大学博物館とも連携して開かれたイベントである。古本市や飲食店のマルシェなどのほか，旧工学部本館大講義室での映画の上映，九州大学の学

図8付論-6 大学博物館とその建物を活用したイベントの様子

出典）「はこざき 暮らしのあとつぎ市」Facebook ページ（2022年12月7日取得，https://www.facebook.com/atotsugiichi.hakozaki/）

生たちがはじめた箱崎商店街での子どもの遊び場づくりの活動などが出展された。

　さらに，2020 年 10 月 27 日に行われた第 15 回箱崎キャンパス跡地利用協議会において，大学博物館が入る旧工学部本館をはじめとする歴史的建造物を売却せずに，大学が継続保有する方針が示された。その結果，大学博物館は箱崎の地に存続することとなった。[9] 2021 年からは，大学博物館が中心となり，A 氏や周辺 4 校区の自治協議会会長らを実行委員として「地域共創協学ミュージアム活動基盤整備事業」が行われている。これは，大学博物館が地域住民とともにワークショップや音楽イベントなどの企画を行うことで，地域との連携づくりを試みているものである。このような大学博物館を核とした地域づくりの可能性についても，今後注目していく必要がある。

3 自記式調査か，他記式調査か
　　：高齢者「生きがい」調査から

　生きがい研究に関与してきた社会学者は山本努（2017）の調査結果にやや意外の感をもつかもしれない。「生きがい」を感じている者の割合が，従来の値よりやや少ないからである。これは，従来のよく参照される調査が，（面接員による）他記式調査であるが，山本（2017）で用いた調査が（郵送法による）自記式調査であるためである（と思われる）。この拙著論文を執筆した時点では，他記式調査と自記式調査での結果の違いは下記のようである（表 8 付論-1）。

・生きがいを「十分感じている」が，他記式 4 割程度から自記式 2 割弱（16.6 ％）へ減少。
・生きがいを「感じている」が，他記式 8 割程度から自記式 7 割（69.2％）へ減少。
・生きがいを「感じていない」が，他記式 2 割弱程度から自記式 3 割弱（28.4 ％）へ増大。
　ここから，自記式調査において，生きがいを感じる者の割合が低くなってい

表8付論-1　生きがい感

（全国60歳以上：「あなたは，現在，どの程度生きがい（喜びや楽しみ）を感じていますか」）

(%)

調査法	調査年	十分感じている	多少感じている	あまり感じていない	まったく感じていない	わからない	合計（人）
自記式	2014年	16.6	52.6	24.5	3.9	2.4	3,687
他記式	2013年	38.5	40.7	16.4	3.9	0.5	1,999
他記式	2012年	40.9	40.8	15.0	2.7	1.6	1,631
他記式	2008年	44.2	38.3	14.2	2.7	0.6	3,293
他記式	2003年	39.5	42.2	14.0	2.9	1.5	2,860

注）2014年全国調査：内閣府政策統括官共生社会政策担当『平成26年度高齢者の日常生活に関する調査結果』，調査対象は全国60歳以上の男女。郵送配布，郵送回収法による調査。2013年，2008年，2003年調査：内閣府政策統括官共生社会政策担当『高齢者の地域社会への参加に関する意識調査』，調査法は調査員による面接聴取法。2012年調査：内閣府政策統括官共生社会政策担当『高齢者の健康に関する意識調査』，調査法は調査員による面接聴取法。
出典）山本（2017：204）

ることがわかる。

　では，他記式と自記式，どちらの調査結果を採用するべきか。生きがい調査の場合，自記式調査の方が正確な調査が可能と思われる。面接員の前では，「生きがい」なしとは答えにくいと思われるからである。その理由はいろいろありそうである。たとえば，被調査者（回答者）の「見栄」，被調査者が調査者の「期待」に沿おうとする「過同調」などがそれである。いずれにしても，調査では面接員からの影響（「圧力」）から解放された状態で，正直に答えてもらう必要がある。その場合，自記式調査はすぐれた方法と思われる。

　面接員による他記式調査は社会調査の「標準的な方法」（飽戸　1987：14）であり，「もっとも正確な方法」（安田　1969：9）といわれてきた。しかし，自記式調査を見直す議論がある（海野　2008）。今回の調査結果はその見直しを支持する意味ある事例である。すなわち，海野道郎（2008：87）がいうのとは少し違う理由だが，「調査員による面接調査が信頼性の高い測定装置とは言いにくい状況」があるように思えるのである。

　海野（2008：87）がいうのは「調査員の質を一定に保つのが困難」になってきたという理由である。もちろん，これももっともな理由である。これに対し

206

て，本節で主張するのは，「面接員からの影響（「圧力」）」による回答の歪みである。ほぼ同様の主張は D. ハフ（1954＝1968：33-35）にもある。ハフが指摘するのは，「相手をよろこばせるような答えをしたいという欲求」である。「面接員からの影響」は古くからいわれてきた問題なのである。

✒ **注** ⋯⋯

1) 中山間地域の定義は都道府県によって異なるが，島根県では，① 過疎地域自立促進特別措置法の規定する過疎地域であった区域，② 特定農山村地域，③ 辺地，④ これらと同等に条件が不利である地域が該当する。
2) 地域実態調査は，① 集落人口調査（集落の人口，世帯数，高齢化率等），② 集落基本情報調査（集落の活動内容，困りごと，活動の担い手等），③ 小さな拠点づくり進捗状況調査（公民館エリアの機能確保の状況等），④ 生活機能状況調査（商店，ガソリンスタンド，医療施設等の生活機能状況等）の 4 つの調査で構成されている。
3) 地域住民が主体となって，従来の集落の範囲や単一では続けていくことが難しい活動や事業を組み合わせていくことで，地域を維持していくための新しい仕組みづくりをさす。
4) 谷地区の 10 歳代が少ないのは，偶然だと思われる。
5) 非形式面接とは質問紙に制約されない自由な面接のことである。これについては，本書 8 章 8 節，9 節，山本（2010：40-41）を参照。
6) 近距離・中距離に居住している他出子は一定数存在しており，他出子と実家との交流は頻繁に行われている（山本　2024：第 2 章）。
7) 中村（1964：14-15）によれば，1946 年 11 月 24 日に行われた西部社会学会（現・西日本社会学会）の第 1 回大会の総会ならびに懇親会が三畏閣で行われたという。このことからも，三畏閣が歴史をもつ建物であることがわかる。
8) 2019 年 1 月 31 日付の毎日新聞の記事では，「箱崎キャンパス内にある九大総合研究博物館が所蔵している約 145 万点に及ぶ標本や資料などの新たな保管先が見つかっていない。伊都キャンパス内の博物館新設計画が頓挫しているためで，散逸や劣化を懸念する学会や住民らが適正保全を求めている」と報じられた。
9) 箱崎に大学博物館が存続することが決まった経緯については，別途の調査が必要である。

📖 **参考文献** ⋯⋯⋯⋯⋯⋯⋯⋯⋯⋯⋯⋯⋯⋯⋯⋯⋯⋯⋯⋯⋯⋯⋯⋯⋯⋯⋯⋯⋯⋯⋯⋯⋯⋯⋯⋯⋯⋯

飽戸弘，1987，『社会調査ハンドブック』日本経済新聞社

Huff, D., *How to Lie with Statistics*, New York: W. W. Norton & Company.（＝1968，高木秀玄訳『統計でウソをつく法—数式を使わない統計学入門—』講談

社）
飯南町，2020，『飯南町総合振興計画後期基本計画（第2期総合戦略)』：23-34
松本貴文，2015，「新しい地域社会調査の可能性」徳野貞雄監修，牧野厚史・松本貴文編『暮らしの視点からの地方再生―地域と生活の社会学―』九州大学出版会：85-108
中村正夫，1964，「西部社会学会由来記」西部社会学会『研究通信』16：12-16
島根県，2018，『島根県地域実態調査』
――，2020，『島根県中山間地域活性化計画』：4-16，37-39
総務省，1920 〜 2020，『国勢調査』
――，2017，『これからの移住・交流施策のあり方に関する検討会報告書―「関係人口」の創出に向けて―』
田中輝美，2021，『関係人口の社会学―人口減少時代の地域再生―』大阪大学出版会
徳野貞雄，2014，「限界集落論から集落変容論へ―修正拡大集落の可能性―」徳野貞雄・柏尾珠紀『T型集落点検とライフヒストリーでみえる　家族・集落・女性の底力―限界集落論を超えて―』農山漁村文化協会：14-55
トクノスクール・農村研究所，2018，『飯南町谷地区調査報告』
海野道郎，2008，「調査票の設計とその技法」新睦人・盛山和夫編『社会調査ゼミナール』有斐閣：79-91
山本努，2010，「社会調査のタイポロジー」谷富夫・山本努編『よくわかる質的社会調査　プロセス編』ミネルヴァ書房：24-51
――，2017，「限界集落高齢者の生きがい意識―中国山地の山村調査から―」『人口還流（Uターン）と過疎農山村の社会学（増補版）』学文社：186-209
山本努編，2024，『入門・地域社会学―現代的課題との関わりで―』学文社（近刊）
安田三郎，1969，『社会調査ハンドブック（新版)』有斐閣

補　章

生活構造
──生活への懐疑から，問題の「突きつけ」とその対応・対抗へ，生活構造論の新たな展開のために

山本　努

1　生活構造とは何か

　われわれの生活（暮らし）は通常，社会構造（たとえば，階層，地域，職業，年齢，性別，世代……）や生活主体の選択（たとえば，価値や好みなど……）によって，一定のパターンをもっている。たとえば，老いた労働者と若いサラリーマンと退職後の高齢者（さらには，同じ年齢の人でも，正規と非正規の会社員，非婚と既婚の人など……）では，人びとの暮らしは随分違いがあるだろう。それでこれを把握するために，社会学では生活構造という概念を使う。

　この生活構造を鈴木広（1986：177）は「生活主体としての個人が文化体系および社会構造に接触する，相対的に持続的なパターン」と定義した。また，三浦典子（1986：5）は「生活構造とは，生活主体の社会構造と文化構造への主体的な関与の総体であり，社会構造への関与はフォーマル・インフォーマルな社会関係のネットワークによって，文化構造への関与は生活主体の設定する生活目標および様式選好として，具体的に把握できる」と定義した。

　これに対し本書では，**生活構造とは個人が集団と社会関係に参与するその総体（束）であると定義する。**人びとの生活は社会の中にあり，その社会は集団と社会関係（2章図2-1参照）からできているからである（詳細は本書2章2節）。つまり，筆者（山本）の定義では，鈴木や三浦の生活構造の定義から，文化体系への関与を外している。ここが筆者と鈴木，三浦との違いである。

② 生活構造に文化体系を含まない理由

　では何故，鈴木や三浦は文化体系への関与を含み，筆者は含まないのか？そのことについて説明しておこう。「私はかつて生活構造の内容を，『生活主体と文化体系との関連様式』をも含めて定義した」（鈴木　1986：290）とあるように，鈴木の生活構造概念には，文化体系と生活主体は非常に重要である。三浦の直接の先行学説は鈴木だが，鈴木の直接の先行学説は倉沢進である。倉沢（1968：216）は生活構造を「社会構造への個人の参与」（＝個人の「集団参与の総体」）ととらえた。倉沢の把握では文化体系への接触は生活構造の概念に含まれていない。鈴木（1986：223-224）はそれでは不充分と考えて，**図補-1 の文化体系への接触を含んだ生活構造の概念**を提起したのである。

　しかしその前に，三浦にはもうひとつの生活構造の定義があることを確認しておこう。「生活構造は，集団参与や社会関係の総体を通して，生活主体が階層構造と地域構造へと，すなわち社会構造へ関与する様式と定義される」（三浦　1991：50）というのがそれである。この定義は，文化体系への参与は一応，外されており，山本や倉沢の定義に非常に近い。

　ただし三浦においては，定義には含まれないが，重要な含意として，文化体系の内面化についての言及がある。すなわち，「生活構造が形成する社会関係や集団への参与という行動（注：これは倉沢や筆者の生活構造に他ならない）は，階層構造や地域構造によって客観的に条件づけられ規定されつつも，生活者の主体的な選択可能性を含んでおり，その生活主体の選択可能性は，生活主体と文化体系＝価値規範との関連において内面化された価値志向に応じて顕在化し，この価値志向に基づいて社会関係のネットワークが構造化される，と考えることができる」（三浦　1991：50-51）のである。この引用中の「**生活者の主体的な選択可能性を含む**」という三浦の理解は，生活構造の重要な含意である。

　これは，鈴木（1986：178）なら「主体的に，自由選択的に生活目標と生活様式を創出・設定していく」などというういい方になるが，その可能性はどこから出てくるのか。それが，鈴木（1986：178）のいうように「主体と文化体系との

図補-1　鈴木広の生活構造
出典）鈴木（1986：224）より

接触の仕方によって規定される」と考えるなら，生活構造の定義に文化体系への参与を含めるのは肯んずることができる。しかし，主体（あるいは自由）というものは本当に文化体系との接触に100パーセント，由来するのであろうか。ここが鈴木の生活構造概念への筆者の疑問である。これは，社会における人間の自由の領域を人間がどのように確保するのかという社会学の大問題でもある。ここに鈴木の生活構造概念へのひとつ目の微かな疑問がある。

　これについて筆者は，E. ゴッフマン（1961＝1984：315-317）の「自己」とか「世界の様々の亀裂」というアイデアに魅力を感じている。あるいは，H. ブルーマーの「自己との相互作用（self interaction）」とか「自己への呈示（self-indication）」も魅力的である（ただし，ゴッフマンは深みがあるが錯綜している。ブルーマーは明晰であるが，深みに欠けるように思う）。Blumer（1969：96）によれば，"Human action is built up through a process of self-indication".と考えられている。これらのアイデアについては，本書1章6節のゴッフマンやブルーマーの解説を参照してほしい。

　あるいはC. S. フィッシャーによれば，「われわれの日常生活は人びとのことで頭が一杯であり，是認を求めたり，情をかけたり，ゴシップを交換したり，恋に落ちたり，助言を求めたり，意見を述べたり，怒りを静めたり，礼儀作法を教えたり，援助を与えたり，印象づけをしたり，接触を保ったり」社会の中でさまざまなことを行うが，「そうでなければ，われわれはなぜそのようなことをしないでいるのかと悩んだりする」（Fischer　1982＝2002：19）のである。ここにあるのは，社会における人間の自由（ないし主体性）である。したがって，筆者の生活構造の定義では，文化体系への接触は除いているのである。社会における人間の自由（ないし主体性）を取り扱う時，文化体系への関与は必須項目とは，必ずしもいえないように思えるからである。

3 「生活者の主体的な選択可能性を含む」という含意の重要性と，鈴木にみる問題の事例

とはいえ，三浦や鈴木の「生活者の主体的な選択可能性を含む」という問題意識は非常に重要である。「生活主体が，たとえば社会体系・体制の指令どおりに作動するだけなら，生活構造論の存立の余地がない」（鈴木　1986：285）という発想は充分あり得るからである。この点について筆者は鈴木から学んでおり，大きな異論はない。ただし，小さな違和感がある。それは以下のようである。

鈴木の生活構造論の鍵概念（キイ）はこの「生活主体」という言葉にある。しかし，「生活主体」が「主体」である以上，「社会体系・体制の指令どおりに作動するだけ」という事態は，きわめて奇妙な（定義上ありえないともいえる）事態である。何故なら，「生活主体の主体たる意味は，それが社会構造との間に連動関係を持続するというのみならず，文字通り主体的に，自由選択的に生活目標と生活様式を創出・設定していくところにある」（鈴木　1986：178）からである。では何故，このような鈴木の一見奇妙な発問（問題意識）が生まれたのか。それは誤解を恐れずにいえば，鈴木はそのような事態が現にあると思ったのである。この背景には，「高度経済成長」による「豊かな／過剰（affluent）な社会」の実現と体制受益感の一般化がある。これは，C. W. ミルズの言い方を使えば，度を超えた生産と莫大な浪費（conspicuous production and much waste）によって，産業・コマーシャル装置に魅入られた人びと（Its Habitants are possessed...by its industrial and commercial apparatus）からなる**過剰開発社会・国家**（Overdeveloped society/nation）（Mills　1963：150, 240）と理解すればいいだろう。鈴木の生活構造論はその「豊か（＝過剰）な社会」への懐疑の「生活主体」を見いだすための「生活構造論」なのである。

では，その「豊か（＝過剰）な社会」とは日本に引きつけていえばどのような社会なのか。それは，鈴木（1986：172-174, 1976：217）によれば，次のようである。

　1．高度経済成長で「豊かさ」の感覚が一般化している。2．「限界ない成長」，「21世紀は日本の世紀」の幻想を生み，誰しも自分の生活を生涯にわたりある程度「計算」しつくすことができるような気になってきた。つまり，教育，就職，結婚，子育て，昇進して家を建て，退職までのビューロクラシー型のライフサイクルの確立がある。3．生活の内容は私的自由（の空間と時間）に他ならず，全体性（管理化・体制化）を疎外する私化の方向性でセットされている。4．そして，それらの維持，確保のための条件闘争として生活が社会化されている。

　以上，1から4のような「生活」への懐疑（非同調）が鈴木の生活構造論の課題であり，背景である。ただこのままではやや理解に苦しむと思う。そこで鈴木の論稿から，端的な実例で問題を示せば次のようである。まず，

　(1)「およそ，人類の理想とか，社会の進歩などといわれることの究極の標準は，自由がどれほど分配されているか，ということにもとめられてきたといっても過言ではない」（鈴木　1977：14）。

↓

　(2)しかるに，**現代における「自由」とは「テレビをみる」こと**である（「今日では，自由とは自由時間に選択可能なテレビ・チャンネル数にほかならない，といえば，過言であろうか」（鈴木　1977：15））。つまり，「昭和45年，10才以上の日本人の1週間の余暇は，36億5,000万時間で，その53%がテレビ時間であった。余暇すなわち自由とは，端的にはテレビをみることを意味したのである。各種の意識調査によると，われわれがテレビをみるのは，『心的緊張の緩和，楽しいから』である。余暇観とは自由観といってもよい。自由とは，『好きなことをして楽しむ』こと，まさしく『勝手気まま』に他ならない」（鈴木 1975：258）。もちろん，テレビをみるという私的自由の背後には，**全体性（＝管理化・体制化）**，つまり，放送局・スポンサー（資本）・国家など巨大機構群（＝ここには，「きびしく拘束された労働をとおして安楽という商品を生産する」「広告業ビューロクラシー」（鈴木　1977：15）も当然含まれる。過労死事件や東京オリ

ンピック汚職などを引き起こした電通などを想起すればいいだろう）が控えている。したがって，私的自由の側からはテレビを（勝手気ままに，あるいは，主体的に）みているのだろうが，巨大機構群の側からは視聴率を取るべく，意図的，操作的にテレビをみせている，という構図になる。

↓

(3)とはいえ，人びとはそれを必ずしもよしとはしていない可能性がある。これについて，鈴木は次のような展望を示唆する。「ここで一枚の表を示そう（表補-1）。「余暇をどうすごしていますか。将来はどんなありかたを希望しますか」への回答である。結果はこう読んでほしい。『いまは……しているが，将来は……してみたいという希望だけは，ないわけではないのです』と。そして，これらの結果を素材にして，そのいみするところをひとりひとり考えていただきたい。集団で討議する必要はないと思う」（鈴木　1975：265-266）。

以上，(1)→(2)→(3)という認識から鈴木や三浦の「生活者の主体的な選択可能性を含む」という生活構造論の問題意識が経験的研究として成立する可能性をみることは可能であろう。この問題意識は今でも重要である。テレビをインターネットなど含めて，今日的な様相で読み替えるといいだろう。ただし，テレビやインターネットは表層であり，基層の動機「好きなことをして楽しむ」こと，まさしく「勝手気まま」の現状分析が重要である。ここにあるのはまさに，先述のミルズの「産業・コマーシャル装置に魅入られた人々」である可能性がある。[1]この問題の例解は山本努・福本純子（2022）の原発を捨てられない若者の意識分析などもみてほしい。また，鈴木の議論の魅力のひとつは，ミルズ（1959＝1965：293）の知的職人論が推奨するごとく，「心に確実な実例」が浮かぶ点である。

4 「豊かな社会」への懐疑の生活構造論

ただし，鈴木の議論には，貧困，格差，生活の不安定，リスクなどという社

表補-1　余暇の過ごし方

	好きなことをして楽しむ	体を休め、あすにそなえる	友人や家族との結びつきを深める	知識を身につけ、心を豊かにする	スポーツをして体をきたえる	世の中のためになる活動をする
いましていること	43	27	12	10	5	2
将来の願望	37	7	16	24	5	9
差	△6	△20	4	14	—	7

(%)

注）この表には調査の年度などの記載がない。ただし，この表を含んだ
　　出典の鈴木論文の他の表は，『国民選好度調査』『月刊世論調査』
　　NHK 調査などであるので，そのような調査と思われる。
出典）鈴木（1975：265）より

会が個人に押しつける（つまり，「社会→生活」の），今日的（すなわち，新自由主義が一般化した，分断的）な事態は後景にしりぞいている。時代がまだそこまでに至っていなかったのである。前掲の「教育，就職，結婚，子育て，昇進して家を建て，退職までのビューロクラシー型のライフサイクルの確立がある」（3節）といった鈴木の認識などがそれである（そこに鋭く懐疑も含まれているのだが）。とはいえ，「公害・資源などのエコロジー原則との衝突」（鈴木　1977：11）という現代の社会学ならリスクとよばれる事態は早くも指摘されている。鈴木の生活構造論は鈴木（1976）が初期の代表的論稿であり，鈴木（1986）にも重要な論稿がある。つまり，高度成長が終了してしばらくの時代，高度成長への熱狂が冷めて，懐疑が始まる（かどうかという）時代を背景にして書かれている。したがって，鈴木の生活構造論は「豊か（＝過剰）な社会」（高度成長）への懐疑（ないし非同調）を構想，展望せんとする生活構造論なのである。

　その「豊かな（過剰な）社会」とは，鈴木においては次のように把握されて

いる。「慢性的過剰生産状態（必要不可欠の商品など，いったいどれほどあろうか）におかれている高度産業社会では，商品は人為的に欲望が創出されなければ売れない」（鈴木　1977：15-16）が，「車がふえ，テレビがふえたからといって，なんの意味があるのだろう。電力消費量がふえるからといって国民の幸福がそれだけ増進しているといえるのだろうか，むしろ逆ではないのか」（鈴木 1977：11-12）とされるのである。ここには，資料補-1 に示すような「洗濯機は神サマだった」といった**高度成長初期の素朴で健康な「感動」や「興奮」**はない。

　これに対して，鈴木（1986：189）の現状認識では，「今日の文化体系，それへの同調を基軸とする生活様式は，大部分が『油上の虚妄な楼閣』にすぎない」。鈴木にとっては，「洗濯機」のおかげで毎日 3 〜 4 時間の洗濯という重労働（資料補-1）から解放されて得られた，本来は「主婦の読書時間」（資料補-2）に充てられたかもしれない貴重な自由時間がテレビに侵食されたのである[2]。

資料補-1　洗濯機は神サマだった

●洗濯機
　「三種の神器」の中で最初に登場したのは洗濯機である。洗濯機が売り出された 1949 年（昭和 24）には一台 5 万 4 千円。これはこの年に大学を卒業した公務員の年俸（基本給）とほぼ同じである。都市における勤労者世帯の平均年収は 14 万円にすぎなかった。当然のことながら，ひと月に 20 台しか売れなかったといわれている。
　しかし，53 年になると一台 2 万 8 千 5 百円と価格は 2 分の 1 まで低下した。一方，都市勤労者世帯の平均年収の方はこの間に 31 万円と 2 倍以上になっている。49 年から 53 年までたった 4 年間で，洗濯機の価格の所得に対する比率は 4 分の 1 以下になった。さらに 55 年になると，洗濯機の価格は一台 2 万円になる。この年の都市における勤労者世帯の平均年収は 36 万円。ひと月に 20 台しか売れなかった 49 年からわずか 6 年後，実に 3 分の 1 の家庭が洗濯機を保有することになったのである。洗濯機はまさに熱狂的に受け入れられた。このときの「興奮」を，重兼芳子は「洗濯機は神サマだった」の中で次のように書いている。

　一生のうちで最も忘れられない感動は，電気洗濯機を使ったときだった。また年寄りの昔話か，と若いもんはうんざりするかもしれないけど，私はあのときのことを思い出すと今でも血が騒ぐ。男に明治維新があるならば，女には電化という生活維新がある。

　私が20代の頃はギザギザの平たい板に，両手で力一杯布地を押しつけてこすりながら洗う洗濯法だった。この洗い方がいつ頃から始まったのか分らないけれど，おそらく江戸時代よりずっと昔からだろう。足で踏んづけたり石に叩きつけたりする洗い方が世界各地にはあるらしいが，洗濯板に手もみというのは，いかにも日本の女らしいやり方だ。

　その伝統的な方法で，私は子供のおむつからシーツ，ワイシャツから布団カバーの類<ruby>類<rt>たぐい</rt></ruby>まで，毎日毎日三四時間かけて洗い続けた。…（中略）…

　そんなとき月賦で買った洗濯機が届いた。ほんとうに感動してただ<ruby>呆然<rt>ぼうぜん</rt></ruby>と立ち尽くした。洗濯機の中をいつまでものぞきこみ，機械ががたがた廻りながら私の代わりに洗濯してくれるのを，手を合わせて拝みたくなった。こんなぜいたくをして<ruby>お天道<rt>てんとう</rt></ruby>さんの罰が当たらないかと，わが身をつねって飛び上がった。

　絞り機は手で廻すローラー式だった。これだって最初に考え出した人はノーベル賞級の天才だ。シーツや布団カバー，あれを手で絞るには下腹に力をこめ腕力充分にがんばらなけりゃあ固くは絞れない。それをローラーが絞ってくれるんだから感激するの当たり前でしょ。絞り機に<ruby>御神酒<rt>みき</rt></ruby>上げたくなった。（重兼芳子『女の<ruby>揺<rt>ママ</rt></ruby>り椅子』，講談社，1984年）

これが多くの女性の実感だったに違いない。

出典）吉川（2012：46-48）より

　さらに重要なのは，「デパートやスーパーに山と積まれている商品でも，考えてみれば，本当に必要なものはごくわずかしかない」と思いますかという質問への回答が，「（程度は別にして）そう思う」が77%，約8割におよぶという意識調査（＝福岡県民意識調査，1983年実施）の結果である（鈴木　1986：288）[3]。ここには，**度を超えた生産と莫大な浪費によって，産業・コマーシャル装置に魅入られた人々**（Mills　1963：150，240）とはかけ離れた，「正常な庶民の知恵」（鈴木　1986：289）を読むことができるだろう。

資料補-2　洗濯機広告

1950 年 6 月 28 日号

画像提供）東芝未来科学館

5 「生活問題・生活課題」の突きつけと対応・対抗の生活構造論へ：新しい生活構造論の枠組みに向けて

　もうひとつは「これからの社会はどんな社会であってほしいと思いますか」という意識調査の結果である（図補-2）。これによれば，上位から，安心・助け合い・自然と共存・規律・正義というおよそ現実からかけ離れた事態が語られている。そして，高度成長期と明らかに変わって，自然改造・開発と成長・能力伸張といった成長イメージはほとんど支持されていないのである。この結果から，「〈社会〉が優先して先導している方向は，〈主体〉たちがほとんどあまり強くは望んでいない方向なので」あり，「庶民大衆の心の健全さを見せつけられる思いでした」と総括される（鈴木　1986：289-291，505）。その故に鈴木の生活構造論は「生活→社会」を重くみているのだろう。ここに鈴木の生活構造論の独創と，今日からみる，2つ目の「疑問」がある。

　つまり，「生活→社会」を重くみる鈴木の生活構造論は重要である。しかし，新自由主義が一般化し，分断的な今日の生活構造論は「社会⇄生活」（社会⇄「集団・社会関係」⇄個人）の双方向を問うべきだと考える。ここが筆者の鈴木の生活構造

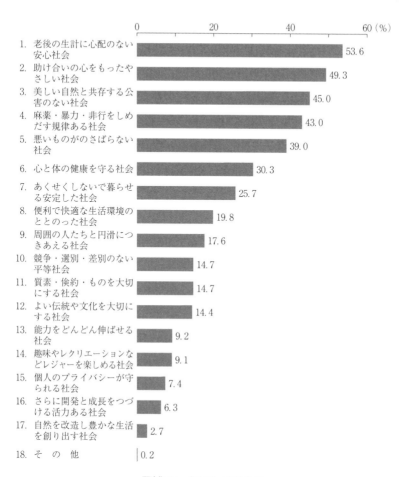

図補-2　望ましい社会像

注）福岡県（1982）。5つまで選択で回答。このような調査は選択肢のならび順が回答に影響するといわれる。調査票でのならび順は，福岡県（1982：274）にあるが，この図で示した順番とはかなり異なっている。
出典）鈴木（1986：290，505）より

論への「小さな違和感」である。

　ただし，双方向の生活構造（「社会⇄生活」（個人⇄「集団・社会関係」⇄社会））の図式にも主体（「生活→社会」）もあれば，自由もある。人びとは主体的に（また制約もあるにしても，一応，自由に）社会関係や集団を組み替えたり，受け入れたり，拒否したりして（困難に直面しながらも）生きているからであ

る。ここに今日の生活構造論の課題があるように思う。つまり，図補-3の問題構造がそれである。これを説明しよう。

図補-3の①と②は社会による生活問題・課題の生成と，それらの個人への呈示である。生活構造論では，「人間を作るものとして社会は直接的には社会集団でなければならない」（清水　1954：19）と考える[4]。したがって，この生活問題・生活課題の生成も呈示も生活構造（集団や社会関係）を通して経験される。ここにあるのは，「（生活問題・生活課題の）突きつけとしての生活構造」である（図補-3，最下段，以下，「突きつけとしての生活構造」と略記）。

それを受けて，図補-3の③と④はこの「生活問題・生活課題」への対応・対抗と，それらの社会化（つまり対応・対抗の社会への組み込み，導入，影響など）を示す。ここにあるのは「（生活問題・生活課題への）対応・対抗としての生活構造」である（図補-3最上段，以下，「対応・対抗としての生活構造」と略記）。

図補-3の生活問題・生活課題には，福祉（Well-being）の実現，環境の保全，差別への対抗……などがその実例として想定できる。これをたとえば，清水幾太郎は次のように描く。「非凡の人間は別として……人間の喜びも悲しみもほとんど例外なく身近の集団との関係において生ずる。人間は家族生活の暗さを嘆き，友人の厚誼に喜び，隣人の非礼に怒り，同僚の慰めを求めて生きるもの」（清水　1954：19）である。ここに示された，「喜び」や「悲しみ」は，図補-3の「対応・対抗としての生活構造」，「突きつけとしての生活構造」に相当近いものと理解できよう。

また，この課題（図補-3）は「共同防衛の機能と生活協力の機能を有するために，あらゆる社会文化の母体となってきたところの地域社会的統一」（鈴木1969：79-80）という**鈴木栄太郎の聚落社会の概念**[5]につらなる，社会学の大問題でもある。

つまり，時代の暗転とともに，文化体系のかわりに（あるいは，文化体系に加えて）生活問題，生活課題を考えざるを得ない時代になってしまった。言い換えれば，鈴木広の示した図補-2の上位項目つまり，安心や助け合いや自然

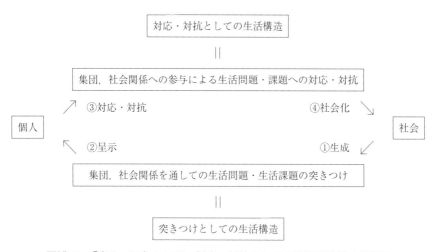

図補-3　「突きつけ」として，対応・対抗としての生活構造論の枠組み

出典）筆者作成

との共存や……が切実に求められる時代が到来したように思うのである。これを示したのが図補-3 である。

　もちろん図補-3 は，図補-1（鈴木広の生活構造）の否定ではない。とはいえ，**生活主体による懐疑（非同調）の生活構造論（図補-1）から，生活問題・生活課題の「突きつけ」と対応・対抗としての生活構造論（図補-3）へ**という新たな展開が展望されるのである。「生活構造論の現代的展開の糸口」がみえにくいという指摘がある（安藤　2023）。筆者もまったく同感である。それで，本補章を書いた。[6]

Practice Problems　練習問題 ▶ 1

　鈴木広の図補-1 と，本節の図補-3 の生活構造論の研究課題を考えてみよう。図補-1 は山本・福本（2022），図補-3 は，本書 2 章資料 2-2（歌舞伎町の暮らし），本シリーズ ② 巻『入門・地域社会学』2 章資料（山村限界集落の集落機能，他出子による農業の支援）の新聞記事などを参考にすればよいだろう。

✒ **注** ....

1) ちなみに，鈴木の自宅にはかなり後までテレビはなかった（木下　2017）。「何故テレビをみられないのですか」と筆者が鈴木に尋ねたのは，筆者が社会学（鈴木）研究室の大学院生だった 1980 年頃だが，「面白いから」との答えであった。ミルズの「産業・コマーシャル装置に魅入られた人々」は「面白い」「テレビ」などがつくるのだろう。鈴木の「生活者の主体的な選択可能性を含む」生活構造論はこのような問題をはっきりと意識している。

2) 読書時間云々はもちろん，広告の文句だから販売戦略である。ただし，東芝の初代消費部長の山田正吾は「日本の主婦は働きづめで，本を読むゆとりもない」との思いから家庭電化製品の生産に向かったと回想している。山田は戦前，アメリカ人の婦人が新聞で読んだ話を，食事の時に牧師の夫に聞かせている光景をみて，それが心に強く残っていたのである（岩本　2007：226）。

3) そう思う 41.9%，どちらかといえばそう思う 35.3%で合計 77%，約 8 割である。そう思わない 13.8%，どちらかといえばそう思わない 8.6%，不明 0.4%である（福岡県　1984：178-179）。

4) この文言は直接，生活構造論に向けて書かれた文章ではない。しかし，非常に生活構造論的である。社会的人間を論じるには，社会集団における人間の具体的経験を等閑に付してはならないのである。

5) この概念の有用性は，2 章 6 節から 8 節を参照してほしい。

6) この不満は本章脱稿直前に最新の生活構造論による社会学入門書への書評（安藤　2023）で知った。なお，鈴木広は九州大学の地域福祉社会学研究室を立ち上げた人物である。したがって，鈴木も図補-3 に似た（かどうかはわからぬが）問題意識をもっていたと推測する。鈴木も「生活構造論の現代的展開の糸口」を探索していたはずである。

📖 **参考文献** ....

安藤由美，2023，「書評：日本社会分析学会監修，稲月正・加来和典・牧野厚史・三隅一人編『シリーズ生活構造の社会学 1　生活からみる社会のすがた』学文社」『西日本社会学会年報』21：89-90

Blumer, H., 1969, *Symbolic Interactionism: Perspective and Method,* University of California Press.

Fischer, C. S., 1982, *To Dwell among Friends: Personal Network in Town and City,* The University of Chicago Press.（＝2002，松本康・前田尚子訳『友人のあいだで暮らす―北カリフォルニアのパーソナルネットワーク―』未来社）

福岡県，1982，『福岡県民意識調査―これからのコミュニティを求めて―』

――，1984，『福岡県民意識調査―県民の生活課題と県政への期待―』

Goffman, E., 1961, *Asylums: Essays on the Social Situation of Mental Patients and Other Inmates,* Doubleday & Company.（＝1984，石黒毅訳『アサイラム―施設

被収容者の日常生活（ゴッフマンの社会学　3）―』誠信書房）

岩本茂樹, 2007, 『憧れのブロンディ―戦後日本のアメリカニゼーション』新曜社

木下謙治, 2017, 「鈴木先生の思い出」『鈴木廣先生追悼文集』九州大学社会学同窓
　　会

倉沢進, 1968, 『日本の都市社会』福村出版

Mills, C, W., 1959, *The Sociological Imagination*, Oxford University Press.（＝
　　1965, 鈴木広訳『社会学的想像力』紀伊國屋書店）

――, 1963, *Power, Politics and People*, Oxford University Press.

三浦典子, 1986, 「概説　日本の社会学　生活構造」三浦典子・森岡清志・佐々木衛
　　編『リーディングス　日本の社会学 5　生活構造』東京大学出版会：3-13

――, 1991, 『流動型社会の研究』恒星社厚生閣

清水幾太郎, 1954, 『社会的人間論』角川文庫（1992, 『清水幾太郎著作集　3』講
　　談社）

鈴木栄太郎, 1969, 『都市社会学原理（著作集Ⅵ）』未来社

鈴木広, 1975, 「現代日本の社会変化」同編『現代社会の人間的状況』アカデミア
　　出版会：251-266

――, 1976, 「生活構造」本間康平・田野崎昭夫・光吉利之・塩原勉編『社会学概
　　論―社会・文化・人間の総合理論―』有斐閣：215-230

――, 1977, 「社会学と現代」中村正夫・鈴木広編『人間存在の社会学的構造』ア
　　カデミア出版会：5-24

――, 1986, 『都市化の研究』恒星社厚生閣

山本努・福本純子, 2022, 「福島原発事故後の大学生の原子力発電についての意識」
　　山本努編『よくわかる地域社会学』ミネルヴァ書房：58-61

吉川洋, 2012, 『高度成長―日本を変えた六〇〇〇日―』中央公論新社

自習のための文献案内

①　谷富夫, 2008, 「ライフヒストリーとは何か」谷富夫編『新版　ライフヒスト
　　リーを学ぶ人のために』世界思想社, 3-19

②　小谷（三浦）典子, 2022, 「生活構造分析の継承」日本社会分析学会監修『生
　　活からみる社会のすがた』学文社：57-58

③　鈴木広, 1976, 「生活構造」本間康平・田野崎昭夫・光吉利之・塩原勉編『社
　　会学概論―社会・文化・人間の総合理論--』有斐閣：215-230

④　清水幾太郎, 1954, 『社会的人間論』角川書店（1992, 『清水幾太郎著作集 3』
　　講談社）

　生活構造の入門解説は少ないが，①は鈴木広の生活構造を学ぶにはコンパクト
で優れた解説になっている。②は生活構造論の歴史を短く解説する。本章の前史
を学ぶ糸口になる。参考文献のところに示した三浦（1986）とあわせて読むといい

だろう。③ は生活構造を学ぶ者の必読文献。この文献を読んでいない者はモグリである。④ は実は 1940（昭和 15）年に出た古い書物である。この本は「（当時の）超国家主義の重圧から，何とか個人の権利を救い出したい」という問題意識で書かれているが，「人間が社会によって作られるだけでなく，その人間が逆に社会を作っていくということを人間と集団との関わり」で説明する（同書，日高六郎解説）。つまり，生活構造論の原論としても読める。小さな書物だが，精読が求められる。

謝辞：本章作成には海野道郎東北大学名誉教授，谷富夫大阪市立大学名誉教授からのコメントを受けている。また科研費（22H00906）による。感謝致します。

索　引

あ行

アイデンティティ……………………144
アイデンティティ・ポリティクス………140
アジア諸国……………………107-108
アリエス，フィリップ………………78
育児……………………………………76
異性愛規範……………………………101
移民……………………………………138
因果関係………………………………187
エコロジー……………………………158
SOGI…………………………………100
エスニシティ……………………138, 144
エスニック集団………………………138
LGBT…………………………………100
オグバーン，ウィリアム・F.………76

か行

解釈して，行動する……………………19
快適な環境……………………………151
核家族（nuclear family）……………70
格差……………………………………131
拡大家族（extended family）………70
修正拡大家族（modified extended family）
　………………………………………77
隠れたカリキュラム…………………95
過剰開発社会・国家（Overdeveloped
　society / nation）…………………212
仮設住宅………………………………51
家族……………………………………14
家族外生活者…………………………74
家族の個人化…………………………79
勝海舟…………………………………21
可能性（確率）………………………26
カラーブラインド発言………………132
環境社会学（environmental sociology）
　………………………………………158

環境問題………………………………155
間接化の構造…………………………156
観念論…………………………………18
帰属意識………………………………50
機能聯関…………………………29-30, 34
規範……………………………………95
教育期待………………………………94
共学化…………………………………93
狭義の社会…………………………27, 34
共通性の意識…………………………47
共同防衛……………………………52-53
虚構のシステム………………………157
均質化…………………………………202
空骸家族（empty shell family）………68
具体的意義の社会…………………24, 27
倉沢進…………………………………58
グード，ウィリアム・J.………………68
経済基盤要件の充足…………………119
結節機関………………………………57
限界集落……………………114, 122, 193
現実のシステム………………………157
原初主義………………………………139
現代的レイシズム……………………131
現代における「自由」………………213
現地調査………………………………185
行為選択………………………………127
合計特殊出生率………………………80
高度成長………………………………216
幸福感の格差…………………………116
幸福な老い……………………………113
幸福な高齢者の生活条件……………115
高齢化……………………………107-108
高齢化率…………………………107-108
高齢者が望む子どもとの関係性………111
高齢者…………………………108-109
国民……………………………………138
個人…………………………44-45, 209
個性記述的説明………………………174

古典的レイシズム………………………131
コミュニティの必要性………………………52
コモンズ論…………………………………165
孤立した核家族……………………………76

さ行

再開発………………………………………198
在日コリアン………………………………144
差別……………………………127-128, 136
差別行動……………………………………136
差別状況……………………………………136
差別の正当化………………………………129
サラダボウル………………………………141
産業・コマーシャル装置…………………217
参与（participation）……………………185
参与観察……………………………………184
ジェンダー…………………………………88
ジェンダー・ステレオタイプ（gender
　stereotype）………………………………90
自家処理……………………………………59
自記式調査…………………………………204
シスジェンダー規範………………………101
実験…………………………………………176
実験の強み…………………………………187
実験の弱み…………………………………187
質的調査……………………………………175
質的データ…………………………………175
質的フィールドワーク……………………176
質問紙調査…………………………………176
支配集団……………………………………129
社会（society）………15, 24-25, 43, 45, 209
社会学（Sociology）………13, 16, 34, 44
社会学的観点………………………………109
社会的存在…………………………………109
社会過程論…………………………………19
社会関係………26-27, 29, 32-33, 43-45, 209
社会関係の総体……………………………28
社会規範……………………………127-128
社会構造論…………………………17, 19, 21
社会事象……………………………………173
社会集団……………………………………127

社会成員……………………………127-128
社会調査……………………………………173
社会調査の説明の仕方……………173-174
社会調査の方法……………………………176
社会の分断…………………………………154
社会文化……………………………………52
社会保障制度………………………116-117, 121
集団…………………………………………209
集団外社会…………………………29, 33-34
集団規範……………………………128-129
集団社会……………………………………28, 34
集団の定義…………………………………46, 49
受益圏・受苦圏……………………………161
聚落社会……………………………52, 57, 221
準社会………………………………………30
消費化社会…………………………………158
人種…………………………………………137
新自由主義…………………………………217
人種関係サイクルモデル…………………138
心理学の立場………………………………109
鈴木栄太郎………………33, 52, 56, 220
鈴木広………………………43, 209, 217
鈴木広の生活構造…………………211, 221
生育制度……………………………119-121
生活…………………………………………110
生活環境主義………………………………163
生活活動……………………………………50
生活協力……………………………52, 54-55
生活構造………………………43-44, 196, 209-210
生活構造論…………………………212, 217, 221
生活者の主体的な選択可能性……………210
生活主体……………………………………212
生活主体による懐疑（非同調）…………221
生活の維持・存続の要件充足……………119
生活様式（社会関係）の違い……………60
性自認（gender identity）………………100
生殖家族（family of procreation）………71
性的指向（sexual orientation）…………100
性的マイノリティ…………………………100
制度論………………………………………18
生物学的なとらえ方………………………109
性分化疾患（DSD）………………………98

性別役割（gender role）……………89
生理学的身体的な側面……………109
セクシュアリティ（sexuality）…………101
世帯（household）……………73-74, 79
世態学……………16
世帯構造の推移……………110
積極的格差是正措置（アファーマティ
　ブ・アクション）……………131
セックス……………88
繊維社会……………29, 33
全国家族調査（NFRJ）……………65
全制的施設……………20
全体社会……………27-28
全体性（＝管理化・体制化）……………213
専門機関……………59
騒音苦情……………152
相互行為をともなわない社会関係……………32
相互作用……………25
相互作用の過程……………19
相互浸透関係……………45
相互接触……………47
相互の離れがたさ……………24
相互扶助システム……………59
想像力や行動への制約……………21
村落……………52, 57
村落的生活様式論……………58-59

地域づくり……………203
地域らしさ……………201
小さな拠点づくり……………195
地方消滅……………193
地方創生……………193
中国農村高齢者……………115, 119
抽象的意義の社会……………24
直系家族……………72
直系家族制……………72
「突きつけ」と対応・対抗としての生活
　構造論……………221
定位家族（family of origin / family of
　orientation）……………71, 76
定年制……………110
デービス，K.……………75-76
「テレビをみる」こと……………213
統一性の存する面積的拡張……………50
動員主義……………139
同化主義理論……………138
統制（control）……………185
統制による説明……………178
都市……………52, 55, 57
都市的生活様式論……………58
都市と農村の生活様式……………58, 60
都市の機能……………56
富永の社会関係……………31

た行

第一波フェミニズム……………89
第二波フェミニズム……………89
大量採取……………157
大量消費……………157
大量生産……………157
大量廃棄……………157
高田保馬……………13, 26
他記式調査……………204
多文化主義……………141
多面的な観察……………178
男女別学……………93
地域社会……………45, 50-51
地域社会的統一……………52

な行

仲……………26
二元構造……………116
年齢……………108
農村……………55

は行

倍加年数……………107-108
バイパス仮説……………145
はかない社会関係……………32
バージェス，E. W.……………77
パーソンズ，T.……………76-77
ハーディン，ギャレット……………166

晩婚化…………………………………80
被害構造論……………………………160
非干渉的（出しゃばらない）調査
（unobtrusive research）……………181
非形式的面接…………………………186
飛行機騒音型の騒音問題……………154
費孝通……………………………21, 119
被支配集団……………………………129
微分的なる社会観……………………34
ファミリー・アイデンティティ……69
フィードバック型……………………120
夫婦家族………………………………72
夫婦家族制…………………………72-73
フェノロサ，アーネスト……………16
フェミニズム…………………………89
複合家族………………………………72
複婚家族（polygamous family）…………70
フリーダン，ベティ…………………89
文化体系への接触……………………210
文化的共通性…………………………137
文献資料………………………………178
文献調査…………………………178, 181
平均初婚年齢…………………………80
偏見……………………………………130
暴走族騒音型の騒音問題……………153
法則定立的説明………………………175
ホスト国………………………………138

ま行

マードック，G. P.………………67, 70
マイクロアグレッション……………132
マイノリティ……………………129, 131
マジョリティ…………………………131

マルクス主義…………………………18
慢性的過剰生産状態…………………216
三浦典子…………………………43, 209
見えざる手……………………………30
ミード，マーガレット………………88
未婚化…………………………………80
未婚率…………………………………80
見田宗介………………………………156
民族……………………………………137
結びつき………………………………24
メルティング・ポット………………141
メンミ，アルベール…………………129
森岡清美………………………………68

や行

役割………………………109-110, 112
野鳥観察………………………………186
豊かな（／過剰）社会………………212
予言の自己成就………………………130

ら行

量的調査………………………………175
量的データ……………………………175
リトワーク，E.………………………77
リレー型………………………………120
歴史的建造物…………………………203
暦年齢…………………………………109
老人線……………………………109-110

わ行

われわれ感情（we-feeling）……………50

──────── ・編・著者紹介・ ────────

＊山本　努（はじめに，第1章，第2章，第8章，第8章付論3節，補章）
　　　　山口県生まれ，神戸学院大学現代社会学部　教授
　　　　専攻　地域社会学，農村社会学
　　　　主な著書・論文　『人口還流（Uターン）と過疎農山村の社会学（増補版）』
　　　　　　　　　　　　学文社，2017年（日本社会病理学会学術出版奨励賞）
　　　　　　　　　　　　『地域社会学入門―現代的課題との関わりで』学文社，
　　　　　　　　　　　　2019年（編著）
　　　　　　　　　　　　『よくわかる地域社会学』ミネルヴァ書房，2022年（編著）

＊吉武由彩（はじめに，第5章1〜4節・10節）
　　　　長崎県生まれ，熊本大学大学院人文社会科学研究部　准教授
　　　　専攻　福祉社会学，地域社会学
　　　　主な著書・論文　「過疎農山村地域における高齢者の生きがい」高野和良編
　　　　　　　　　　　　『新・現代農山村の社会分析』学文社，2022年
　　　　　　　　　　　　『匿名他者への贈与と想像力の社会学―献血をボランタリ
　　　　　　　　　　　　ー行為として読み解く』ミネルヴァ書房，2023年
　　　　　　　　　　　　『入門・福祉社会学―現代的課題との関わりで』学文社，
　　　　　　　　　　　　2023年（編著）

　吉武理大（第3章）
　　　　長崎県生まれ，松山大学人文学部　准教授
　　　　専攻　家族社会学，福祉社会学

　井上智史（第4章）
　　　　福岡県生まれ，九州大学大学院人間環境学研究院　講師
　　　　専攻　ジェンダー・セクシュアリティ研究，福祉社会学

　楊　楊（第5章5〜9節）
　　　　中国河北省生まれ，熊本大学大学院社会文化科学教育部　博士後期課程大学
　　　　　　院生
　　　　専攻　地域社会学，農村社会学

　木下佳人（第6章）
　　　　大分県生まれ，熊本大学大学院社会文化科学教育部　博士後期課程大学院生
　　　　専攻　エスニシティ研究，在日研究

　牧野厚史（第7章）
　　　　兵庫県生まれ，熊本大学大学院人文社会科学研究部　教授
　　　　専攻　環境社会学，地域社会学

　東　良太（第8章付論1節）
　　　　兵庫県生まれ，島根県中山間地域研究センター　主任研究員
　　　　専攻　農村社会学，地域社会学

　髙嵜浩平（第8章付論2節）
　　　　福岡県生まれ，九州大学大学院人間環境学府　博士後期課程大学院生
　　　　専攻　地域社会学，福祉社会学

（＊は編者）

『シリーズ　入門・社会学』（全5巻，補巻1）
企画担当：山本努（神戸学院大学），吉武由彩（熊本大学）

「入門・社会学」シリーズ　1

入門・社会学　現代的課題との関わりで

2023年9月1日　第1版第1刷発行　　　　　　　　　　　　〈検印省略〉

編著者　山本　　努
　　　　吉武　由彩

発行者　田中千津子
発行所　株式
　　　　会社　学　文　社

〒153-0064　東京都目黒区下目黒 3-6-1
電話　03(3715)1501(代)
FAX　03(3715)2012
https://www.gakubunsha.com

ISBN978-4-7620-3253-0